Sammlung Metzler
Band 227

Volker Meid

Barocklyrik

2., aktualisierte und erweiterte Auflage

Verlag J.B. Metzler Stuttgart · Weimar

Der Autor

Volker Meid, geb. 1940, ist freier wissenschaftlicher Autor; zahlreiche Veröffentlichungen zur deutschen Literatur, insbesondere zur Barockliteratur; Nachschlagewerke. Bei J.B. Metzler ist erschienen: »Metzler Chronik Literatur«. 2006.

Bibliografische Information der Deutschen Nationalbibliothek
Die Deutsche Nationalbibliothek verzeichnet diese Publikation in der Deutschen Nationalbibliografie; detaillierte bibliografische Daten sind im Internet über http://dnb.d-nb.de abrufbar.

ISBN 978-3-476-12227-8
ISBN 978-3-476-01406-1 (eBook)
DOI 10.1007/978-3-476-01406-1

© 2008 Springer-Verlag GmbH Deutschland
Ursprünglich erschienen bei J.B. Metzler'sche Verlagsbuchhandlung und Carl Ernst Poeschel Verlag GmbH in Stuttgart 2008
www.metzlerverlag.de
info@metzlerverlag.de

Vorwort zur zweiten Auflage

Diese Einführung in die deutsche Lyrik umfasst den Zeitraum von etwa 1600 bis 1720, die Epoche zwischen Späthumanismus und Frühaufklärung, für die sich die nicht unumstrittene Bezeichnung Barock eingebürgert hat. Die Darstellung verbindet systematische und historische Aspekte. Am Anfang stehen einige Hinweise auf den literarhistorischen Kontext und die sozialgeschichtlichen Voraussetzungen der Literatur der Frühen Neuzeit. Es folgen ein Abriss der poetologischen Grundlagen und ein Überblick über die für die Barocklyrik relevanten Vers-, Strophen- und Gedichtformen. Daran schließt sich eine Darstellung ihrer geschichtlichen Entwicklung von der mit dem Namen von Martin Opitz verbundenen Literaturreform bis zu Johann Christian Günther an. Gelegentliche Überschneidungen mit dem Poetik-Kapitel ließen sich dabei nicht vermeiden. Der Text der ersten Auflage wurde überarbeitet und aktualisiert. Größere Veränderungen ergaben sich vor allem im historischen Überblick

Jeder der drei Hauptabschnitte endet mit einem Verzeichnis der zitierten Texte und Forschungsarbeiten. Wiederholungen wurden in Kauf genommen, um die Benutzung zu erleichtern. Weiterführende Literaturhinweise enthält das letzte Kapitel. Orthographie und Zeichensetzung der zitierten Texte folgt den (von unterschiedlichen Editionsprinzipien geleiteten) Ausgaben bzw. dem Wortlaut der Original- bzw. Faksimiledrucke. Vereinheitlicht habe ich allerdings in der Regel den Gebrauch von u/v (z.B. und statt vnd) und i/j (z.B. ihr statt jhr) und die Wiedergabe der Umlaute. Die Unterscheidung von Fraktur- und Antiquasatz in den Originalen (Antiqua für Fremdwörter) und andere typographische Eigenheiten wurden ebenfalls nicht nachgeahmt.

Inhalt

I. Literatur- und sozialgeschichtliche Voraussetzungen

1. Die deutschsprachige Literatur im europäischen Kontext

Zu Beginn des 17. Jahrhunderts, zu der Zeit, in der Shakespeares Meisterwerke entstanden, stellte der Sekretär eines böhmischen Magnaten eine Frage, die nicht nur ihn bewegte:

> Warumb sollen wir den unser Teutsche sprachen,
> In gwisse Form und Gsatz nit auch mögen machen,
> Und Deutsches Carmen schreiben,
> Die Kunst zutreiben,
> Bey Mann und Weiben.
> (Hock, S. 31)

Das Gedicht, dem diese Verse entnommen sind, handelt »Von Art der Deutschen Poeterey« und verweist, auch durch seine Unbeholfenheit, auf den unbefriedigenden Zustand der deutschen Dichtung um die Wende vom 16. zum 17. Jahrhundert: Was seinem Verfasser, Theobald Hock, und anderen gebildeten Zeitgenossen auffiel, war die Diskrepanz zwischen den volkssprachlichen Renaissanceliteraturen Süd- und Westeuropas und der noch weithin spätmittelalterlichen Mustern verpflichteten deutschen Verskunst. Es verwundere ihn »hefftig«, schrieb Martin Opitz 1624 mit patriotischer Emphase, »daß / da sonst wir Teutschen keiner Nation an Kunst und Geschicklichkeit bevor geben / doch biß jetzund niemandt unter uns gefunden worden / so der Poesie in unserer Muttersprach sich mit einem rechten fleiß und eifer angemasset« habe (Gesammelte Werke II/1, S. 172). Die Betonung liegt auf der Dichtung »in unserer Muttersprach«, denn hier war die deutsche Verspätung in der Tat beträchtlich. Denn Deutschland war politisch und literarisch in der Frühen Neuzeit eine ›verspätete Nation‹, politisch im Hinblick auf den Prozess, der in anderen Ländern zur Herausbildung moderner Nationalstaaten führte, literarisch im Vergleich zu den europäischen Renaissanceliteraturen. Man hatte den entscheidenden Schritt versäumt, dem die Literaturen der süd- und westeuropäischen Länder ihren Aufstieg verdankten: die Reform der volkssprachlichen Dichtung auf humanistischer Basis.

Am Anfang dieser nationalhumanistischen Bestrebungen stand Italien. Hier hatte die Dichtung in der Volkssprache schon im 14. Jahrhundert mit Dante, Petrarca und Boccaccio ihren ersten, im 16. Jahrhundert mit Ariost und Tasso ihren zweiten Höhepunkt erreicht. In Frankreich waren es die Dichter der Pléiade, die es sich Mitte des 16. Jahrhunderts zur Aufgabe gemacht hatten, Sprache und Literatur nach dem Vorbild der Antike und der italienischen Renaissance zu erneuern. Und auch die Dichter Spaniens, Englands und der Niederlande folgten dem italienischen – und später dem französischen – Beispiel und leiteten damit das ›Goldene Zeitalter‹ ihrer Literaturen ein. Deutschland hatte dem nichts entgegenzusetzen, jedenfalls nicht in deutscher Sprache. Ein Rückgriff auf die deutsche Poesie der unmittelbar vorhergehenden Jahrhunderte verbot sich von selbst. Opitz suchte zwar mit einem Gedicht Walthers von der Vogelweide das ehrwürdige Alter der deutschen »Poeterey« zu belegen, malte jedoch zugleich – schon um seine eigene Leistung für die Reform der deutschen Literatur ins rechte Licht zu rücken – ein düsteres Bild der dem hohen Mittelalter folgenden Epoche, einer Zeit, in der die einstigen Errungenschaften »in vergessen gestellt« worden seien, während sich im Ausland die nationalsprachlichen Literaturen der Renaissance herausgebildet hätten (Buch von der Deutschen Poeterey, S. 23). Petrarca, Sannazaro, Ronsard, Sidney, Heinsius und mit ihnen die ›modernen‹ Literaturen Italiens, Frankreichs, Englands und der Niederlande werden den deutschen Zuständen gegenübergestellt:

»Wir Teutschen allein undanckbar gegen unserm Lande / undanckbar gegen unserer alten Sprache / haben ihr noch zur Zeit die Ehr nicht angethan / daß die angenehme Poesie auch durch sie hette reden mögen. Und weren nicht etliche wenig Bücher vor vilen hundert Jahren in Teutschen reimen geschrieben / mir zu handen kommen / dörffte ich zweiffeln / ob jemahls dergleichen bey uns ublich gewesen. Dann was ins gemein von jetzigen Versen herumb getragen wirdt / weiß ich warlich nicht / ob es mehr unserer Sprache zu Ehren als schanden angezogen werden könne.« (Gesammelte Werke II/1, S. 173)

Die Reformdiskussion musste von Anfang an mit einem Paradox fertig werden. Seit der Entdeckung der Handschrift der *Germania* des Tacitus und der humanistischen Geschichtsschreibung des 16. Jahrhunderts gehörte der Hinweis auf die eigene ruhmreiche Vergangenheit zu den Topoi der nationalen bzw. ›kulturpatriotischen‹ Argumentation. Wenn Opitz sich auf einige alte deutsche Literaturwerke beruft, so hat das vor allem ideologischen, beschwörenden Charakter und soll als Ansporn dienen, sich den Alten als

würdig zu erweisen. Hatte es einst eine hochstehende deutsche
Dichtung gegeben, so konnte sie es auch wieder geben – wenn man
die entsprechenden Lehren zog und wenigstens vorübergehend die
Überlegenheit der europäischen Renaissanceliteraturen anerkannte
und ihrem Vorbild folgte.

Opitz urteilt aus der Perspektive des humanistisch gebildeten
Dichters, dem der »Sinnreiche Petrarca« näher steht als die deutschen Dichter des 16. Jahrhunderts, seine unmittelbaren Vorgänger,
die er nicht einmal bei Namen nennt. Seine Maßstäbe bezieht er
aus der Tradition der europäischen Renaissancepoesie und ihrer
von humanistischem Geist getragenen Hinwendung zur Volkssprache. Es gab erste Ansätze zu einer Erneuerung im deutschen
Frühhumanismus des ausgehenden 15. Jahrhunderts, doch blieb es
bei einem kurzen Zwischenspiel. Zwar wurden maßgebliche Texte
der italienischen Renaissance verdeutscht, doch führten diese frühen Versuche nicht zu entsprechenden eigenständigen Leistungen
in deutscher Sprache. Die deutschsprachige Dichtung verharrte
vielmehr in gewohnten Bahnen. Die Sprache der humanistischen
Dichter dagegen blieb weitgehend das Lateinische. Erst seit den
letzten Jahrzehnten des 16. Jahrhunderts öffnete sich die deutschsprachige Lyrik, wenn auch nur zögernd, Einflüssen aus den weiter
fortgeschrittenen romanischen Literaturen. Man versuchte sich an
einigen neuen Formen (Madrigal, Sonett, Alexandriner), doch von
einer entschiedenen Neuorientierung konnte noch keine Rede sein.
Bis ins 17. Jahrhundert hinein bestimmte noch das »zähe Weiter-
leben dessen, was aus der Hans-Sachs-Zeit stammte«, das Bild der
Dichtung: »Man hatte für Sprache und Vers nur veraltete Normen
– im Meistersang – oder gar keine« (Trunz: Nachwort, S. 48*). Es
bestand weiterhin ein Nebeneinander von zwei Literaturen, einer
lateinischen und einer deutschen, die aus ihren eigenen Traditionen
lebten, aus dem Humanismus die eine, aus ›ungelehrten‹ Überlieferungen die andere.

2.   Sprach- und Literaturreform

Humanistisches Erbe oder Deutsch und Latein

Nicht nur die italienischen Humanisten, die sich ohnehin von Bar-
barenländern umgeben wähnten, hielten die Deutschen für Bar-
baren und das Deutsche für eine barbarische Sprache, auch die
deutschen Humanisten hegten ähnliche Gefühle. Latein war die

Sprache der bedeutendsten deutschen Lyriker im 16. Jahrhundert, in lateinischer Sprache wurden Leistungen von europäischem Rang erreicht, Leistungen, wie sie im Deutschen noch lange nicht möglich waren. Produzenten und Rezipienten dieser neulateinischen Dichtung waren weitgehend identisch. Die gelehrte Humanistenschicht verstand sich als geistige Elite, die sich auch als eigener sozialer Stand zu etablieren suchte und daher auf deutliche Abgrenzung von der Masse der nicht humanistisch Gebildeten bedacht war. Diese Kluft verringerte sich im 17. Jahrhundert nicht, denn die neue Kunstdichtung in deutscher Sprache, die nun propagiert und entwickelt wurde, war ›gelehrte‹ Dichtung auf humanistischer Grundlage. Für Opitz und die anderen Reformer war es selbstverständlich, dass der Übergang zur deutschen Sprache keine Rückkehr zu den Formen und Inhalten der deutschsprachigen Dichtung des 16. Jahrhunderts bedeuten dürfe:

»Und muß ich nur bey hiesiger gelegenheit ohne schew dieses errinnern«, formulierte Martin Opitz im *Buch von der Deutschen Poeterey* (1624) den elitären Anspruch, »das ich es für eine verlorene arbeit halte / im fall sich jemand an unsere deutsche Poeterey machen wolte / der / nebenst dem das er ein Poete von natur sein muß / in den griechischen und Lateinischen büchern nicht wol durchtrieben ist / und von ihnen den rechten grieff erlernet hat; das auch alle die lehren / welche sonsten zue der Poesie erfodert werden / […] bey ihm nichts verfangen können.« (S. 25)

Maßstäbe setzten die Alten und die volkssprachlichen und neulateinischen Dichter der europäischen Renaissance, nicht die deutsche Dichtung der unmittelbaren Vergangenheit mit ihren Meistergesangsgesetzen und holprigen Knittelversen, die mit Nichtachtung oder – wenn sie überhaupt ins Blickfeld kam – mit Verachtung gestraft wurde. Es führt kein Weg von Hans Sachs zu Martin Opitz. Die neue Dichtung, verstanden als humanistisch fundierte Unternehmung, blieb wie die neulateinische Literatur der deutschen Humanisten weiterhin Reservat einer elitären Schicht, wenn auch jetzt in der Volkssprache. Das Deutsche trat an die Stelle des Lateinischen, doch das humanistisch-gelehrte Arsenal der Dichtersprache und die poetologischen Voraussetzungen blieben die gleichen.

Gleichwohl sind durchaus Kontinuitäten vorhanden; sie sind im Fall humanistisch-gelehrter Literatur aber nicht an die Sprache gebunden. Die neulateinische Literaturtradition des Humanismus gehört zu den unabdingbaren Voraussetzungen der deutschsprachigen Kunstdichtung des 17. Jahrhunderts, sie ist »eine wesentliche Basis, auf der die deutschsprachige Lyrik des sog. Barockjahrhunderts ruht« (Conrady, S. 243). Wenn man mit Karl Otto Conrady »die vorangehende Gebildetendichtung in lateinischer Sprache als organisch zugehörige[n] Teil der Dichtungsgeschichte in Deutschland« begreift (ebd.), nimmt sich die deutsche Kunstdichtung des 17. Jahrhunderts entschieden weniger neu aus. Sie beruht auf den gleichen rhetorischen und poetologischen Grundlagen wie die neulateinische Dichtung des 16. Jahrhunderts, die die Paradigmen für den lyrischen Stil des 17. Jahrhunderts bereitstellt: für den ›mittleren‹ Stil, der die Dichtung des Klassizisten Opitz charakterisiert, aber auch – Paulus Melissus Schede wäre das hervorragendste Beispiel – für die rhetorische Intensivierung und die gesuchte, übersteigerte Metaphorik, die gemeinhin als Merkmal des ›barocken‹ Stils gilt.

Die Reform und ihre konfessionellen und sozialen Grenzen

Die Erkenntnis der Defizite der deutschen Sprache und Dichtung löste schließlich zuerst vereinzelte, dann in den ersten Jahrzehnten des 17. Jahrhunderts systematische Bestrebungen protestantischer Dichter, Gelehrter und interessierter Fürsten aus, die deutsche Sprache im humanistischem Sinn literaturtauglich zu machen und Prosa- und Versdichtung durch eine Übernahme des internationalen Formenrepertoires auf eine neue Grundlage zu stellen. Das Ziel, die kulturelle und literarische Verspätung aufzuholen und den Rang der ausländischen Literaturen zu erreichen, wenn nicht gar zu übertreffen, konnte nach Ansicht der tonangebenden Humanistenschicht dabei nur über den Weg der Nachahmung der ausländischen Vorbilder gelingen, die schließlich dann – so die mit dem Begriff der *imitatio* verbundene Erwartung – zu etwas Neuem, Eigenem führen würde.

Priorität hatte neben einer Reform der deutschen Metrik die Aneignung des Formen-, Bilder- und Stilrepertoires der Dichtung der Antike bzw. ihrer Adaption in der Renaissance als Grundlage für eine neue deutsche Literatursprache und Dichtung. In der Lyrik dominierten zunächst die Dichter der Renaissance: Francesco Petrarca und seine Nachahmer (›Petrarkismus‹), Pierre de Ronsard und die Pléiade sowie die ihrerseits italienischen und französischen Vorbildern verpflichteten Niederländer wie Pieter Corneliszon Hooft, Roemer Visscher und Daniel Heinsius. Im späteren Verlauf des 17. Jahrhunderts traten dann Beispiele manieristischer Dichtung aus Italien und Spanien hinzu. Insgesamt wurden so neben den Formen der Renaissance- und Barocklyrik auch ihre wichtigsten Themenbereiche in die deutsche Literatur eingeführt, wobei sich insbesondere die petrarkistische (und parodistisch anti-petrarkistische) Liebessprache und -motivik mit ihren Formeln und Konventionen als geeigneter Ausgangspunkt einer eigenen, gesellschaftlich orientierten Gedicht- und Liedkunst erwiesen.

Die deutsche Literaturreform des 17. Jahrhunderts war weitgehend ein Projekt der humanistisch gebildeten Gelehrtenschicht in den protestantischen Territorien, deren Interessen sich teilweise mit denen interessierter Fürsten und Höfe trafen. Dass sich die gelehrte Kunstdichtung in deutscher Sprache nicht überall durchsetzte, war eine Folge der territorialen Zersplitterung und konfessionellen Spaltung des Deutschen Reichs, wenngleich Mobilität und literarische Kommunikation gelegentlich den Tendenzen zur Regionalisierung entgegenwirken mochten. Mit der Reformation und Luthers Bibelübersetzung hatte ein Prozess eingesetzt, der zu einer weitgehend getrennten Sprach- und Literaturentwicklung im Deutschen Reich führte. Mit dem Erfolg der protestantisch dominierten Sprach- und Literaturreform in der ersten Hälfte des 17. Jahrhunderts wurde die sprachliche und literarische Teilung für mehr als ein Jahrhundert besiegelt.

Die katholischen Territorien Süd- und Westdeutschlands bzw. ihre Autoren verschlossen sich weitgehend der Sprach- und Dichtungsreform und führten eigene Traditionen weiter. Dabei setzten sie auf eine Doppelstrategie. Im Gegensatz zu den protestantischen Literaturreformern, die bei grundsätzlicher Zweisprachigkeit das Lateinische allmählich in den Hintergrund drängten, hielten die katholischen Autoren am Vorrang des Lateinischen für den Diskurs unter den Gebildeten fest und führten zugleich im Einklang mit ihrem missionarischen Auftrag die Tradition einer nichtelitären Literatur für alle, Gebildete und Ungebildete, in der Volkssprache fort. Sie verweigerten sich, von einigen Autoren wie dem protestantisch sozialisierten Johannes Scheffler (Angelus Silesius) oder dem Benediktiner Simon Rettenpacher abgesehen, den Normierungstendenzen der Opitzianer und der Sprachgesellschaften und bauten auf die eigene ›oberdeutsche‹ Sprach- und Literaturtradition. So entfaltete sich auf der einen Seite eine der europäischen katholischen Tradition verpflichtete neulateinische Produktion, auf der anderen entstand, im Dienst der katholischen Reform wie katholischer Fürsten, eine umfangreiche Literatur vorwiegend religiösen Charakters in »der in disen Landen üblichen Sprach« (Albert Curtz: *Harpffen Davids*, 1669, zit. nach Breuer, S. 52).

Für die protestantische Seite war dieses Beharren auf den eigenen deutschen Sprach- und Literaturtraditionen befremdlich, unverständlich und in poetischer Hinsicht indiskutabel, während katholische Neulateiner wie Jacob Balde an der Überlegenheit des Lateinischen als Medium humanistischer Kunstdichtung festhielten und vor der Überschätzung deutschsprachiger Dichtung warnten. Die protestantische Sicht der Dinge, wie sie etwa der Kieler Polyhistor Daniel Georg Morhof oder Gottfried Wilhelm Leibniz vertraten, bereitete die spätere Ausgrenzung der deutschsprachigen Literatur der katholischen Territorien durch die Literaturgeschichtsschreibung vor, die meist teleologisch auf das Ziel einer einheitlichen deutschen Schriftsprache und Nationalliteratur ausgerichtet war.

Neben konfessionellen und regionalen Abgrenzungen im Bereich der Literatur gab es weiterhin auch soziale. Die Kluft zwischen der Humanistenschicht und der nicht akademisch gebildeten Bevölkerung bzw. den daraus hervorgegangenen Autoren hatte im 16. Jahrhundert durch die verschiedenen Sprachen – Lateinisch und Deutsch – ihren deutlichsten Ausdruck gefunden. Das änderte sich im 17. Jahrhundert grundsätzlich nicht – Latein blieb generell die vorherrschende Sprache unter den Gelehrten unabhängig von der Konfession –, aber mit der Durchsetzung eines nationalhumanistischen Dichtungsprogramms in den protestantischen Territorien standen sich dazu nun noch zwei unterschiedliche volkssprachliche Literaturen gegenüber: die neue Kunstdichtung der elitären Bildungsschicht und eine Dichtungspraxis, die aus sozialen bzw. bildungsbedingten Gründen an den alten Formen festhielt.

Denn die Traditionen der deutschsprachigen Literatur des 16. Jahrhunderts, gegen die sich die Dichtergelehrten wandten und die sie in Hans Sachs personifiziert fanden, brachen keineswegs völlig ab. So zeigt ein Liederbuch wie das *Venusgärtlein* (1656) mit seiner Mischung älterer und neuerer Lieder, dass das Volkslied durchaus noch lebendig war. Auch die Meistersingerkunst wurde in manchen Städten weiter betrieben – so gab es selbst in Breslau, einer der Hochburgen der ›modernen‹ Poesie, noch bis 1670 eine Singschule –, doch hatten die Gelehrtendichter für derartige Kunstübungen, die ihnen geradezu als Musterbeispiele dichterischer Rückständigkeit und Stümperei erscheinen mussten, nur Spott und Verachtung übrig. Andreas Gryphius' Lustspiel *Absurda Comica. Oder Herr Peter Squentz* (1658) macht das deutlich genug.

Auch die Gruppen, die schon aus elementaren Bildungsgründen als Leser kaum in Frage kamen (große Teile der Landbevölkerung, die Unter- und Mittelschichten der Städte), waren deswegen nicht ohne Dichtung. Hier lebte die ›Volkspoesie‹ in ihren verschiedenen Formen, überwiegend mündlich weiterverbreitet, hier wurden

Lieder gesungen, Kalender, Zeitungen und Flugblätter (vor)gelesen.
Auf die Entwicklung der deutschen Literatur im 17. Jahrhundert
blieben diese Erscheinungen allerdings ohne Einfluss.

3.   Sozialgeschichtliche Aspekte

Autor, Gesellschaft und Staat

Bis auf wenige Ausnahmen wie Grimmelshausen oder Jacob Böhme
gehörten die bürgerlichen deutschen Schriftsteller dem Gelehrten-
stand an. Sie alle hatten in ihrer Universitätsausbildung die Artisten-
fakultät durchlaufen, waren also mit Rhetorik und Poetik vertraut
und hatten somit die gelehrte philologische Vorbildung erworben,
die als unerlässlich für die Ausübung der Dichtkunst galt. Die war
allerdings kein ›Beruf‹, sondern die Autoren lebten als Geistliche,
Universitäts- und Gymnasialprofessoren, Ärzte oder Juristen und
nutzten die Möglichkeiten, die sich aus der Erweiterung der Staats-
tätigkeit und der zunehmenden Bürokratisierung in der Frühen
Neuzeit ergaben, zum Aufstieg in die städtisch-patrizische oder
höfische Beamtenelite. So sehr die Gelehrten nach Gleichberech-
tigung mit dem Geburtsadel strebten, so entschieden grenzten sie
sich vom ›Volk‹, aber auch einer halbgelehrten Zwischenschicht ab.
Bei dieser handelte es sich um Personen, die nur die Lateinschule
besucht oder ihr Universitätsstudium abgebrochen hatten und nun
u.a. als Kaufleute, Buchdrucker, Hauslehrer, Wundärzte oder Apo-
theker tätig waren. Zu dieser Gruppe gehörte auch die große Zahl
der Schreiber, die an fürstlichen oder städtischen Kanzleien – oder
wie Grimmelshausen als Regimentsschreiber – wirkten, sowie die
etwas höher gestellten Sekretäre und Amtleute oder andere niedrige
Funktionsträger.
   Ein Leben als freier Schriftsteller war in der Regel keine erfolg-
versprechende Alternative zu einer festen Anstellung. Autoren waren
nur sehr begrenzt an der ökonomischen Verwertung ihrer geistigen
Arbeit beteiligt. Zwar konnten sie seit der Mitte des 17. Jahrhunderts mit einem Honorar für ihr Manuskript rechnen und mussten
sich nicht mehr mit einigen Freiexemplaren begnügen, aber eine
weitergehende Beteiligung am ökonomischen Erfolg gab es nicht.
Eine von der Verlegerkalkulation unabhängige Einnahmequelle war
das Verfertigen von Casualcarmina, eine Praxis, die sich im Verlauf
des 17. Jahrhunderts zu einem Massenphänomen auswuchs und
zahlreichen Dichtern Nebeneinnahmen verschaffte: »Mein Gewerb'

und Handel sind Reime«, schrieb Simon Dach (Gedichte II, S.100),
schlecht bezahlter Lehrer und Professor, der die Angehörigen des
Königsberger Bürgertums und z.T. auch des Adels von der Wiege
bis zur Bahre mit Gelegenheitsgedichten begleitete. Dass es Autoren ausnahmsweise möglich war, ansehnliche Einkünfte zu erzielen,
beweisen Einträge in Sigmund von Birkens Tagebuch, wo für das
Jahr 1665 Einkünfte in Höhe von 450 Gulden registriert sind. Das
war zwar nur die Hälfte von Lohensteins Jahresgehalt als Syndikus
der Stadt Breslau im Jahr 1670, aber ein Vielfaches der 24 Gulden,
die ein Schulmeister 1676 in München verdiente. Schwieriger war
die Situation Philipp von Zesens, der nicht allein vom Ertrag seiner
Feder leben konnte und zeitweise wohl als Korrektor in Amsterdam
arbeitete, mehrfach Geld von Höfen für nicht näher bekannte Aufgaben erhielt und sich Dichterkrönungen bezahlen ließ, die er als
Kaiserlicher Pfalzgraf vornehmen durfte. Er nutzte auch die verbreitete Praxis, sich Dedikationen durch Geldzuwendungen oder Patro-
nage honorieren zu lassen oder jedenfalls darauf zu spekulieren.

   Die humanistische Gelehrtenschicht, zu denen die meisten Dichter des 17. Jahrhunderts zählten, konnte sich mit ihrem Anspruch
auf einen privilegierten Platz in der Ständehierarchie auf die in der
italienischen Renaissance entstandene Theorie vom geistigen Adel
(*nobilitas litteraria*) berufen. Eine Art institutionelle Unterstützung
dieses Anspruchs stellte die Tradition der humanistischen Dichterkrönung dar, die mit der Krönung Petrarcas zum Poeta laureatus
1341 auf dem Kapitol in Rom begonnen hatte und unter Kaiser
Maximilian I. in Deutschland zu einer festen Einrichtung wurde.
Erster Poeta laureatus deutscher Herkunft war Conrad Celtis (1487).
Und als Martin Opitz 1625 von Kaiser Ferdinand II. zum Dichter
gekrönt wurde, entsprach das ganz seinem Programm der sozialen Aufwertung des humanistischen Gelehrtendichters und seiner
Strategie, für die angestrebte literarische und kulturelle Erneuerung
das Bündnis mit dem Adel zu suchen. Die Krönung zum »Poeta
Laureatus Caesareus« (PLC) war ein Rechtsakt, der mit Privilegien
wie der akademischen Lehrerlaubnis verbunden war und den Dichter seinerseits zur Loyalität gegenüber dem Herrscher verpflichtete.
Literarisch bedeutete das, dass der Dichter im Geist des Humanismus der italienischen Renaissance der »Begiehr der Unsterbligkeit«
der Herrscher (Opitz: Gesammelte Werke II/2, S. 543) panegyrisch
gerecht zu werden hatte, damit aber zugleich seine eigene Stellung als
»Austeiler des Ruhms, ja der Unsterblichkeit« (Burckhardt, S. 104)
stärkte.

   Das wahre Selbstverständnis des humanistischen Dichtergelehrten formulierte Opitz im *Buch von der Deutschen Poeterey*,

indem er adeligem Müßiggang (»Fressereyen / Bretspiel / unnütze
geschwätze / verleumbdung ehrlicher leute«) und bürgerlichem
Geldgeiz (»lustige uberrechnung des vermögens«) die »anmutig-
keit unsers studierens« entgegensetzte – in der Hoffnung auf den
größten Lohn, »den die Poeten zue gewarten haben; das sie nemlich
inn königlichen unnd fürstlichen Zimmern platz finden / von grossen und verständigen Männern getragen / von schönen leuten [...]
geliebet / in die bibliothecken einverleibet / offentlich verkauffet
und von jederman gerhümet werden« (S. 74, 72).

Äußerlich hatte die Literatur einen Platz im Fürstenstaat bzw.
den großen Städten schon dadurch, dass die Autoren bis auf wenige
Ausnahmen öffentliche Funktionen in Staat oder Stadt ausübten
und – neben ihrem Fachwissen – auch ihre literarischen Fähigkeiten
bei geselligen und repräsentativen Anlässen zur Verfügung stellten
und das Lob ihrer Fürsten oder ihrer Obrigkeit sangen:

> Krieges-Wolcke soll verwehn.
> Friedensröthin eins auffgehn:
> Wachstumb / Recht / Gerechtigkeit /
> Bey uns blühn mit Lust und Freud.
> Dieses uns Hertzog *Augustus* sol geben /
> Welcher Hoch-Fürstlich und glücklich sol leben.
> (Alles mit Bedacht, S. 79)

So endet ein Lobgedicht auf Herzog August von Braunschweig-
Wolfenbüttel von Justus Georg Schottelius, Hofrat zu Wolfenbüttel,
ein beliebiges Beispiel für die Gattung des Fürstenlobs, an dem
die politisch-repräsentative Funktion der Poesie im Fürstenstaat
am deutlichsten in Erscheinung tritt. Ob bei einem so verhaltenen
Lyriker wie Simon Dach oder bei Martin Opitz, Georg Rodolf
Weckherlin oder selbst Andreas Gryphius: Immer wird der Ideal-
fall eines tugendhaften Fürsten vorgestellt, der »Gerechtigkeit und
Fried in jedem Ort und Stande« garantiert und der Unsterblichkeit versichert ist (Dach: Gedichte II, S. 168). Markgraf Georg
Friedrich von Baden beispielsweise ist überdies so »milt, gütig und
gnädig«, schreibt Weckherlin, dass er als »ein irdischer Got« geliebt
zu werden verdient und seine Untertanen mit Lust begehren,

> Ihr leben für ihn aufzugeben:
> Und ist ihr wehrte dienstbarkeit
> Ein grössere glückseeligkeit,
> Dan so Sie andern zu befehlen [...].
> (Weckherlin: Gedichte I, S. 210, 213)

Lobeshymnen dieser Art bestätigen die gesellschaftliche Hierarchie, indem sie nicht nur das Selbstverständnis der Herrschenden formulieren, sondern zugleich auch ein Modell für das Verhältnis von Fürst und Untertan aufstellen. Denn implizit enthalten sie neben einer höfisch-repräsentativen Tugendlehre für den Fürsten auch eine Verhaltenslehre für die Untertanen. Die Gedichte üben Untertanengesinnung ein, auch wenn sie zuweilen kritische Bemerkungen wagen oder als aktuelle Mahnungen an die Adressaten verstanden werden können, diesem Tugendideal nun auch gerecht zu werden.

Dichtung hatte, so die Übereinkunft der Poetiker im Anschluss an Horaz, zu ›nützen‹ (prodesse) und zu ›erfreuen‹ (delectare), also auch lehrhaften Zwecken zu dienen und zu einem tugendhaften Leben anzuleiten. Der Wittenberger Professor Augustus Buchner beschreibt in seiner in den dreißiger Jahren des 17. Jahrhunderts entstandenen Poetik am Beispiel von Dichter und Geschichtsschreiber, wie der lehrhafte Effekt am besten zu erzielen sei:

»Lehren also beyde / was zu thun oder zulassen sey; nicht zwar durch gebiethen und verbiethen / oder durch scharffsinnige Schlußreden [...] / sondern durch allerley Exempel und Fabeln / welches die alleranmuthigste Art zu lehren ist / und bey denselben / die sonst nicht so gar erfahren sind / zum meisten verfängt: in dem Sie hierdurch ohn allen Zwang und mit einer sondern Lust / fast spielend zur Tugend / und dem was nützlich ist / angeführet werden.« (Anleitung [Poet], S. 29f.)

Die Lehre von dem, »was zu thun oder zulassen sey«, umfasst mehr als allgemeine ethische Anweisungen oder Kataloge christlicher Tugenden: Die Vermittlung ethischer Normen, die Anleitung zur ›Tugend‹ schließt gesellschaftliche und politische Verhaltensweisen ein, verweist also darauf, »daß sich die Poesie, indem sie ihren ethischen Auftrag erfüllte, unmittelbar auf gesellschaftliches und politisches Geschehen bezog« (Mauser, S. 24). Das Prinzip der Tugenderfüllung stellt ein wirksames Mittel der Disziplinierung der Bevölkerung dar, und die Poesie hilft, indem sie zur Tugend anhält, Ruhe und Ordnung im Obrigkeitsstaat zu bewahren: »Hüte dich für fressen und sauffen«, »Förchte Gott«, »Ehre vater und mutter«, aber auch »Sey der Obrigkeit unterthan« lauten einige Überschriften in der Sonettsammlung des Johann Plavius (1630), einem instruktiven Beispiel für die Verbindung von poetischer Tugendlehre, Gesellschaft und Politik (Danziger Barockdichtung, S. 122ff.).

Es verwundert daher nicht, dass auch die politische Literatur den Nutzen der Dichtung und der freien Künste hervorhebt, sind sie doch geeignet, die Untertanen für die Obrigkeit einzunehmen.

Mit ihren Mitteln könnten sie dazu beitragen, dass man die Untertanen »also gewinne / und an sich ziehe / daß sie es für ihren
höchsten Nutze halten / uns unterthan zu seyn / unnd für uns
unnd unsere Herrschafften zu streiten«, heißt es im weitverbreiteten
Gründlichen Bericht / Von Anordnung guter Policeyen und Regiments
(dt. zuerst 1596) von Giovanni Botero. Geistliche, Gelehrte und
Künstler trügen durch Belehrung und Belustigung des Volkes dazu
bei, fährt Botero fort, dass ein Fürst »leichtlich diß erlanget / daß
er von den seinen geliebet / und von allen hoch geachtet wirt« (zit.
nach Mauser, S. 280f.).

Sprachgesellschaften

Die deutschen Sprachgesellschaften entstanden aus der Einsicht,
dass Deutschland in seiner sprachlichen, literarischen und kulturellen Entwicklung den Anschluss an die weiter fortgeschrittenen
süd- und westeuropäischen Länder verloren hatte. Dazu kam das
Gefühl der politischen Ohnmacht, das durch die Katastrophe des
Dreißigjährigen Krieges noch verstärkt wurde und das wenigstens
auf literarisch-kulturellem Gebiet durch eine intensive ›Spracharbeit‹
grammatikalischer, lexikalischer und literarischer Art kompensiert
werden sollte. Dabei bildeten Übersetzungen der im literarischen
wie kulturellen Sinn stilbildenden Vorbilder notwendigerweise den
Ausgangspunkt. Sprachpurismus spielte nur eine Nebenrolle, aber
angesichts der aktuellen Situation waren der Appell, sich der Bedeutung der deutschen Sprache bewusst zu werden, und der Kampf
gegen die Sprachmengerei und das sogenannte Alamode-Wesen
logische Bestandteile des Reformkonzepts. Man ging von einem
engen Zusammenhang zwischen dem Zustand der Sprache und der
moralischen Verfassung eines Volkes aus. Die Pflege der deutschen
Sprache, Spracharbeit in der Terminologie des 17. Jahrhunderts,
besaß den Charakter eines nationalen Tugendprogramms.
    Die deutschen Sprachgesellschaften folgen dem Beispiel der ita-
lienischen Akademien, die seit dem 15. Jahrhundert in den Städten entstanden waren und dem geselligen literarischen Verkehr
und der Pflege der Sprache dienten. Bedeutendstes Resultat dieser
Akademien ist das Wörterbuch der 1582 in Florenz gegründeten
Accademia della Crusca (*Vocabulario degli Accademii della Crusca*,
1612). Diese Vereinigung wurde zum unmittelbaren Vorbild für
die Fruchtbringende Gesellschaft, der ersten deutschen Sprachgesellschaft. Der späteren Gründungslegende zufolge beschlossen
Angehörige der Fürstenhäuser Sachsen-Weimar und Anhalt-Köthen

ihre Gründung 1617 nach einem fürstlichen Begräbnis in Weimar; mit der ersten Programmschrift von 1622 ist sie als höfisch-adelige Institution greifbar. Fürst Ludwig zu Anhalt-Köthen, der ihr bis zu seinem Tod 1650 vorstand, war 1600 auf seiner Kavalierstour in die Accademia della Crusca aufgenommen worden.

Sieht man von den adeligen Frauengesellschaften im Umkreis der Fruchtbringenden Gesellschaft ab, so war die 1633 gegründete Aufrichtige Tannengesellschaft um Jesaias Rompler von Löwenhalt in Straßburg die zweite deutsche Sprachgesellschaft. Sie war in gewisser Weise ein Gegenentwurf zur höfisch-adeligen Fruchtbringenden Gesellschaft. Sie knüpfte an stadtbürgerliche Traditionen an, hielt – jedenfalls in der Person Romplers – Distanz zu Martin Opitz und verband patriotische Spracharbeit und aktuelle Zeitkritik mit der Propagierung der alten deutschen Tugenden und christlicher Frömmigkeit.

Bedeutender als die kleine Straßburger Gesellschaft waren die beiden folgenden Gründungen, Philipp von Zesens Deutschgesinnete Genossenschaft (um 1643) und der Nürnberger Pegnesische Blumenorden (1644). Zesens Gesellschaft bestand bis zum Anfang des 18. Jahrhunderts und hatte insgesamt mehr als 200 Mitglieder, die in mehreren ›Zünften‹ organisiert waren. Mit Rompler teilte Zesen den starken nationalen Impuls der Spracharbeit und die starke ethische und religiöse Fundierung. Wie Zesens Genossenschaft nahm auch der Nürnberger Pegnesische Blumenorden Frauen auf. Seine stark religiöse Orientierung, aber auch den bürgerlichen Grundcharakter hatte er mit den Gesellschaften Romplers und Zesens gemein. Die Nürnberger Gesellschaft, von Georg Philipp Harsdörffer und Johann Klaj ins Leben gerufen, wurde dann unter der Leitung von Sigmund von Birken und seinen Nachfolgern bis ins 18. Jahrhundert hinein weitergeführt. Im Unterschied zu allen anderen Vereinigungen kann man den Pegnesischen Blumenorden als ausgesprochenen Dichterverein bezeichnen, dessen Schaffen eine eigene Physiognomie besitzt. Schon der Gründungakt manifestiert sich in einer Dichtung, dem *Pegnesischen Schäfergedicht* (1644). Daneben entstanden (und vergingen) weitere kleine, oft lokal begrenzte Gesellschaften wie der Elbschwanenorden Johann Rists (gegründet 1658) oder die »Isther-Nymphen« um Catharina Regina von Greiffenberg.

Die erste Programmschrift der Fruchtbringenden Gesellschaft, Ludwigs von Anhalt-Köthen *Kurtzer Bericht der Fruchtbringenden Gesellschafft Zweck und Vorhaben* (1622), nennt als Vorbild ausdrücklich die ausländischen Akademien, die zur »anreitzung der löblichen Jugend / zu allerley hohen Tugenden / [...] beydes zu erhaltung guten vertrawens / erbawung wolanstendiger Sitten / als nützlicher außübung jedes Volcks LandsSprachen / auffgerichtet« worden seien (zit. nach Das Zeitalter des Barock, S. 38). In diesem Sinn fasst Ludwig den Zweck der eigenen Gesellschaft in zwei Punkten – höfische Gesellschaftsethik und Spracharbeit – zusammen:

»Erstlichen daß sich ein jedweder in dieser Gesellschafft / erbar / nütz- und ergetzlich bezeigen / und also überall handeln solle / bey Zusammenkünfften gütig / frölig / lustig und erträglich in worten und wercken sein / auch wie darbey keiner dem andern ein ergetzlich wort für übel auffzunehmen / also sol man sich aller groben verdrießlichen reden / und schertzes darbey enthalten.
Fürs ander / daß man die Hochdeutsche Sprache in ihren rechten wesen und standt / ohne einmischung frembder außländischer wort / auffs möglichste und thunlichste erhalte / und sich so wohl der besten außsprache im reden / alß der reinesten art im schreiben und Reimen-dichten befleißigen.« (Ebd., S. 39)

Auch Philipp von Zesen, Gründer der Deutschgesinneten Genossenschaft, lehnt sich nach einem Überblick über die Geschichte geistlicher und weltlicher Gesellschaften dieser Zweckbestimmung an: Die späteren deutschen Gesellschaften seien »so wohl zur erhaltung guhter vertraulichkeit / und löblicher sitten / als beförderung der Freien Künste / sonderlich aber zur ausarbeitung unserer edelen Muttersprache« gegründet worden (Sämtliche Werke XII, S. 192). Die Nürnberger Pegnitzschäfer fügen als weiteren Gesellschaftszweck das Lob Gottes hinzu.

Die Rituale folgten dem italienischen Beispiel, wie schon der Name der Fruchtbringenden Gesellschaft von dem der Accademia della Crusca und ihrer Metaphorik inspiriert ist (Trennung der Kleie – *crusca* – von dem nahrhaften Mehl). Jedes Mitglied bekam einen Gesellschaftsnamen, einen Wahlspruch und ein dazu passendes Bild. Dieses »Gemähl mit dem Namen und Worte« war, so die Satzung der Fruchtbringenden Gesellschaft in der Fassung Georg Neumarks, »an einem sittig-grünen Seidenen Bande zu tragen; Damit Sie sich unter einander bey begebenden Zusammenkunften desto leichter erkennen / und dadurch dero hochrühmliches Vorhaben kundig gemacht werden möchte« (Neumark, S. 17). Das war bei den Pegnitzschäfern und den Deutschgesinnten nicht anders, wenn auch die Farben für das »Ordens-Band« variierten, an dem der »Brustpfennig« zu tragen war.

Die älteste und bedeutendste Sprachgesellschaft, die Fruchtbringende Gesellschaft, war eine Gründung von Angehörigen

des protestantischen Hochadels und blieb auch im Folgenden im
Unterschied zu den anderen Sprachgesellschaften eine weitgehend
höfisch-adelige Gesellschaft. Über 90% der bis 1650 aufgenom-
menen Mitglieder waren Adelige, die allerdings zum größten Teil
literarisch unproduktiv waren. Dass die neue Gesellschaft »jedermänniglichen« offenstehen solle, »so ein liebhaber aller Erbarkeit /
Tugend' und Höflichkeit / vornemblich aber des Vaterlands« wäre, wie
die Satzung festhielt, stand in den ersten Jahren ihrer Geschichte,
von wenigen Ausnahmen abgesehen, nur auf dem Papier. Auch
Opitz wurde erst zwei Jahre nach seiner Nobilitierung 1629 als
200. Mitglied aufgenommen. Seit etwa 1640 änderte sich die Aufnahmepolitik, eine Reihe bedeutender Dichter und Wissenschaftler
bürgerlicher Herkunft fand Aufnahme in die Gesellschaft. Ohne
die Leistungen dieser kleinen Minderheit wäre die Fruchtbringende
Gesellschaft, jedenfalls in literarischer Hinsicht, kaum erwähnens-
wert. Die literarische Elite gehörte, sieht man von Ausnahmen
wie Fürst Ludwig, Diederich von dem Werder und Friedrich von
Logau ab, der bürgerlichen Humanistenschicht an, die sich auf
ihre Weise gegenüber den überwiegend literarisch unproduktiven
adeligen Mitgliedern profilieren konnte. Zu nennen sind u.a. – bis
auf Opitz erst in vierziger Jahren aufgenommen – Johann Valentin Andreae, Augustus Buchner, Christian Gueintz, Georg Philipp
Harsdörffer, Johann Michael Moscherosch, Martin Opitz, Justus
Georg Schottelius, Johann Rist und Philipp von Zesen.

Einigen standesbewussten Aristokraten, denen mehr am gesellschaftlichen Aspekt des Unternehmens lag, ging die bescheidene
Öffnung der Gesellschaft in den letzten Jahren der Ägide Fürst
Ludwigs zu weit. Ihre Forderung, die Fruchtbringende Gesellschaft
in einen Ritterorden umzugestalten bzw. zu ihrem früheren Mit-
gliederprofil zurückzukehren, traf jedoch auf den Widerstand des
Vorsitzenden, der sich auf die Satzung berief: »Bey den gedancken
wegen Enderung der geselschaft in einen Ritter Orden«, schrieb
Ludwig 1648 in einem Brief, sei »billich der grund oder die stif-
tung der Fruchtbringenden Geselschaft, wol Zu beachten, worauf
sie nemlich eigentlich gewidmet«: »Der Zweck ist alleine auf die
Deutsche sprache und löbliche tugenden, nicht aber auf Ritterliche
thaten alleine gerichtet, wiewohl auch solche nicht ausgeschlos-
sen [...]« (Der Fruchtbringenden Geselschaft ältester Ertzschrein,
S. 98).

Die Fruchtbringende Gesellschaft hatte wie die anderen Gesellschaften den Brauch eingeführt, die Mitglieder mit Gesellschaftsnamen zu bezeichnen. Es ist umstritten, ob diese Namensgebung
als spielerische (auf das Kulturleben beschränkte) Aufhebung der

Standesunterschiede gedeutet werden kann, also die Konzeption der *nobilitas litteraria* wenigstens ansatzweise einen Niederschlag in der Wirklichkeit gefunden hatte. Jedenfalls benutzten das Oberhaupt (»der Nährende«) und die Mitglieder im brieflichen Verkehr mehr oder weniger konsequent die Gesellschaftsnamen (»der Mehlreiche«, »der Wohlriechende«, »der Schmackhafte«, »der Spielende« usw.). Wenn sich Ludwig auch wohl kaum eine ausgesprochene Förderung der bürgerlichen Intelligenz zum Ziel gesetzt hatte, so tat er es doch indirekt mit seiner Gesellschaftspolitik, die vielleicht gerade deshalb auf Widerstand in adeligen Kreisen stieß. Jedenfalls trugen seine Bestrebungen, die humanistischen Gelehrten und Literaten für die anstehenden kulturpatriotischen Aufgaben zu gewinnen, zu einer Stärkung ihrer gesellschaftlichen Position bei. Zugleich wurden sie jedoch – gewiss nicht gegen ihren Willen – in die Pflicht des Staates und der Staatsverwaltung genommen.

Doch so groß die Leistungen der Fruchtbringenden Gesellschaft und ihrer Mitglieder bürgerlicher Herkunft zunächst auch waren, mit dem Tod Ludwigs von Anhalt-Köthen (1650) änderte sich das Bild, und die Gesellschaft nahm in der Tat immer mehr das Gepräge einer Rittergesellschaft an. Das machte sich nicht nur in der Aufnahmepolitik und dem Rückgang der literarischen und wissenschaftlichen Leistungen bemerkbar, sondern auch im sozialen Bereich. Für die gesellschaftliche Praxis dieser Zeit der ›Reprivilegierung‹ des Adels sind die Worte Georg Neumarks, des (bürgerlichen) Sekretärs der Gesellschaft, bezeichnend:

»Es hat aber die Meinung allhier gar nicht / daß große Herren und hohe Fruchtbringende Gesellschafter / sich mit den Niedrigern / in verächtliche und allzugemeine Kundschaft einlaßen: oder die Niedrigere / weil Sie auch Ordensgenossen / denen vornehmen Standespersonen / wie Etliche aus unbescheidener Kühnheit und thörichter Einbildung / sich unterstanden / alzu nahe treten; Sondern vielmehr erheischender Nohtdurft und Umstände nach / in unterthänigster Aufwartung und geziehmender Demuht verharren sollen.« (S. 77f.)

Man geht wohl nicht fehl, wenn man den Hinweis auf gesellschaftliches Fehlverhalten auf Philipp von Zesen und eine Auseinandersetzung bezieht, die noch zu Lebzeiten Ludwigs stattfand. Zesen war nach einigen Widerständen 1648 in die Fruchtbringende Gesellschaft aufgenommen worden. Es kam sofort zum Konflikt, denn Zesen hatte zwar gemäß den Gebräuchen der Sprachgesellschaft sein neuestes Werk, die dritte Auflage seiner Poetik (*Hochdeutscher Helikon*, 1649), vor dem Druck dem Oberhaupt vorgelegt, doch auf die vorgebrachte Kritik alles andere als nachgiebig reagiert.

Es ging dabei nicht nur um Zesens gewagte Orthographie, sondern auch darum, dass er Dichtern das fürstliche Titelprädikat »Durchleucht« zuordnete, herausgehoben durch größeren Schriftgrad und Fettdruck, und so die Standesgrenzen überspielte. Die Folgen dieser Haltung, in der sich wohl weniger ›bürgerliches‹ Selbstbewusstsein als vielmehr ein aus humanistischen Quellen gespeistes Dichterselbstgefühl spiegelt, waren einschneidend: Nachdem Zesen Kompromissvorschläge zurückgewiesen hatte und ihm der Ausschluss aus der Gesellschaft angedroht worden war, setzte eine Kampagne ein, die man als Rufmord bezeichnen muss und die wesentlich dazu beitrug, dass Zesen trotz akademischer Ausbildung, literarischen Erfolgen und Nobilitierung nirgends festen Fuß fassen konnte und sich als ›freier‹ Schriftsteller durchschlagen musste. Insofern wirft sein Fall ein bezeichnendes Licht auf die Stellung des geistigen Adels im Vergleich zum Geburtsadel und zeigt, dass die postulierte Gleichwertigkeit der *nobilitas litteraria* eben das war – ein Postulat.

Die Behauptung, dass die Gesellschaft »jedermänniglichen« offenstehe, der über die erforderlichen Tugenden verfüge, galt übrigens nicht für Geistliche. Unter den 890 Mitgliedern, die bis 1680 aufgenommen wurden, befanden sich nur zwei (protestantische) Geistliche, Johann Valentin Andreae und Johann Rist. Konfessionelle Streitigkeiten sollten aus der Gesellschaft herausgehalten werden. Die Religion bzw. Konfession selbst war kein Hindernis; es gab auch katholische Mitglieder, wenn auch nicht viele.

Große Gemeinschaftsleistungen der Sprachgesellschaften, wie sie die Accademia della Crusca mit ihrem Wörterbuch hervorgebracht hatte, liegen nicht vor, auch wenn es nicht an Wörterbuchplänen fehlte und Ludwig eine von ihm zunächst für Schulzwecke eingerichtete Druckerei für seine Gesellschaft nutzen ließ. Die literarische Bedeutung der Gesellschaften gründet vielmehr auf den Einzelleistungen der Mitglieder, die ihre Veröffentlichungen häufig mit ihren Gesellschaftsnamen oder Hinweisen auf ihre Mitgliedschaft versahen (»durch einen Mitgenossen der PegnitzSchäfer«). Zu den unbestrittenen Verdiensten der Sprachgesellschaften, insbesondere auch der Fruchtbringenden Gesellschaft, gehört die ausdrückliche Förderung der Übersetzungsliteratur, die im Einklang mit den Programmen der Literaturreformer über die bloße Stoffvermittlung hinaus das Ziel verfolgte, durch die Aneignung des humanistischen Formen-, Bilder- und Stilrepertoires und der Gattungen der europäischen Renaissanceliteratur eine neue deutsche Literatursprache zu schaffen und die eigene Literaturproduktion anzuregen. Die literarische oder philologische Produktion ihrer Mitglieder stellt jedoch nur einen Aspekt der Bedeutung der Sprachgesellschaften dar. Ebenso wichtig war ihre gesellschaftliche Funktion, die angesichts der territorialen Zersplitterung Deutschlands ein besonderes Gewicht besaß. Die Gesellschaften trugen wesentlich zur literarischen Kommunikation über die lokalen Gelehrtenzirkel hinaus bei, schufen eine überregionale literarische Öffentlichkeit und förderten das Bewusstsein einer einheitlichen Kulturnation – allerdings in einer ›kleindeutschen‹ protestantischen Version – als Gegenentwurf zur realen politischen Verfassung des Reiches. Man kann die Gesellschaften als »die eigentlichen literarischen Zentren des 17. Jahrhunderts« bezeichnen (van Ingen, S. 101).

Zensur

Die Literatur bildete keine autonome Sphäre, sondern war wie alle Bereiche des öffentlichen (und privaten) Lebens der Frühen Neuzeit der staatlichen Regulierung unterworfen. Ausdruck dafür ist die Zensur, die seit dem 16. Jahrhundert eine allgemein anerkannte Aufgabe staatlicher und kirchlicher Behörden darstellte. Während kirchliche Zensurmaßnahmen schon bald nach der Erfindung des Buchdrucks mit beweglichen Lettern einsetzten, griff die weltliche Macht seit der Reformation mit Verordnungen in das Druck- und Verlagswesen ein. Am Anfang steht ein Edikt Karls V. von 1521, gefolgt von Bestimmungen in verschiedenen Reichsabschieden und Erlassen bis hin zur revidierten Reichspolizeiordnung vom 9. November 1577 als Abschluss der Reichspressegesetzgebung. Die Verordnungen des 16. Jahrhunderts bildeten die gesetzliche Grundlage für die Bücherzensur bis zum Ende des Reiches 1806; sie waren auch das Vorbild für die Zensurbestimmungen in den Territorialstaaten und den Städten und prägten die Arbeit der kaiserlichen Bücherkommission in Frankfurt a.M. Daneben fand weiterhin kirchliche Zensur statt; der *Index librorum prohibitorum* erschien 1564 zum ersten Mal.

»Von Buchtruckern Schmähschrifften schmählichen Gemähls, Gedichten und Anschlägen« handelt Titel 35 der Polizeiordnung von 1577. Hier heißt es in § 2 nach einem Hinweis auf die Erfolglosigkeit früherer Erlasse:

»So setzen und ordnen Wir, auch hiermit ernstlich gebietend, daß hinfüro Buchtrucker, Verläger, oder Händler, wo und an welchen Orten die im Heil. Reich gesessen seyn, bei Niederlegung ihres Handwerks, auch einer schweren Peen [Strafe], nach Ermässigung ihrer ordentlichen Oberkeit unnachlässig zu bezahlen, keine Bücher, klein oder groß, wie die Namen

haben möchten, in Truck ausgehen lassen sollen, dieselben seyen dann
zuvor durch ihre ordentliche Oberkeit eines jeden Ortes, oder ihre darzu
Verordnete, besichtiget und der Lehr der Christlichen Kirchen, deßglei-
chen den auffgerichten Reichsabschieden gemäß befunden, darzu daß sie
nit aufruhrisch oder schmählich, es treff gleich hohe und niedere Stände,
gemeine oder sondere Personen an, und deßhalb approbirt und zugelassen.«
(Zit. nach Kapp, S. 783f.)

Umgekehrt zählt der folgende Paragraph genau auf, was alles nicht
veröffentlicht werden dürfe: »nichts, so der Christl. allgemeinen
Lehr und zu Augspurg auffgerichten ReligionFrieden ungemäß
und widerwärtig, oder zu Unruhe und Weiterung Ursache geben«
könne, »keine Famos-Bücher oder Schrifften, es habe der Author
seinen Namen darunter gesetzt, oder nit«, »nichts schmählichs oder
Pasquillisch« (ebd., S. 784). Die Obrigkeiten erhalten den Auftrag,
für die Einhaltung der Bestimmungen zu sorgen und die Urheber,
sofern man sie durch gütliche oder peinliche Befragung der Ver-
käufer, Käufer oder Besitzer derartiger Werke identifizieren könne,
»andren zum abscheulichen Exempel, mit sondern Ernst« zu strafen
(ebd.). Außerdem verfügt § 6 die Abschaffung aller »Winckeltru-
ckereyen«, um die Kontrolle zu erleichtern: Druckereien sollten im
ganzen Reich »an keinen anderen Örtern, dann in den Städten, da
Churfürsten und Fürsten ihre gewöhnliche Hoffhaltung haben,
oder da Universitates seyn, oder in ansehnlichen Reichsstädten
verstattet« werden.
    Ruhe ist die erste Pflicht der Untertanen, kontroverse Ansichten,
seien sie religiöser oder politischer Natur, sind von ihnen fernzu-
halten. Im Hintergrund stehen die Erfahrungen der Reformationszeit. Das gilt nicht zuletzt für die große Aufmerksamkeit, die die
»Pasquills« und »Schmähschrifften« in den Zensuredikten finden.
Allerdings, während des Dreißigjährigen Kriegs waren alle guten
Vorsätze hinsichtlich religiöser oder politischer Schmähschriften
schnell vergessen. Die Polemik der Reformationszeit lebte neu auf,
und eine schlagkräftige propagandistische Lyrik der Flugblätter und
Einblattdrucke reflektierte und personalisierte die politischen und
religiösen Konflikte, jeweils gefördert von der eigenen Seite. In diesem publizistischen Kampf war Parteilichkeit oberstes Gebot, Ver-
unglimpfungen der Gegner an der Tagesordnung, toleriert, wenn
nicht veranlasst von der jeweils interessierten Partei. Ein Gedicht
wie das folgende hätte nach dem Wortlaut der Zensurgesetze nicht
gedruckt werden dürfen:

> Hie ligt und fault mit Haut und Bein
> Der mächtig Kriegsfürst Wallenstein /

> Der groß KriegsMacht zusammen bracht /
> Doch nie geliffert hat ein Schlacht:
> Vielen thet er groß Gut schencken /
> Aber mehrntheils unschuldig hencken:
> Durch Sterngucken und lang tractiern /
> Thet er viel Landt und Leut verliern:
> Gar zart war ihm sein Böhmisch Hirn /
> Kondt nicht leyden der Sporen kirrn:
> Han / Hännen / Hundt / er bandisirt /
> Aller Orten / wo er losirt:
> Doch mußt er gehen deß Tods Strassen /
> Die Hanen krähen / d' Hund bellen lassen.
> (*Frankfurter Postzeitung* 1634; zit. nach Meid, S. 99)

Doch »Wallensteins Epitaphium« wurde als Flugblatt verbreitet, in Zeitungen zitiert und in historische Werke aufgenommen. Dabei ist es kein Zufall, dass der Text »allhie zu Wien gemacht« wurde, wie der Korrespondent der *Frankfurter Postzeitung* berichtet, denn das Spottgedicht geht auf die Ermordung Wallensteins und ihre Hintergründe gar nicht erst ein, sondern versucht, den Feldherrn durch persönliche Verunglimpfung lächerlich zu machen und von dem Mord abzulenken. Nur unter dem Schutz – oder auf Veranlassung – einer interessierten, der Intention des Autors wohlgesonnenen Obrigkeit konnte ein derartiger Text verbreitet werden.

Eine konsequente Durchsetzung der Zensurvorschriften war angesichts der politischen Zersplitterung des Reichs und der weitgehenden Souveränität der Territorialstaaten nicht möglich. Die Territorien orientierten sich an ihren Interessen, nicht an den Verordnungen. Das gilt z.B. auch für die Zensurpolitik mancher Reichsstädte, die einige Freiräume gewährte, aber gelegentlich angesichts ihrer schwierigen Lage zwischen den großen Parteiungen besonders rigoros verfuhr. So unterwarf das lutherische Nürnberg das Bücherwesen einer strengen Aufsicht und suchte die Publikation aller Schriften zu unterbinden, die die Neutralität der Stadt beeinträchtigen konnten. Der Rat duldete sogar eine Druckerei, die vorwiegend katholische Schriften produzierte, ging aber auf der anderen Seite 1648 mit Nachdruck gegen Georg Philipp Harsdörffer vor, dessen Loblied auf den schwedischen General Carl Gustav von Wrangel als »Pasquill« gegen den Kaiser und Bayern interpretiert und daraufhin eingezogen wurde, weil es »ihme alß einem priuato nicht gebührt, große Potentaten in seinem vermainten lobgesang durch zuziehen, viel weniger solches ohne vorhergehende censur oder bewilligung [...] trucken zulaßen«, und man befürchtete, dass die Stadt »deßen in vielweg zu entgelden haben dürffte«. Während der Drucker zwei Tage in einem »versperten Thurm« verbringen musste, erhielt der Patrizier Harsdörffer Hausarrest und wurde zur Rede gestellt, »warumb er dieses, hiesiger Statt sehr nachtheiliges lobgesang nit nur gemacht, sondern wider deß Herrn Kirchenpflegers außdrückliches Verbott, drucken und außtheilen laßen«. Die Einhaltung der Zensurvorschriften, so heißt es zur Bekräftigung, müsse deswegen durchgesetzt werden, »weil das trucken und Componirn allerhand lieder allzugemain worden, die iezige Zeit aber ein solches nicht leiden will« (zit. nach Jöns, S. 90–92).

Der Rat sieht durch das inkriminierte Gedicht seine Neutralitätspolitik, vielleicht auch seine Rolle bei den Friedensverhandlungen gefährdet. Zwar fallen Harsdörffers Verse keineswegs aus dem Rahmen der üblichen Lobgesänge auf Helden des protestantischen Lagers, doch hatte der Rat nicht ganz unrecht, wenn er den Lobgesang als »Pasquill« auf die kaiserliche bzw. bayerische Sache auffasste, denn das Gedicht feiert den ausschlaggebenden Sieg der Schweden und Franzosen über das kaiserliche Heer im Frühjahr 1648 und stellt Wrangel als den Mann dar,

> der Käiser und König' in Waffen gebracht /
> geschwächet der Mächtigen prächtige Macht.

Seine Siege in Dänemark, in Nord- und vor allem Süddeutschland und Böhmen werden gerühmt, bayerische Niederlagen besonders hervorgehoben. Schließlich zeigt der Beginn der sechsten Strophe alles andere als eine kaiserliche Gesinnung:

> Christina / Regentin der Gohten und Schweden /
> verlanget nicht mehrere Leute noch Land:
> Gebietet nun schiedlichen friedlichen Stand /
> und rettet die Teutschen von blutigen Feden.
> (Gedichte des Barock, S. 151, 153)

Harsdörffers Schwierigkeiten mit der Zensur stellten sicherlich keinen Einzelfall dar. Allerdings eröffneten die territoriale Zersplitterung des Reichs und die unterschiedlichen Interessen der Territorien und Städte auch gewisse Freiheiten und Ausweichmöglichkeiten. Außerdem war es gängige Praxis, sich hinter Pseudonymen und falschen Druckorten zu verstecken. Für religiös anstößige Literatur – das gilt nicht zuletzt für protestantisches Sektiererschrifttum – bot sich zudem das tolerante Amsterdam als Druckort an. Während sich direkte Zensureingriffe in Akten niedergeschlagen haben, ist der indirekte Einfluss der Zensur auf Autoren und Verleger als

bewusste oder schon verinnerlichte Reaktion auf das Vorhanden-
sein von Zensurbehören zwar anzunehmen, aber konkret schwer
zu fassen.

Die Reichsgesetze ließen sich angesichts der politischen Zersplitterung des Reichs und der weitgehenden Souveränität der
Territorialstaaten nur in den habsburgischen Erblanden und in
den Reichsstädten durchsetzen. Die Kaiserliche Bücherkommission, die 1569 in Frankfurt a.M. eingerichtet worden war, hatte
daher nur beschränkten Einfluss. Allerdings griff sie im Verlauf
des 17. Jahrhunderts immer stärker in das Buch- und Messewesen
in Frankfurt ein; die strengen Zensurmaßnahmen im Sinn der
Gegenreformation trugen wesentlich zum Niedergang der Frankfurter Buchmesse und damit korrespondierend zum Aufstieg der
Leipziger Konkurrenz bei.

Zitierte Texte

Alles mit Bedacht. Barockes Fürstenlob auf Herzog August (1579–1666)
    in Wort, Bild und Musik. Zusammengestellt von Martin Bircher und
    Thomas Bürger. Wolfenbüttel 1979.
Buchner, Augustus: Anleitung zur deutschen Poeterey. Poet. Hrsg. von
    Marian Szyrocki. Tübingen 1966.
Burckhardt, Jacob: Die Kultur der Renaissance in Italien. Neudruck der
    Urausgabe hrsg. von Konrad Hoffmann. Stuttgart 1985.
Dach, Simon: Gedichte. Hrsg. von Walther Ziesemer. Bd. 2. Halle, Saale
    1937.
Danziger Barockdichtung. Hrsg. von Heinz Kindermann. Leipzig 1939.
Das Zeitalter des Barock. Texte und Zeugnisse. Hrsg. von Albrecht
    Schöne. München [2]1968.
Der Fruchtbringenden Gesellschaft ältester Ertzschrein. Hrsg. von G.
    Krause. Leipzig 1855.
Gedichte des Barock. Hrsg. von Ulrich Maché und Volker Meid. Stuttgart
    1980 u.ö.
Hock, Theobald: Schoenes Blumenfeld. Abdruck der Ausgabe von 1601.
    Hrsg. von Max Koch. Halle, Saale 1899.
Neumark, Georg: Der Neu-Sprossende Teutsche Palmbaum [Nachdruck
    der Ausgabe Nürnberg 1668]. München 1970.
Opitz, Martin: Gesammelte Werke. Hrsg. von George Schulz-Behrend.
    Bd. II/1–2. Stuttgart 1978–79.
Ders.: Buch von der Deutschen Poeterey (1624). Studienausgabe. Hrsg.
    von Herbert Jaumann. Stuttgart 2002.
Weckherlin, Georg Rudolf: Gedichte. Hrsg. von Hermann Fischer. Bd. 1.
    Tübingen 1894.
Zesen, Philipp von: Sämtliche Werke. Unter Mitwirkung von Ulrich
    Mache und Volker Meid hrsg. von Ferdinand van Ingen. Bd. XII. Ber-
    lin/New York 1985.

Zitierte Literatur

Breuer, Dieter: Oberdeutsche Literatur 1565–1650. Deutsche Literaturgeschichte und Territorialgeschichte in frühabsolutistischer Zeit. München 1979.

Conrady, Karl Otto: Lateinische Dichtungstradition und deutsche Lyrik des 17. Jahrhunderts. Bonn 1962.

Ingen, Ferdinand van: Überlegungen zur Erforschung der Sprachgesellschaften. In: Dokumente des internationalen Arbeitskreises für deutsche Barockliteratur. Bd. 1. Wolfenbüttel 1973, S. 82–106.

Jöns, Dietrich: Literaten in Nürnberg und ihr Verhältnis zum Stadtregiment in den Jahren 1643–1650 nach den Zeugnissen der Ratsverlässe. In: Stadt-Schule-Universität-Buchwesen und die deutsche Literatur im 17. Jahrhundert. Hrsg. von Albrecht Schöne. München 1976, S. 84–98.

Kapp, Friedrich: Geschichte des Deutschen Buchhandels bis in das siebzehnte Jahrhundert. Leipzig 1886.

Mauser, Wolfram: Dichtung, Religion und Gesellschaft im 17. Jahrhundert. Die ›Sonnete‹ des Andreas Gryphius. München 1976.

Meid, Volker: Im Zeitalter des Barock. In: Geschichte der politischen Lyrik in Deutschland. Hrsg. von Walter Hinderer. Würzburg ²2007, S. 97–121.

Trunz, Erich: Nachwort zu Martin Opitz: Weltliche Poemata 1644. 2. Teil. Hrsg. von E. Trunz. Tübingen 1975.

II. Poetik

1. Die Poetiken

Bis weit ins 18. Jahrhundert hinein bildeten Texte der Antike den Bezugspunkt der poetologischen Reflexion. Das waren die *Poetik* des Aristoteles, die seit ihrer Wiederentdeckung in der Renaissance mit ihren zentralen Punkten – Mimesis, Affektenlehre, Gattungspoetik – einen tiefgreifenden Einfluss auf die neuzeitliche Diskussion ausübte, die *Ars poetica* (eigentlich *Epistola ad Pisones*) des Horaz mit ihrer Betonung des rhetorischen *decorum* bzw. *aptum*, des Angemessenen, und dem berühmten Wort über das doppelte Wirkungsziel der Dichtung (»aut prodesse volunt aut delectare poetae [...]«, V. 333) sowie die Rhetoriken von Cicero und Quintilian. Die Rezeption dieser Schriften führte zuerst in der italienischen Renaissance zu einer Reihe von Kommentaren und eigenen Poetiken, die die antiken Theoreme interpretierten, umdeuteten und mit den Entwicklungen der Gegenwart in Einklang zu bringen suchten. Das Ergebnis war schließlich ein klassizistisches System der Poetik, eine Regelpoetik auf der Basis eines an das Wahrscheinliche und die Nachahmung klassischer Muster gebundenen Mimesisbegriffs. Autoritativen Rang auch im Hinblick auf die deutsche Poetik besaß das große humanistische Kompendium Julius Caesar Scaligers (*Poetices libri septem*, 1561). Die internationale neulateinische Poetiktradition spielte auch weiterhin eine bedeutende Rolle, nicht zuletzt im akademischen Unterricht, den die Angehörigen der *nobilitas litteraria* alle absolviert hatten. Zu nennen sind auf der protestantischen Seite die weitverbreiteten Poetiken und Rhetoriken des Niederländers Johann Gerhard Vossius (*Poeticarum institutionum libri tres*, 1647; *Commentariorum rhetoricorum, sive oratoriarum institutionum libri sex*, 1606, bzw. als Kurzfassung: *Rhetorices contractae, sive partitionum oratoriarum libri V*, 1621), auf der katholischen die Poetiken der Jesuiten Jacobus Pontanus (*Poeticarum institutionum libri tres*, 1594), Alessandro Donati (*Ars poetica*, 1631) und Jacob Masen (*Palaestra eloquentiae ligatae*, 1654–57).

Erste Voraussetzung der Erneuerung der volkssprachlichen Dichtung im Geist der Renaissance war eine neue Literatur- und Verssprache. Diese Erkenntnis prägte daher zunächst auch die verspäteten Reformbemühungen in Deutschland: Im Mittelpunkt der deutschsprachigen Poetiken des 17. Jahrhunderts standen daher lange prosodische, metrische und stilistische Fragen.

Die metrische Reform

Den Anfang machte das *Buch von der Deutschen Poeterey* (1624) von Martin Opitz, die erste deutschsprachige Poetik: ein schmales Werk, das jedoch für die entscheidenden Anstöße sorgte und einen Rahmen bot, der nur noch auszufüllen war. Außer den auf die deutsche Sprache und Verskunst bezogenen Vorschriften enthält diese *Prosodia Germanica* – so hieß das Werk seit der zweiten Auflage von 1634 – nichts, was nicht schon in den vorausgehenden Poetiken der Renaissance enthalten gewesen wäre. Die Hauptquellen sind neben verschiedenen anderen Kompendien Scaligers monumentale *Poetices libri septem* und zwei Schriften Pierre de Ronsards (*Abregé de l'Art Poétique François*, 1565; Vorrede zu *La Franciade*, 1587). So abgesichert, schneidet Opitz die dringlichsten Themen an: Er spricht vom Wesen der Poesie und der Würde des Dichters (und impliziert damit soziale Forderungen), schlägt nationale Töne an und rechtfertigt die neue deutsche Kunstdichtung auf humanistischer Grundlage. Nach diesen allgemeinen Punkten und einem Überblick über die wichtigsten Gattungen folgen Regeln für ein reines, klares Deutsch und eine der deutschen Sprache angemessene Prosodie, Grundlage für die mit zahlreichen Beispielen illustrierten Hinweise auf empfehlenswerte Vers-, Strophen- und Gedichtformen.

Entscheidend für die deutsche Entwicklung wurde der Abschnitt, der »Von den reimen / ihren wörtern und arten der getichte« handelt und die wesentlichen dichtungstechnischen Aspekte der Reform enthält. Hier stehen die folgenreichen metrischen Vorschriften:

»Nachmals ist auch ein jeder verß entweder ein iambicus oder trochaicus; nicht zwar das wir auff art der griechen unnd lateiner eine gewisse grösse [Länge] der sylben können inn acht nemen; sondern das wir aus den accenten unnd dem thone erkennen / welche sylbe hoch unnd welche niedrig gesetzt soll werden.« (Buch von der Deutschen Poeterey, S. 52)

Damit war zweierlei geschehen: Die deutsche Poesie wurde auf alternierende Verse (Jamben und Trochäen) verpflichtet, und während die antike Metrik zwischen Längen und Kürzen unterschied, formulierte Opitz ein Betonungsgesetz. Die Alternationsregel wurde schon bald aufgegeben, der zweite Grundsatz, die Unterscheidung zwischen betonten und unbetonten Silben entsprechend dem ›natürlichen‹ Wortakzent, war von Dauer.

Dass die deutsche Metrik reformbedürftig sei, war lange vor Opitz deutlich geworden. Doch die verschiedenen Reformvorschläge konnten die Herrschaft des schlichten Knittelverses nicht brechen. Die Versuche, die antike Metrik mit ihren Quantitätsregeln aufs Deutsche zu übertragen, erwiesen sich als nicht praktikabel und blieben kaum mehr als humanistische Tüfteleien. Das naheliegende Vorbild war Frankreich mit seiner silbenzählenden Metrik, und mit den Übertragungen des Hugenottenpsalters durch Ambrosius Lobwasser und Paul Melissus Schede (»nach Frantzösischer melodeien unt sylben art«) drangen entsprechende Vorstellungen nach Deutschland, die von Tobias Hübner und Georg Rodolf Weckherlin im Anschluss an die Pléiade auch auf die weltliche Dichtung angewandt wurden. Doch das romanisierende Versifikationsprinzip, das den Dichter nur auf eine feste Silbenzahl und gewisse Regeln bei der Besetzung von Zäsur und Reim festlegte, konnte sich gegenüber der durchgehenden Versregulierung, wie sie Opitz vertrat, nicht behaupten.

Die Anregung dafür erhielt Opitz wohl aus den Niederlanden, und dieses von den Holländern übernommene metrische Prinzip – Alternation bei Wahrung des ›natürlichen‹ Wortakzents, des Prosaakzents also – hatte den entscheidenden Vorteil der Simplizität. Damit war der metrische Streit endgültig entschieden – um den Preis eines metrischen Zwangs allerdings, der jedoch der Ausbildung der deutschen Verssprache durchaus förderlich war.

Die Erweiterung der Opitz'schen Regeln

Den Anstoß, Opitz' Regelsystem zu überdenken, gab der Wittenberger Professor für Poesie und Rhetorik Augustus Buchner, der mit seinen Poetikvorlesungen eine Reihe von Barockdichtern und -poetikern stark beeinflusste. Seine eigene Poetik erschien zwar in leicht divergierenden Fassungen erst postum (*Kurzer Weg-Weiser zur Deutschen Tichtkunst*, 1663 bzw. *Anleitung Zur Deutschen Poeterey*, 1665), doch ihre entscheidende Wirkung entfalteten seine Vorstellungen schon in den vierziger Jahren. Als Philipp von Zesen in der ersten deutschen Poetik nach Opitz' Musterbuch den Daktylus legitimierte (*Deutscher Helikon*, 1640; jeweils erweiterte Ausgaben 1641, 1649, 1656), berief er sich dabei auf seinen Lehrer Buchner, den er in einem »Dactylische[n] Sonnet [...] über die Erfindung der Dactylischen und Anapästischen Verse« feierte:

Höret die Lieder wie artlich sie klingen /
Welche *Herr Buchner* erfindet und übt /
Echo sich selbsten in ihnen verliebt /
Wolte sie gerne mit freuden nachsingen /

übet sich stetig die Stimme zu schwingen /
Aber in dem sie noch hefftig betrübt /
Nicht mehr als halbe gebrochne wort giebt;
Wälder und Felder dem toone nachspringen.

Buchner / so längsten unsterblich gemacht /
Itzo mann ähnlich den Göttern Ihn acht /
Weil er Dactylisch zu singen erfunden:

Phöbus verwundert sich selbsten ob Ihn /
Orpheus muß anders die Seiten aufzihn /
Cicero schweiget und lieget gebunden.
(Gedichte des Barock, S. 128f.)

Die »Buchner-ahrt«, wie sie Zesen nach ihrem ›Erfinder‹ nannte,
setzte sich in den folgenden Jahren durch, ging in die poetischen
Lehrbücher ein und galt als die wichtigste Neuerung in der deutschen Dichtkunst seit dem Auftreten von Opitz. Zesen plädierte
auf Anregung Buchners darüber hinaus für Verse, »in welchen bald
Jambische / bald Trochäische / bald Dactylische pedes mit unter-
gemischet werden« (Sämtliche Werke IX, S. 40), und ermöglichte
mit der Einführung dieser Mischformen die Eindeutschung antiker
Metren.

Auch Johann Peter Titz (*Zwey Bücher Von der Kunst Hochdeutsche Verse und Lieder zu machen*, 1642) beschäftigte sich mit
dem Problem, wie die antiken Versfüße im Deutschen nachzuahmen seien, und Justus Georg Schottelius brachte in systematischer
Weise die Diskussion zu einem vorläufigen Abschluss (*Teutsche
Vers- oder ReimKunst*, 1645; *Ausführliche Arbeit Von der Teutschen
HaubtSprache*, 1663). Er traf eine Auswahl aus der Vielzahl der
antiken Versfüße, mit der sich alle denkbaren Versarten im Deutschen verwirklichen ließen (der Akzent liegt freilich auf Jambus,
Trochäus und Daktylus):

»Die gründliche Betrachtung Teutscher Wörter / die natürliche Anmuht /
Wolstand und Wollaut der Reimen / und der bißher beliebte gute Gebrauch
Teutscher Poeten beweisen und lehren uns dieses / daß wir nemlich alle
und jede Reimarten wol ordnen / verfertigen und abmessen können durch
Hülffe der sechs Reimmassen / als da ist die

Langkurtze – ∪ Trochaeus.   Doppelkurtze ∪ ∪ Pyrrhichius.
Kurtzlange ∪ – Jambus.   Langgekürtzte – ∪ ∪ Dactylus.
Doppellange – – Spondaeus.   Gekürtztlange ∪ ∪ – Anapaestus.«
(II, S. 835)

Zesen befasste sich ebenfalls mit der systematischen Erfassung
aller möglichen Versarten und bemerkt, »daß unsere hoch-deutsche
Dicht- und reim-kunst nunmehr so hoch gestiegen / daß man in
derselben über die tausend Lieder und gedichte / auf allerhand
ahrt / fürstellen kan / also / daß immer eine anders als die andere /
so wohl in schränk- und abwechselung der reime / als gattungen der
reimbände selbst geschrieben und gelesen wird« (Sämtliche Werke
X/I, S. 243). Es fehlt nicht an Tabellen, um die Vielfalt deutlich
zu machen.

Die Neuerungen von Zesen und Schottelius finden sich alle
in Georg Philipp Harsdörffers *Poetischem Trichter* (1647–53) und
den späteren poetologischen Beiträgen der Nürnberger, z.B. in
Sigmund von Birkens christlich-moralisierender Poetik *Teutsche
Rede-bind und Dicht-Kunst / oder Kurze Anweisung zur Teutschen
Poesy mit Geistlichen Exempeln* (1679) und Magnus Daniel Omeis'
*Gründlicher Anleitung zur Teutschen accuraten Reim- und Dicht-
Kunst* (1704). Eine Art Bestandsaufnahme des auf der Grundlage
der humanistischen Tradition um die Jahrhundertmitte Erreich-
ten stellt ein Werk dar, das etwas irreführend Georg Neumark als
Verfasser nennt: *Poetische Tafeln / Oder Gründliche Anweisung zur
Teutschen Verskunst aus den vornehmsten Authorn in funfzehen Tafeln
zusammen gefasset / mit ausführlichen Anmerkungen erklähret* (1667).
Neumarks Tafeln, entstanden um 1650, waren als Unterrichtsma-
terial konzipiert und geben einen schematischen Überblick über
die Dichtkunst, wobei Prosodie und Metrik, Gedichtarten (nach
Inhalt und Form klassifiziert) sowie Hinweise auf rhetorische und
orthographische Aspekte im Mittelpunkt stehen. Die eigentliche
Leistung stellen jedoch die mehr als 300seitigen Anmerkungen dar,
mit denen der nur in der Vorrede knapp erwähnte Martin Kempe
die 15 Tafeln Neumarks erläutert und dabei die Bilanz der von
Opitz eingeleiteten poetologischen Entwicklung zieht.

Da die metrische Diskussion um die Jahrhundertmitte im
Wesentlichen abgeschlossen war, traten nun Aspekte in den Vordergrund der poetologischen Überlegungen, die bisher nicht oder
nur am Rande behandelt worden waren. Für die Lyrik bedeutsam
wurde vor allem die Beschäftigung mit der Bildlichkeit der Sprache. Neben anderen schenkte Harsdörffer dem Thema besondere
Aufmerksamkeit.

Poetiken und poetische Schatzkammern in der zweiten Jahrhunderthälfte

In der zweiten Jahrhunderthälfte nahm die Zahl der auf die alltägliche Praxis bezogenen poetologischen Handbücher zu. Zwar gab es schon zuvor entsprechende Hilfsmittel: Zesens *Helikon* von 1640 enthielt ein Reimregister, und Harsdörffer lieferte mit der alphabetisch geordneten Zusammenstellung von »Poetischen Beschreibungen / verblümten Reden und Kunstzierlichen Ausbildungen« im dritten Teil seines *Poetischen Trichters* (1653) ein Muster für spätere Sammlungen dieser Art. Die neuen Poetiken und Schatzkammern von wiederverwendbaren poetischen Versatzstücken waren jedoch stärker auf die Bedürfnisse des dichterischen Laien abgestellt, dem sie sich mit Hinweisen auf leichte, vielseitige Anwendbarkeit empfahlen. Sie boten in trivialisierter Form Material und Anleitungen zur Herstellung von Gedichten für alle denkbaren Gelegenheiten: Die Literaturreform war im gesellschaftlichen Alltag angekommen. Balthasar Kindermann wirbt im Untertitel seiner Gebrauchspoetik *Der deutsche Poët* (1664), einer Art kommentierter, mit Gebrauchsanweisungen versehener Anthologie, mit dem Versprechen, »gantz deutlich und ausführlich« zu lehren, »welcher gestalt ein zierliches Gedicht / auf allerley Begebenheit / auf Hochzeiten / Kindtauffen / Gebuhrts- und Nahmens-Tagen / Begräbnisse / Empfah- und Glückwünschungen / u.s.f. So wohl hohen als niederen Standes-Personen / in gar kurtzer Zeit / kan wol erfunden und ausgeputzet werden / Mit sattsahmen / und aus den vornehmsten Poeten hergenommen Gedichten beleuchtet / und also eingerichtet / daß den Liebhaber der Göttlichen Poesie dieser an statt aller geschriebenen Prosodien und Poetischen Schrifften zur Nohtdurfft dienen kan«. Und Johann Hübner, einer der Nachfolger Kindermanns auf dem Gebiet der praxisnahen Poetik, veröffentlichte 1696 ein mehrfach neu aufgelegtes *Poetisches Handbuch*, das mit einer Anleitung zur deutschen Dichtkunst und einem vollständigen »Reim-Register« »Allen Anfängern in der deutschen Poesie zu grossen Nutzen« gereichen soll.

Neben diesen und anderen Anwendungspoetiken erleichterten dem Gelegenheitspoeten umfangreiche poetische Schatzkammern und Sammlungen von Exzerpten die Arbeit. Gotthilf Treuers *Deutscher Dädalus / Oder Poetisches Lexikon* (1660, ²1675) enthält ein aus den Werken bedeutender Dichter ausgezogenes »Vollständig-Poetisches Wörter-Buch« mit 1300 Stichwörtern und »wohlaußgesonnenen Kunstrichtigen Adjectiven / anmutigen Umschreibungen / zierlichen Gleichnissen« usw. Etwa gleichzeitig erschien

Michael Bergmanns *Deutsches Aerarium Poeticum, oder Poetische Schatz-Kammer* (1662, ²1675, ³1677), eine Tropen- und Figurensammlung, »ordentlich zusammengetragen« aus Werken deutscher Barockdichter, die von der ersten zur zweiten Auflage von knapp 600 auf etwa 1400 Seiten anwuchs: »in sich haltende Poetische Nahmen / Redens-Arthen und Beschreibungen / so wohl Geist- als Weltlicher Sachen / Gedicht und Handlungen; Zu Verfertigung eines zierlichen und saubern Reims / auff allerhand fürfallende Begebenheiten«. Während Bergmann sein Material nach Themen gliedert, verfährt Johann Christoph Männlings *Deutsch-Poetisches Lexicon, der auserlesensten Phrasiologi, Aus denen vornehmsten Poëten* (1715) alphabetisch

Die Kritik an einer auf derartige Bücher gegründeten Kunstübung ließ nicht lange auf sich warten. »Die meisten / die meisten heutige Reimen Macher seynd Kunst Diebe / und doch nicht künstliche Diebe«, schrieb Gottfried Wilhelm Sacer in der Satire *Reime dich / oder ich fresse dich* (1673): »wären sie künstlich so würde ihr Diebstahl nicht so offenbar seyn« (Das Zeitalter des Barock, S. 58). Was den »studirenden Musen-Söhnen zu sonderbarem Nutzen dargestellt / excerpiret / und [...] an den Tag gegeben« wird (Christian Portmann: *Bibliotheca Poetica. Das ist Ein angenehmer Poetischer Bücher-Vorrath*, 1702), erleichtert in der Tat das Ab- und Ausschreiben ohne fundierte Kenntnis der theoretischen Grundlagen und der poetischen Techniken: »Die jenigen so da vermeinen daß ein Poet nothwendig müsse Prosodien verstehen / irren sehr weit«, heißt es satirisch bei Sacer (Das Zeitalter des Barock, S. 60).

Die Kritiker wenden sich »gegen die isolierte und von keinem Bewußtsein eines poetischen Tuns bestimmte Benutzung der *exempla*«, nicht gegen die Verwendung von Exempla überhaupt (Segebrecht, S. 102). Musterbeispiele bleiben weiterhin Bestandteil auch der theoretisch und didaktisch fundierten Poetiken. Wie die Analyse von Musterbeispielen und theoretische Unterweisung verbunden werden können, zeigen Albrecht Christian Rotth in seiner *Vollständigen Deutschen Poesie / in drey Theilen* (1688) und später Omeis in der *Gründlichen Anleitung zur Teutschen accuraten Reim- und Dicht-Kunst* (1704). Rotth etwa lehrt zunächst im ersten Teil – eine »Vorbereitung / In welcher die gantze Prosodia enthalten« – die handwerklichen Voraussetzungen; der zweite bringt »eine Anleitung zu den ins gemein üblichen Gedichten«, d.h. zu den wichtigsten Gattungen der Gelegenheitsdichtung, wobei theoretische Unterweisung und exemplarische Demonstration einander ergänzen; der dritte Teil schließlich handelt gründlich – und meist auch aristotelisch – »nicht nur von der Poetischen Erfindung insgemein / sondern auch absonderlich von den Haupt-Gedichten / als den Hirten-Liedern / Satyren / Comödien / Tragödien / Helden-Gedichten / Romainen / derer Natur / Wachsthum und noch jetzigem Zustande« (Titel).

Zeichnet sich Rotths Poetik durch ihre überlegte Didaktik aus – der Verfasser war Konrektor am Gymnasium in Halle –, so erweitert Daniel Georg Morhofs *Unterricht Von Der Teutschen Sprache und Poesie / deren Uhrsprung / Fortgang und Lehrsätzen* (1682, ²1700), ein ausgesprochen wissenschaftliches Werk, die Poetik durch eine ausführliche Behandlung der Geschichte der deutschen Literatur im europäischen Kontext. Ein Unikum stellt Kaspar Stielers *Dichtkunst* von 1685 dar, eine 5704 Alexandriner umfassende Verspoetik, die unveröffentlicht blieb. Sie orientiert sich in ihrem Aufbau wie die *Poeterey* von Opitz an der Abfolge der rhetorischen Produktionsschritte und enthält auch, anders als die meisten vorangegangenen Poetiken, eine ausführliche Darstellung der Tropen und Figuren. Insgesamt ist Stielers Poetik in ihrer konservativen Haltung eher Opitz und Daniel Georg Morhof verpflichtet – sie alle lehnen des Daktylus ab – als Neuerern wie Zesen.

Vom Nutzen der »Poeterey« und andere »curiöse Gedancken« Christian Weises

Morhof ist Anhänger des opitzianischen Klassizismus, und in der Folgezeit gewinnen klassizistische Strömungen, nicht zuletzt durch französische Einflüsse, an Gewicht. Schon der Titel von Christian Weises Poetik lässt erkennen, dass die Poesie einen neuen Stellenwert erhält, der durch Weises auf gesellschaftlichen Erfolg zielendes ›politisches‹ Bildungskonzept bestimmt wird: *Curiöse Gedancken Von Deutschen Versen / Welcher gestalt Ein Studierender in dem galantesten Theile der Beredsamkeit was anständiges und practicables finden sol / damit er Gute Verse vor sich erkennen / selbige leicht und geschickt nachmachen endlich eine kluge Maße darinn halten kan: wie bißhero Die vornehmsten Leute gethan haben / welche / von der klugen Welt / nicht als Poeten / sondern als polite Redner sind aestimirt worden* (1692).

Die »Poeterey« sei, heißt es, »nichts anders als eine Dienerin der Beredsamkeit« (Poetik des Barock, S. 235). Ihr »Nutzen« – und um diesen müsse man sich »zu dieser Zeit in Deutschland [...] vor allen Dingen bekümmern« (ebd., S. 231) – liege darin, dass sie einen jungen Menschen lehren könne, »seine concepte nicht nur deutlich / sondern auch lieblich und etlicher massen admirable« vorzubringen. Die Poesie hat eine dienende Funktion in der Ausbildung eines Theologen oder »Politicus«; sie verhilft zu »eine[r] angenehme[n] Manier« im Reden. Zugleich lehrt die »Poeterey« als »manierliches Nebenwerck«, »was [etwas] zur eigenen oder fremden Belustigung in den Nebenstunden« aufzusetzen und gesellschaftlichen Verpflichtungen nachzukommen, indem »man in allerhand Glücks- und Unglücks-Fällen der eingeführten Gewohnheit nach etwas gedrucktes oder geschriebenes übergeben« könne (ebd., S. 235, 236). Dichtung vermag den gesellschaftlichen Status zu stützen, mehr aber auch nicht: »Also wird die Poeterey aestimirt, wenn der Mann etwas anders darneben hat / davon er sich bey Mitteln und bey respect erhalten kan« (ebd., S. 234).

Die poetologischen Anweisungen entsprechen diesem Programm. Natürlichkeit und Verständlichkeit sind die Kriterien. Das gilt für die Bildlichkeit, den Wortschatz und die »Construction« der Verse. Weise empfiehlt Zurückhaltung beim Gebrauch von Fremdwörtern oder Wortneubildungen und fordert, dass sich auch der hohe Stil (*usus panegyricus*) »etwas nach dem usu familiari richten« müsse (ebd., S. 225). Er begehre nichts anderes darzutun, formuliert er zusammenfassend seine Meinung zur Frage, was »man vor Wörter in der Construction bringen sol«, »als daß hohe Redens-Arten mit schlechten [geringen] Worten anzubringen sind / und daß man keines neuen Backofens von nöthen hat / darinne neue und ungewöhnliche Wörter gebacken werden« (ebd., S. 224, 227). Für die »Construction« selbst stellt er eine Regel auf, die ebenfalls die Tendenz zu einem mittleren, ›natürlicheren‹ Stil erkennen lässt: »Welche Construction in prosâ nicht gelitten wird / die sol man auch in Versen darvon lassen« (ebd., S. 228). Dieser Lehrsatz wurde später von dem ›galanten‹ Literaturtheoretiker Erdmann Neumeister für »das vornehmste Hauptstück der reinen ungezwungenen Teutschen Poesie« erklärt (*Die Allerneueste Art / Zur Reinen und Galanten Poesie zu gelangen*, 1707; zit. nach Der galante Stil, S. 30). Zugleich gewann der Klassizismus mit seinem Ideal eines vernünftigen, natürlichen Stils, orientiert an Boileaus Poetik (*L'Art poétique*, 1674), mit dem Werk von Friedrich Rudolph Ludwig von Canitz und den literaturkritischen Epigrammen Christian Wernickes an Boden (vgl. S. 151ff.).

2. Nachahmung

Nachahmung der ›Natur‹

Seit der Aristotelesrezeption in der Renaissance gehört der Begriff
der Mimesis bzw. latinisiert *imitatio* zu den zentralen Kategorien der
frühneuzeitlichen Poetik. Dabei geht allerdings die Vorstellung von
der Nachahmung der Natur über die Darstellung des Empirisch-
Faktischen hinaus. Denn Aufgabe des Dichters sei nicht, heißt es
bei Aristoteles, »zu berichten, was geschehen ist, sondern vielmehr,
was geschehen könnte und was möglich wäre nach Angemessenheit oder Notwendigkeit« (S. 36). Dichtung gewinnt so durch die
Darstellung des Allgemeinen und Exemplarischen Erkenntnischa-
rakter. Zusammen mit den Ergänzungen in der *Ars poetica* des
Horaz, die v.a. die Kategorie des Angemessenen betont (*decorum*,
aptum), liegen diese Vorstellungen auch der normativen Barockpoetik zugrunde, allerdings in einer eher noch restriktiveren oder auch
trivialen Form. Der Blick auf die nachzuahmenden Gegenstände
und Handlungen wird durch religiöse, gesellschaftliche und poetologische Normen verstellt, und dem Dichter stehen nur Ausschnitte
aus der geschichtlichen Wirklichkeit zur Verfügung, eine Auswahl
dichtungswürdiger Gegenstände, die auf ›angemessene‹ und ›wahrscheinliche‹ Weise behandelt werden müssen. Dichtung zielt nicht
auf die Schilderung der ›Wirklichkeit‹, sondern auf die »Darstellung einer ständisch geordneten, heilsgeschichtlich determinierten
und ethisch idealisierten Welt« (Dyck, S. 112). Idealisierung und
Naturnachahmung sind kein Widerspruch. In diesem Sinn gilt
der Aristoteles nachempfundene Satz, dass »die gantze Poeterey
im nachäffen der Natur bestehe / und die dinge nicht so sehr
beschreibe wie sie sein / als wie sie etwan sein köndten oder solten«
(Opitz: Buch von der Deutschen Poeterey, S. 19).
   Die Beispiele, die die Poetiker liefern, sind einfacher Natur und
gelten häufig stilistischen Fragen: Da die Dinge verschieden seien,
schreibt Opitz, gehöre »auch zue einem jeglichen ein eigener unnd
von den andern unterschiedener Character oder merckzeichen der
worte. Denn wie ein anderer habit einem könige / ein anderer
einer privatperson gebühret / und ein Kriegesman so / ein Bawer
anders / ein Kauffmann wieder anders hergehen soll: so muß man
auch nicht von allen dingen auff einerley weise reden; sondern zue
niedrigen sachen schlechte / zue hohen ansehliche / zue mittelmäs-
sigen auch mässige und weder zue grosse noch zue gemeine worte
brauchen« (ebd., S. 43).

Nachahmung literarischer Vorbilder

In der dichterischen Praxis des 17. Jahrhunderts hat der Begriff
der Nachahmung noch eine andere, folgenreiche Dimension: *imitatio* nicht als Nachahmung der ›Natur‹, sondern von literarischen
Vorbildern und Mustern. In dieser Bedeutung ist Nachahmung
ein Grundbegriff der humanistischen Renaissance- und Barockpoetik. Das Denkmuster geht auf die Antike zurück: »vos exem-
plaria Graeca nocturna versate manu, versate diurna« (»Rollt nur
die griechischen Muster auf mit fleißiger Hand bei Nacht und bei
Tage!«), hatte Horaz die römischen Dichter gemahnt (Ars Poetica, V. 268f.). In der Renaissance erhält die gesamte Antike eine
entsprechende Vorbildfunktion: »Lies also vor allen Dingen, und
lies immer wieder (o zukünftiger Dichter) die griechischen und
lateinischen Vorbilder, und blättere mit Nacht- und Tageshand in
ihren Büchern«, heißt es in der Programmschrift der französischen
Pléiade, Joachim Du Bellays *Deffence et Illustration de la Langue
Françoyse* von 1549 (Französische Poetiken, S. 64).

Die Übertragung des Prinzips der *imitatio* auf die volkssprachlichen Literaturen war die Bedingung für ihre Erneuerung im Geist
der Renaissance und zugleich die Legitimation, mit den antiken
Literaturen zu wetteifern. Den entscheidenden Schritt auf dem
Weg zur Ebenbürtigkeit der volkssprachlichen Dichtung vollzog
der Italiener Pietro Bembo mit seinem nationalhumanistischen Programm: Er erhob Petrarca zum klassischen Muster der italienischen
Versdichtung (für die Prosa war es Boccaccio) und übertrug das
Prinzip der *imitatio* auf die Volkssprache. Damit erhielt das Italienische den Rang einer klassischen Literatursprache, ein Vorgang,
der für die anderen europäischen Sprachen von großer Bedeutung
werden sollte. Allerdings mit einem Unterschied: Während sich
Bembo auf klassische Muster in der eigenen Sprache beziehen
konnte und nur noch die Regeln der Literatursprache zu kodifi-
zieren brauchte, setzte die Erneuerung der volkssprachlichen Poesie
in den anderen Ländern eine mehr oder weniger starke Abkehr von
den einheimischen, noch dem Mittelalter verhafteten Sprach- und
Literaturformen voraus.

Exkurs: Petrarca und der Petrarkismus

Das italienische Vorbild betraf nicht nur den grundsätzlichen Vorgang der Nationalisierung der humanistischen Poesie. Es wirkte vor
allem durch das Werk Petrarcas, des ersten neuzeitlichen ›Klassi-

kers‹. Die volkssprachliche Lyrik seines von ihm *Rerum vulgarium fragmenta* genannten *Canzoniere* (entstanden zwischen 1336 und 1374) prägte die europäische Liebesdichtung auf Jahrhunderte hinaus. Der Grundton der Liebeslyrik des *Canzoniere*, des ersten durchkomponierten Gedichtbuchs seit der Antike, ist der der Klage, der Resignation und der Melancholie, Folge der Hoffnungslosigkeit der Liebe und einer zutiefst gespaltenen Haltung des Liebenden zwischen sinnlichem Begehren und distanzierter Verehrung, Verfallenheit und Sehnsucht nach Befreiung, Leidenschaft und Sündenbewusstsein. Die zur antithetischen Darstellungsweise herausfordernden Gegensätze werden schließlich in der Überwindung der irdischen Liebe und der Verklärung Lauras nach ihrem Tod aufgehoben. Der Liebesklage steht der Preis der ohne Hoffnung geliebten Frau und ihrer unvergleichlichen Schönheiten und Tugenden gegenüber.

Der Begriff ›Petrarkismus‹ bezeichnet eine literarische Konvention, die direkt oder indirekt auf diese Lyrik zurückgeht und durch einen im Einzelnen variablen Komplex von Themen, Motiven, Bildern und sprachlich-rhetorischen Techniken charakterisiert ist. Im Verlauf der Rezeptionsgeschichte gingen das Individuelle von Petrarcas Darstellung der ›bittersüßen‹ Liebe, die psychologischen Schattierungen und der beziehungsreiche (geistes-)geschichtliche Hintergrund verloren. Petrarcas seelische Gespaltenheit, die Versöhnung und Harmonisierung der Widersprüche im Gedicht – dies ließ sich nicht nachahmen. Erhalten blieben, zu Stereotypen erstarrt, die erotische Grundkonstellation, die zentralen Themen und Motive und v.a. die virtuosen sprachlich-rhetorischen Mittel.

Anknüpfungspunkte bildeten dabei gerade die Gedichte, in denen Petrarcas Stil durch eine Häufung von Antithesen und Oxymora ans Manieristische grenzt (z.B. in den Sonetten »S'amor non è« und »Pace non trovo«), dann die Bildersprache Petrarcas mit ihren Antithesen von Feuer und Eis, Hitze und Kälte, Krieg und Frieden, Leben und Tod. Zugleich erhält das Bild der Frau fest umrissene Züge; ihre Schönheiten (Goldhaar, Korallenlippen, die Hand von Elfenbein usw.) werden katalogisiert und in ihrer Kostbarkeit und Unvergleichbarkeit durch eine entsprechende Preziosenmetaphorik und mythologische Anspielungen hervorgehoben und zusammen oder einzeln zum Gegenstand von Gedichten. Darüber hinaus gehören zum petrarkistischen Repertoire die dichterische Vergegenwärtigung von Objekten und Orten, die mit der geliebten Frau verbunden sind, Traumbegegnungen, die Erfüllung suggerieren, oder auch Naturbezüge, die die psychologische Verfassung der Liebenden reflektieren. Pietro Bembo gab dann der Liebesthematik

durch den Rückgriff auf neuplatonische Mikrokosmos-Makrokos-
mos-Lehren eine weitere Dimension: die Liebe als eine die ganze
Schöpfung durchwaltende Kraft.

Auch durch die Wahl der Gattungsformen wirkt Petrarca traditionsbildend. Die überwiegende Mehrzahl der 366 Gedichte des
Canzoniere sind Sonette (317) und Kanzonen (29), die anderen
Formen – Ballade, Sestine, Madrigal – spielen nur eine untergeordnete Rolle. Das italienische Sonett erhält durch Petrarca seine
klassische Form (Sinneinschnitt zwischen Quartetten und Terzetten); es bleibt die vorherrschende Gedichtform der europäischen
Renaissancelyrik. Dabei besteht ein Zusammenhang zwischen der
Sonettform und den Antinomien der Liebesthematik: Die Kon-
stellation der Figuren – der schwankende, hin- und hergerissene
Dichter-Liebhaber und die unnahbare Geliebte – wie die Unauf-
löslichkeit des Konflikts fordern eine antithetische Gestaltung geradezu heraus, für die die dialektische Form des Sonetts besonders
geeignet erscheint.

»S'amor non è, che dunque è quel ch'io sento?« beginnt Petrarcas Sonett
Nr. 132 über das Paradoxon der Liebe. Die Frage kehrt in vielen Sprachen
wieder: »Si ce n'est pas Amour, que sent donques mon coeur?« (Antoine
de Baïf, 1555), »¿Bueno es amar? pues, ¿cómo daña tanto?« (Juan Boscán,
1543), »If't bee not love I feele, what is it then?« (Thomas Watson, 1582),
»Ist Liebe lauter nichts / wie daß sie mich entzündet?« (Opitz, 1624). Und,
angeregt von der Übertragung von Opitz: »Wie ist die Liebe nichts? was
liebt man denn im Lieben?« (Paul Fleming, 1635), »Ist Liebe Zuckersüs /
wie daß sie bitter schmecket« (Ernst Christoph Homburg, 1642), »Sind
Träume lauter nichts / wie daß sie mich bewegen?« (David Schirmer,
1657) usw.

Petrarkismus als »Vorschule der Dichtung«: Im Unterschied zu
Italien konnte man in den anderen europäischen Ländern nicht
auf bereits klassisch gewordene Vorbilder in der eigenen Sprache
zurückgreifen, jedenfalls nicht in einer ›modernen‹ Sprachform. In
dieser Situation bot sich das petrarkistische Repertoire mit seinen
Formen und Formeln an, die sich in die eigene, noch auszubildende
Literatursprache übertragen ließen (Forster, S. 49ff.). Ein anderer
Grund für die Nachahmung Petrarcas und der petrarkistischen
Liebessprache war gesellschaftlicher Natur: Liebe als Gesprächs-
thema der höfischen Gesellschaft, als Thema höfisch-unterhaltender
Dichtung und Musik. Unerlässlich dafür war eine konventionelle,
nicht eine individuelle Sprache. Die Diktion Petrarcas, von den
inneren Voraussetzungen seines Werkes losgelöst, besaß jenes Konventionelle und Nachahmbare, das sie zum idealen Medium gesell-

schaftlicher Unterhaltung und gesellschaftlichen Spiels werden ließ, eines Spiels, das von Anfang an auch die Parodie einschloss (Antipetrarkismus).

Nachahmung und Originalität

Gedichtüberschriften wie »Auß Ronsardts Erfindung«, »Fast auß dem Holländischen«, »Francisci Petrarcae«, »Auß dem Italienischen der edelen Poetin Veronica Gambara«, »Fast auß dem Griechischen«, wahllos aus Opitz' *Weltlichen Poemata* (1644) genommen, deuten an, welche praktische Bedeutung das Prinzip der *imitatio* auch für die Erneuerung der deutschen Dichtung im 17. Jahrhundert hatte. Es ist kein Zufall, dass sich unter Opitz' Gedichten zahlreiche Übertragungen und Nachdichtungen befinden: Einübung einer neuen Literatursprache. Denn mit den Sonetten nach Petrarca oder Ronsard bzw. mit Liedern und Alexandrinergedichten nach dem Vorbild der Niederländer werden nicht nur ›neue‹ Inhalte vorgestellt, sondern auch die sprachlichen, verstechnischen und poetischen Mittel ihrer Bewältigung im Deutschen.

Harsdörffer zeichnet in einer kleinen Abhandlung über die Nachahmung den Weg des Redners und Dichters nach, der sich sein Handwerk durch das Studium vorbildlicher Werke allmählich aneignet: Er muss »erstlich andre wolgestelte Reden oder Gedichte lesen / ihre wolgeführte Wort beobachten / ihnen die Meisterstreiche / die zierlichen Figuren / die natürlichen Beschreibungen / Wortgleichheit / Gegensätze etc. ablernen / und als dann seine Gedanken zu Raht ziehen / seinen Inhalt entwerffen / nach allen Umbständen überlegen / und zuletzt mit schicklichen Worten begreiffen und ausbilden; Massen keiner so glückselig / daß ihm das beste am ersten einfallen sol« (Poetischer Trichter III, S. 36f.). Dann bespricht er verschiedene Möglichkeiten der Nachahmung, von der engen Anlehnung an die Vorlage bis zu freien Nachdichtungen. Sich dabei »frembder Poeten Erfindungen« zu bedienen, heißt es an anderer Stelle, sei »ein rühmlicher Diebstal bey den Schülern / wann sie die Sache recht anzubringen wissen« (ebd., I, S. 102).

Derartige Äußerungen sind jedoch nicht einfach als Aufforderung zum Plagiat zu verstehen. Sie basieren vielmehr auf der Voraussetzung, dass die *imitatio* nachahmungswürdiger Werke der Vergangenheit und Gegenwart im Wetteifern mit den Vorbildern (*aemulatio*) letztlich über die bloße Nachahmung hinaus zu etwas Neuem, Eigenem führt, »das zwar das Alte nicht verleugnet, aber doch den Wert einer künstlerischen Neuschöpfung hat« (Conrady, S. 48). Dieser Gedanke wird seit der Antike gern mit dem Bienengleichnis illustriert: Wie die Bienen den Nektar, den sie aus verschiedenen Blüten gesammelt haben, in Honig verwandeln, so soll der Dichter (oder Redner) seine Lesefrüchte in einem neuen Werk aufgehen lassen. Auch »wir müssen diese Bienen nachahmen«, schreibt Seneca im 84. Brief an Lucilius, der ausführlichsten Darstellung des Gleichnisses, »und, was wir aus verschiedener Lektüre zusammengetragen haben, trennen – besser nämlich läßt es sich gesondert aufbewahren –, sodann Sorgfalt sowie Einfallsreichtum unseres Verstandes anwenden und in einen einzigen Geschmack jene verschiedenartigen Lesefrüchte zusammenfließen lassen; dadurch wird es – auch wenn deutlich ist, woher es stammt – dennoch offenkundig etwas anderes sein als das, woher es genommen ist« (Seneca, S. 225–27).

3.   Poetik und Rhetorik

Rhetorik war eine zentrale Disziplin an Gymnasien und Universitäten der Frühen Neuzeit. Darüber hinaus prägte sie weite Bereiche des Lebens und des Sozialverhaltens durch einschlägige Lehrbücher (Anleitungen zur Höflichkeit, Komplimentierbücher, Brieflehren usw.), aber auch Künste wie Musik und Architektur und nicht zuletzt die Literatur wurden von rhetorischen Prinzipien geleitet, die jedem Gebildeten durch seine Ausbildung vertraut waren. Dass die Poesie als gebundene Rede einen Teil bzw. Spezialfall der Redekunst darstellt, war im 17. Jahrhundert unumstritten. »Diesem nach«, beschließt Georg Philipp Harsdörffer in der Vorrede zum dritten Teil seines *Poetischen Trichters* (1653) eine Erörterung des Verhältnisses der beiden *artes*, sind »die Poeterey und Redkunst miteinander verbrüdert und verschwestert / verbunden und verknüpfet / daß keine sonder die andre gelehret / erlernet / getrieben und geübet werden kan«. Diese Ansicht ist ein Erbe der Antike, und sie ist grundlegend für das Verständnis von Dichtung und Poetik in der Frühen Neuzeit.

Das schließt Differenzierungen nicht aus: Nicht nur, dass die Poetik mit Metrik, Prosodie und literarischer Gattungslehre spezifische Eigenbereiche besitzt und der Poesie größere stilistische Lizenzen gewährt werden, auch die Anforderungen an Redner und Dichter sind von unterschiedlicher Qualität, wie (nicht nur) Harsdörffer pro domo argumentiert: Der *poeta doctus* müsse nicht nur mehr wissen als der Redner, sondern müsse auch, »wann er den Namen würdig führen sol / mehr natürliche Gaben zu seiner Vollkommenheit« besitzen (Poetischer Trichter III, Vorrede). Hinweise auf göttliche Inspiration in platonischer bzw. neuplatonischer Tradition fehlen nicht. Generell aber gilt für Dichter wie Redner, dass die von der Natur oder Gott verliehenen Gaben zwar Voraussetzung für die Ausübung dieser Künste sind, dass sie aber »durch beharrlichen Fleiß / und obliegende Arbeit / [...] erhalten und behalten« werden müssen (ebd.) bzw. dass erst die Kunst die Natur vollende: Die Natur könne »ohne Kunst nimmermehr zur rechten volkommenheit gelangen«, heißt es in Zesens *Hochdeutscher Helikonischer Hechel* (Sämtliche Werke XI, S. 301f.).

Wenn Opitz in seinem *Buch von der Deutschen Poeterey* den vornehmsten Zweck der Dichtung in »uberredung und unterricht auch ergetzung der Leute« sieht (S. 19), so verwendet er damit Kategorien der Rhetorik – *persuadere, docere, delectare* – und definiert »Sprachkunst als intentionale Kunst« (Barner, S. 74). Dichtung ist, und das betrifft alle Gattungen, auf Wirkung angelegt, sie hat einen Zweck. Von der Rhetorik übernimmt die Poetik die grundlegende Unterscheidung von *res* und *verba*, Sachen (Gegenständen, Themen der Dichtung) und Wörtern, und die daraus folgende Gliederung, wobei nur der Bereich der Verskunst keine Parallele in der Rhetorik hat:

»Weil die Poesie / wie auch die Rednerkunst / in dinge und worte abgetheilet wird; als wollen wir erstlich von erfindung und eintheilung der dinge / nachmals von der zuebereitung und ziehr der worte / unnd endtlich vom maße der sylben / Verse / reimen / unnd unterschiedener art der carminum und getichte reden.« (Opitz: Buch von der Deutschen Poeterey, S. 26)

Mit diesen Worten leitet Opitz das fünfte Kapitel seiner Poetik ein, mit dem er zu ihrem spezifischen Teil übergeht. Hatten die einführenden Kapitel vom Wesen der Poesie gesprochen, die Poetenzunft verteidigt und das ehrwürdige Alter der deutschen Poesie betont, so folgt nun eine systematische Darlegung der Grundsätze und ›Regeln‹ der Dichtung in der Ordnung der rhetorischen Lehrbücher: *inventio* (»erfindung«), *dispositio* (»eintheilung«), *elocutio* (»zuebereitung und ziehr der worte«). Über die Rhetorik hinaus führt nur der letzte Teil der Poetik, der die Verskunst behandelt. Dass dieses Nacheinander seine Logik hat, macht Harsdörffer deutlich:

»Wann ich einen Brief schreiben will / muß ich erstlich wissen / was desselben Inhalt seyn soll / und bedencken den Anfang / das Mittel / das

End / und wie ich besagten Inhalt aufeinander ordnen möge / daß jedes
an seinem Ort sich wolgesetzet / füge: Also muß auch der Inhalt / oder
die Erfindung deß Gedichts erstlich untersucht / und in den Gedancken
verfasset werden / bevor solcher in gebundener Rede zu Papier fliesse.
Daher jener recht gesagt: *Mein Gedicht ist fertig / biß auf die Wort.*« (Poetischer Trichter I, S. 4f.)

Sachen und Wörter sind einander zugeordnet, wobei die Wörter
»den Sachen gemäß seyn«, d.h. in einem angemessenen Verhältnis
zum Inhalt stehen müssen (ebd., I, S.105). Dafür ist die rhetorische
Lehre vom *decorum* oder *aptum* zuständig, die grundsätzlich auch für
die Dichtung gilt, wenn auch hier größere Freiheiten möglich sind.
Zudem muss sich, Konsequenz des intentionalen Charakters der
Rednerkunst und der Dichtung, der sprachliche Ausdruck nach der
Wirkung richten, die bei dem Adressaten durch die Erregung von
Affekten erzielt werden soll. Dichtung ist durch diese aus der rhetorischen Tradition fließenden Vorgaben dem ›Subjektiven‹ entzogen.
Sie verlangt vielmehr den *poeta doctus*, der in einer Distanz zu Sache
und Wort steht und bewusst über die Kunstmittel verfügt, die dem
Thema seiner Dichtung entsprechen und der beabsichtigten affektiven Wirkung dienen. Diese rhetorische Auffassung von Dichtung
und die daraus resultierende rhetorische Grundhaltung des Poeten
ist charakteristisch für die Frühe Neuzeit. Und das heißt auch, dass
die Frage nach dem ›Erlebnis‹ anachronistisch ist. Dichtung dieser
Epoche lässt sich nicht nach dem Grad der inneren Beteiligung des
Dichters klassifizieren. Es ist, wie van Ingen ausgeführt hat, sinn-
los, zwischen »sog. Gelegenheitsdichtung und sog. Erlebnisdichtung
aufgrund des Fehlens bzw. Vorhandenseins der inneren Beteiligung
des Dichters« zu unterscheiden oder bestimmten Gattungen – etwa
der geistlichen Dichtung – Erlebnisgehalt zusprechen zu wollen (van
Ingen, S. 49). Distanzhaltung meint nicht die persönliche Stellung
des Dichters zur Sache, sondern seine künstlerische Einstellung.

Inventio (›Erfindung‹)

Die ersten deutschsprachigen Poetiken verzichten auf eine ausführliche Darstellung jener Aspekte der Poetik, die dem Dichtergelehrten aus den humanistischen Dichtungslehren der Renaissance
und den rhetorischen Lehrbüchern ohnehin vertraut waren. So
verkürzt Opitz die Behandlung der *inventio* mit einem Hinweis
auf die autoritative Poetik des Julius Caesar Scaliger (*Poetices libri
septem*, 1561) auf den Satz: »Die erfindung der dinge ist nichts
anders als eine sinnreiche faßung aller sachen die wir uns einbilden

können / der Himlischen und irrdischen / die Leben haben und
nicht haben / welche ein Poete ihm zue beschreiben und herfür
zue bringen vornimpt: darvon in seiner Idea [dem 3. Buch seiner
Poetik] Scaliger außfürlich berichtet« (Buch von der Deutschen
Poeterey, S. 26). Damit setzt er beim Dichter wie beim Redner
eine umfassende Sachkenntnis voraus. Zu einem vollkommenen
»Dichtmeister« gehöre »eine fast volkommene kündigkeit aller
wissenschaften und künste / die iemahls unter sterblichen bekant
gewesen«, schreibt Zesen (Werke XI, S. 297). Diese Vorstellung
vom Dichter (und Redner) prägt die Bedeutung von Erfindung.
Nicht etwas noch nicht Vorhandenes soll ›erfunden‹ werden, nicht
von schöpferischer Phantasie ist die Rede, sondern von Findung,
Auffindung des Stoffes und der Argumente: »Erfinden heißt also,
sich auf die Suche begeben« (Dyck, S. 42).

Diese Suche systematisiert seit Aristoteles die Topik, der Lehre
von den Örtern (*topoi*, *loci*). Dabei handelt es sich um ein forma-
lisiertes Fragesystem, um eine oft an Raumstrukturen orientierte
Erinnerungstechnik, die zu den »sedes argumentorum« (Quintilian)
führen soll, zu den Fundstätten für die auf die jeweilige Sache (*loci
a re*) oder Person (*loci a persona*) anwendbaren Argumente. Cicero
unterscheidet in seiner Rhetorik, um eines der einflussreichsten Systeme anzudeuten, zunächst zwischen *loci*, die aus dem »eigentlichen
Wesen« einer Sache stammen und solchen, die »von außen herange-
tragen« werden (De oratore, S. 309): Aus dem Gegenstand der Rede
heraus argumentiert man dann, wenn man die die *loci* aus dem
Wesen (*definitio*), aus einem Teil (*partitio*) oder aus dem Namen
(*notatio*) einer Sache nimmt; nicht im Wesen einer Sachen liegen
von außen an den Gegenstand herangetragene Argumente wie etwa
Verwandtes, Ähnliches, Unähnliches, Gegensätzliches usw.

Die *loci* oder »Brunnquellen der Beweisgründe«, »Gemeinstellen« bzw. »Merkmahle und Sitze / oder Plätze der Beweisgründe«
(Kaspar Stieler), müssen so beherrscht werden wie das Alphabet:
»So dürfen wir uns auch nicht jedes Mal, wenn eine Sache zu
behandeln ist, immer von neuem auf spezielle Argumente für diesen Fall besinnen, sondern müssen bestimmte Grundgedanken
zur Verfügung haben, die so wie die Buchstaben zum Schreiben
eines Wortes sogleich für die Behandlung eines Falles zur Verfügung stehen«, heißt es bei Cicero (S. 287). Kaspar Stieler nimmt
neben anderen diese Formulierung auf, wenn er in seiner *Teutschen
Sekretariat-Kunst* (1673–74) eine vollkommene Vertrautheit mit den
»Gemeinstellen« fordert, so dass sie »gleich wie Buchstaben dem
Schreibenden fließen / wenn er gleich nicht besinnet / welchen er
setzen oder schreiben soll« (zit. nach Dyck, S. 45).

Systeme dieser Art sind variabel und offen für Veränderungen und Erweiterungen, doch an der Methode ändert sich nichts Grundsätzliches. Auf Quintilian stützt sich beispielsweise die Liste der *loci a persona* am Ende der Epoche bei Johann Christoph Männling:

»Die Erfindung geschieht also / daß ich alle Umstände betrachte / als: (1) Die Beschaffenheit der Zeit / ob selbige frölich oder Traurig / gut oder böse / Winter oder Sommer sey / (2) Den Ort / wovon und wohin ich schreibe. (3) Die Gelegenheit oder Ursachen / so es erwecket. (4) Die Personen an die man schreibet / ob solche hoch oder niedrig / ihre Fata. (5) Die zufälligen Umbstände als Glück / Unglück / Tugend / Laster / Gesundheit / Kranckheit / Leben / und Tod. (6) Die Nahmens-Bedeutung / als auch Buchstaben-Wechsel. (7) Das Alter oder Jahre / Monate etc.« (*Der Europaeische Helicon, Oder Musen-Berg*, 1704; zit. nach Dyck, S. 51)

Dass es sich keineswegs um praxisferne Anleitungen handelt, lässt sich mit Hilfe einiger Beispiele anschaulich machen. An erster Stelle der ›Örter‹, die »eine Sache im ganzen« betreffen, steht bei Cicero der *locus ex definitione*, also die Definition eines Gegenstands, die freilich in der Poesie durchaus auch metaphorisch geschehen kann. Zahlreiche Gedichte des 17. Jahrhunderts stellen schon in der Überschrift oder der ersten Zeile Fragen, die nach definitorischen Antworten verlangen: »Was ist die arge Welt?«, »Was ist das große Nichts?«, »Was ist die Liebe« oder

Was sind wir Menschen doch? ein Wohnhauß grimmer Schmertzen
Ein Ball des falschen Glücks / ein Irrlicht diser Zeit.
Ein Schauplatz herber Angst / besetzt mit scharffem Leid /
Ein bald verschmeltzter Schnee und abgebrante Kertzen.
(Gryphius: Menschliches Elende; Gedichte des Barock, S. 115)

Ein eigener Gedichttyp, das Bildreihengedicht (Ikon), macht aus derartigen Metaphernreihungen Übungen der Scharfsinnigkeit (s. S. 144f.).

Eine Sache lässt sich auch aus ihren Teilen beschreiben (*enumeratio partium*), wobei die detaillierte ›Beschreibung‹ die Funktion hat, die affekterregende Wirkung des Textes zu steigern. Als Beispiel folgen die ersten beiden Quartette von Gryphius' Sonett »Thränen des Vaterlandes / Anno 1636«:

Wir sind doch nunmehr gantz / ja mehr denn gantz verheeret!
Der frechen Völcker Schaar / die rasende Posaun
Das vom Blutt fette Schwerdt / die donnernde Carthaun /
Hat aller Schweiß / und Fleiß / und Vorrath auffgezehrt.

Die Türme stehn in Glutt / die Kirch ist umgekehret.
Das Rathauß ligt im Grauß / die Starcken sind zerhaun /
Die Jungfern sind geschänd't / und wo wir hin nur schaun
Ist Feuer / Pest / und Tod / der Hertz und Geist durchfähret.
(Gedichte des Barock, S. 116)

In der Praxis folgenreicher als diese beiden ›Örter‹ ist der *locus notationis*: die Bezeichnung einer Sache oder der Name einer Person als »Brunnquell« der Erfindungen. Vor allem die Verfasser von Casualcarmina lassen sich diese Möglichkeit selten entgehen. »Es haben die meisten Versmacher die Manier an sich«, schreibt kritisch der Poetiker Albrecht Christian Rotth in seiner *Vollständigen Deutschen Poesie* (1688), »daß / wenn sie ein Hochzeit- oder ander Gedicht auffsetzen sollen / sie die Erfindung von dem Nahmen dessen / dem das Gedichte angehet / hernehmen« (S. [152]). Die Überschrift eines Glückwunschgedichts von Christoph Kaldenbach illustriert, was gemeint ist: »Hn. Valentin Baumgarten / als er zu Königsberg Magister ward. Magister Valentin Baumgarten: Die Buchstaben versetzet / Grünett als ein Baum im Garten« (Gedichte des Barock, S. 91). Es fällt auch nicht aus dem Rahmen des Üblichen, wenn bei der Hochzeit einer Jungfer Drachstets die Überschrift des Hochzeitcarmens ankündigt: »Der Drache / In gesundem Verstande genommen / hält seine Ablage bey Hn. Joachim Bernhard Didden [...]« (ebd., S. 240). Dass auch subtilere Erfindungen möglich sind, zeigt beispielsweise Hoffmannswaldaus Grabschrift auf Wallenstein:

Hier liegt das grosse haupt / so itzt wird ausgelacht;
Viel wissen mehr von mir / als ich iemahls gedacht.
Doch wust ich / daß ein stein nicht leicht ein stern kan werden /
Ein stein / wie hoch er steigt / fällt endlich zu der erden.
(Ebd., S. 281)

Erfindung, so wird deutlich, »zielt nicht auf ein Individuelles und Schöpferisches im Sinne etwa der Goethezeit, sondern bedeutet ein analytisches Herausheben und Herstellen von Beziehungen, die irgendwie mit den Dingen selber gegeben sind, die ablösbar von der Individualität des ›Erfinders‹ allgemeine und typische Gültigkeit und Verwendungsfähigkeit haben« (Fricke, S. 19f.). Es liegt beim Poeten, ob er die dem Gegenstand innewohnenden Möglichkeiten erkennt und mit Hilfe der Topik voll ausschöpft. Das verlangt Vielseitigkeit, Kombinationsgabe, Kenntnisse in den verschiedensten Wissenschaften, den *poeta doctus*. Hier liegt der Unterschied zum »Verß-macher«, der »immer auff einer Leyer« bleibt und nicht über den *locus notationis* hinauszudenken vermag (Rotth, S. [152]).

Insgesamt jedenfalls gilt Männlings Wort: »Ohne Erfindung kann
kein Verß gemacht werden« (*Der Europaeische Helicon, Oder Musen-
Berg*; zit. nach Dyck, S. 51).

Exkurs: Gelegenheitsdichtung

»Es wird kein buch / keine hochzeit / kein begräbnüß ohn uns
gemacht; und gleichsam als niemand köndte alleine sterben / gehen
unsere gedichte zuegleich mit ihnen unter«, klagt Opitz über die
Zwänge der Auftrags- und Gelegenheitsdichtung. Des »närrischen
ansuchens« sei kein Ende:

> »Mussen wir also entweder durch abschlagen ihre feindschafft erwarten /
> oder durch willfahren den würden der Poesie einen mercklichen abbruch
> thun. Denn ein Poete kan nicht schreiben wenn er wil / sondern wenn er
> kan / und ihn die regung des Geistes welchen Ovidius unnd andere vom
> Himmel her zue kommen vermeinen / treibet. Diese unbesonnene Leute
> aber lassen uns weder die rechte zeit noch gelegenheit [...].« (Buch von
> der Deutschen Poeterey, S. 18f.)

Diese Argumentation gehört in den Zusammenhang des Themas
›Verteidigung der Dichter und der Dichtkunst‹, das im Rahmen der
Literaturreform eine beträchtliche Rolle spielte. Dass die häufigen
Berufungen auf den göttlichen Wahnsinn der Dichter topischen
Charakter besitzen und wenig mit der Dichtungspraxis zu tun
haben, steht außer Zweifel (eine Ausnahme bilden allenfalls die
Inspirationslehren Catharina Regina von Greiffenbergs oder des
Ekstatikers Quirinus Kuhlmann). Auch die Klage über die Aus-
wüchse der Gelegenheitsdichtung dient apologetischen Zwecken:
Anspruchslose Vielschreiberei schadet dem Ansehen der Poeten.
Gefordert sind vielmehr Texte, in denen sich formales Können mit
der Würde des Anlasses verbindet. Opitz verlieh dieser Forderung
durch zahlreiche repräsentative Casualcarmina Nachdruck, etwa
durch Lobgedichte auf den polnischen König Wladislaw IV. oder
den holsteinischen Herzog Ulrich, die am Anfang seiner *Weltlichen
Poemata* von 1644 stehen. Andere Autoren folgten diesem Beispiel
oder waren ihm (wie Georg Rodolf Weckherlin) schon vorausgegangen. Daneben freilich wuchs sich die Gelegenheitsdichtung zu
einem Massenphänomen aus. Ungezählte Einzeldrucke – hundert-
tausende schätzt man – ruhen großenteils unerschlossen in Biblio-
theken und Archiven.
  Die Produktion (und Rezeption) von Casualcarmina stellte
ein gesellschaftliches Phänomen beträchtlichen Ausmaßes dar. Es

muss wohl bei einem großen – im Verlauf des 17. Jahrhunderts
noch wachsenden – Personenkreis das Verlangen nach dichterischer Würdigung bestimmter ›Gelegenheiten‹ bestanden haben,
dem Poeten und Dilettanten nachkamen. Hinter ihrer Produktion standen gesellschaftliche Verpflichtungen und Verbindungen,
Abhängigkeitsverhältnisse, verwandtschaftliche Beziehungen oder
Versuche, sich durch poetische Erzeugnisse zu ›recommendiren‹.
Dazu kamen Auftragswerke, denn nicht immer waren Gratulan-
ten oder Kondolenten auch die Verfasser der Verse. Zahlreiche
Poeten des 17. Jahrhunderts haben Gedichte »Unter eines andern
Namen« verfertigt: Beweis für die Fähigkeit der Dichter, sich in
eine fremde ›Rolle‹ zu versetzen. Gedichte dieser Art erschienen
jedoch oft anschließend in den Gedichtpublikationen des jeweiligen Verfassers, womit das Geheimnis der Verfasserschaft – wenn
es überhaupt bestand – gelüftet war. Der Übergang zum »Mieth-
poeten«, war fließend, einem Berufsstand, der sich im Lauf des
17. Jahrhunderts herausbildete und dessen einzige Motivation das
Honorar war. Im Übrigen konnten weniger geübte Gelegenheitsdichter auf Poetiken und Blütenlesen mit genauen Anweisungen
und instruktiven Beispielen zurückgreifen.

Die Texte wurden dann gedruckt und in der Regel an die
Gäste der Feierlichkeit verteilt (»Bey Volck-reicher Leich-Begängniß
Christlichem gebrauch nach / ausgetheilet«), aber auch an Freunde
des Adressaten und Kollegen des Dichters versandt. Dabei konnte
bei den einzelnen ›Gelegenheiten‹ eine recht hohe poetische Aus-
beute erzielt werden, Beleg für die Massenhaftigkeit der Casual-
lyrik: »Die Leichenpredigt für Conrad Hornius, der 1649 in Helm-
stedt starb, enthält 31 Epicedien; zehn Jahre später brachte es der
Nürnberger Georg Im Hof, dem Johann Michael Dilherr die Leichenpredigt hielt, bereits auf 57 Epicedien« (Segebrecht, S. 231).
Die Anzahl der einem Ereignis gewidmeten Gedichte konnte als
Gradmesser für die Vornehmheit bzw. Bedeutung des Adressaten
gelten.

In dem Maße, in dem die Produktion zunahm und das Dichten
von Casualcarmina zu einer Modeerscheinung wurde, wuchs die
Kritik an dieser Praxis. Sie ging nicht zuletzt von ehrgeizigen Autoren aus, die sich aus der Masse herauszuheben suchten und gegen die
als minderwertig hingestellte Konkurrenz polemisierten. Allerdings
blieben sie wirkliche Argumente schuldig, denn ihre eigene Poesie basierte auf den gleichen gesellschaftlichen und poetologischen
Voraussetzungen. Man beklagte den Missbrauch der Poesie, die
Stümperhaftigkeit der konkurrierenden »Lumpenhunde« (Balthasar
Kindermann), fehlendes gesellschaftliches Bewusstsein (nicht jedes

Ereignis sei würdig, besungen zu werden) und setzte Massenhaftigkeit, an deren Entstehen man ja selbst beteiligt war, mit man-
gelnder Qualität gleich. Doch war man keineswegs der »Meynung,
daß es verboten sey, verdienter Leute Absterben zu beklagen, oder
sich über ihr Glück und ihre Beförderung zu erfreuen« (so 1743
der Herausgeber der Gedichte Carl Friedrich Drollingers, S. 98).
Beklagt wurden nur die Auswüchse, die Übertreibungen, etwa in
der Satire »Von der Poesie« von Friedrich Rudolph Ludwig von
Canitz:

> Geht wo ein Schul-Regent in einem Flecken ab,
> Mein GOtt! wie rasen nicht die Tichter um sein Grab;
> Der Tod wird ausgefiltzt, daß er dem theuren Leben
> Nicht eine längre Frist, als achtzig Jahr, gegeben;
> Die Erde wird bewegt, im Himmel Lerm gemacht.
> Minerva, wenn sie gleich in ihrem Hertzen lacht,
> Auch Phöbus und sein Chor, die müssen, wider Willen,
> Sich traurig, ohne Trost, in Flor und Boy [Trauergewand] verhüllen.
> Mehr Götter sieht man offt auf solchem Zettel stehn,
> Als Bürger in der That mit zu der Leiche gehn.
> (Canitz, S. 264)

Dispositio (und Gattungslehre)

An der »erfindung«, schreibt Opitz, »henget stracks die abtheilung /
welche bestehet in einer füglichen und artigen ordnung der erfundenen sachen« (Buch von der Deutschen Poeterey, S. 26). Auch
hier wird häufig die Kenntnis einschlägiger lateinischer rhetorischer
Lehrbücher vorausgesetzt. Und da in der Dichtung die gedankli-
che Gliederung von der gewählten Gattung abhängt, widmen sich
die Poetiken an dieser Stelle hier vor allem den poetischen Gattungen. So verfährt schon Opitz, der in diesem Zusammenhang
vom »Heroisch[en] getichte« bis zu den »Lyrica« die wichtigsten
Genres aufzählt und im Wesentlichen inhaltlich bestimmt. Stro-
phen- und Gedichtformen behandelt er in einem anderen Kontext
(»Von den reimen / ihren wörtern und arten der getichte«). Das
entspricht der üblichen Unterscheidung der Gedichte nach Materie
und Form in den späteren Poetiken, wenn auch Opitz noch weit
von der Systematik von Schottelius' *Ausführlicher Arbeit Von der
Teutschen HaubtSprache* (1663) oder Neumarks *Poetischen Tafeln*
(1667) entfernt ist.

Anders als bei der Tragödie oder dem Epos gibt es im Fall
der Lyrik keine von der Antike ausgehende Tradition verbindlicher

Exempla und einheitlicher Begriffsbildung. Bis ins 18. Jahrhundert
hinein wurden die einzelnen lyrischen Formen in den Poetiken
nicht unter einem Oberbegriff zusammengefasst. Das gilt auch für
die deutsche Barockpoetik; es bleibt bei einer Aneinanderreihung
verschiedener Formen und Gattungen. Opitz führt dabei nur die
auf, die ihm für die neue deutsche Kunstdichtung wichtig erscheinen, während manche spätere Poetiker Vollständigkeit anstreben.
In dem der *dispositio* gewidmeten Abschnitt nennt er folgende ›lyri-
sche‹ Gattungen: Satire, Epigramm, Ekloge, Elegie, Echogedicht,
Hymnus und »Lyrica oder getichte die man zur Music sonderlich
gebrauchen kan« (mehr oder weniger identisch mit den an anderer
Stelle behandelten ›Oden‹). Hinzu kommen, nach der Bezeichnung für die Gelegenheitsgedichte des römischen Dichters Statius
(1. Jh. n. Chr.), die »Sylven oder wälder«: Damit bürgert er einen
übergreifenden Begriff für die Gelegenheitsdichtung ein, der »vom
gleichniß eines Waldes / in dem vieler art und sorten Bäwme zue
finden sindt / genommen ist« und »allerley geistliche unnd weltliche
getichte / als da sind Hochzeit- und Geburtlieder / Glückwündt-
schungen nach außgestandener kranckheit / item auff reisen / oder
auff die zuerückkunft von denselben / und dergleichen« umfasst
(Buch von der Deutschen Poeterey, S. 32f.). Entsprechend verfährt
er in der Abteilung »Poetische Wälder« der verschiedenen Ausgaben seiner *Teutschen Poëmata*. Der Begriff machte Schule und fand
häufig Verwendung bei der Komposition barocker Gedichtbücher,
gelegentlich auch als Bezeichnung für ganze Gedichtsammlungen.
Im übrigen wurde zwar der humanistische Formenkanon im Lauf
des Jahrhunderts in den Poetiken in immer größerer Vollständigkeit behandelt, aber ein Bewusstsein von einer Gattung Lyrik war
damit nicht verbunden – und damit natürlich auch nicht von einem
unter der Kategorie der Subjektivität gestellten Lyrikbegriff, der
lange zur Abwertung der vorklassischen ›nichtlyrischen‹ Lyrik bei-
getragen hatte.
  Genauere Anweisungen zur gedanklichen Gliederung sucht
man bei Opitz und zahlreichen anderen Poetikern vergeblich:
Man konnte die Beherrschung rhetorischer Dispositionsschemata
bzw. die Kenntnis entsprechender lateinischer Lehrbücher voraus-
setzen. Erst praktischer orientierte Poetiken schlossen die Kluft
zwischen Theorie und Praxis. Das geschah nicht selten auf Kosten
der Theorie und fundierter poetologischer Kenntnisse. Balthasar
Kindermann etwa destillierte aus Texten zeitgenössischer Dichter
Dispositionsschemata heraus, die den ›Umweg‹ über die Theorie
ersparen und dem »Liebhaber der Göttlichen Poesie [...] an statt
aller geschriebenen Prosodien und Poetischen Schrifften zur Noht-

durfft dienen« sollten (*Der Deutsche Poet*, 1664, Titel). Andererseits verbanden Autoren wie Albrecht Christian Rotth (*Vollständige Deutsche Poesie*, 1688) und Magnus Daniel Omeis (*Gründliche
Anleitung zur Teutschen accuraten Reim- und Dicht-Kunst*, 1704) in
ihren Poetiken theoretische und didaktische Aspekte.

Omeis beschäftigt sich ausdrücklich mit der *dispositio*: Ein Kleid
müsse nicht nur aus einem guten Stoff bestehen, sondern auch
»richtig abgemeßen« werden. Allerdings sei die Gliederung der Rede
(*exordium, narratio* usw.) für die Poesie nicht bindend, der Poet
könne vielmehr »seiner natürlichen inclination« folgen. Gleichwohl
stellt Omeis zunächst einmal eine allgemeine Regel auf: »Und bestehet mehrentheils ein Carmen aus der Proposition und Application.
Durch die Proposition verstehe ich alles das jenige / was gleichsam
zur Vorbereitung vorher gesetzet wird / bis die Application hernach
folget / und solches der Person oder der Sache / davon das Carmen
handelt / zugeeignet und gerecht gemachet wird« (S. 141f.).

Den allgemeinen Grundsätzen folgt bei Omeis der spezielle Teil:
»Von unterschiedlicher im gemeinen Leben öffters fürkommender
Gedichten Erfindung und Ausarbeitung insonderheit« (S. 151ff.),
wobei »nicht allein die Praecepta oder Lehr-Sätze / sondern auch
die Exempel aus den besten T[eutschen] Poëten vorig- und ietziger
Zeiten mit bemerket und angezogen werden« (Inhaltsverzeichnis).
Hier behandelt er die wichtigsten Gattungen der Gelegenheitsdichtung, von Geburts- und Namenstagsgedichten über Hochzeits-
und Leichengedichte bis hin zu Glückwünschen aller Art. Dabei
geht Omeis von den für die jeweiligen Gegenstände angemessenen
»Erfindungen« und den einschlägigen *loci* aus. Aus der Darlegung
der wichtigsten Punkte und Argumente ergeben sich zugleich Dispositionsschemata, gattungsspezifische Gliederungen. Diese haben
ihre Geschichte, sind traditionsgebunden. Krummacher hat gezeigt,
wie sich die dreiteilige Struktur des »Leich-Gedichts«, des Epicediums, über die lateinischen Lehrbücher des 16. Jahrhunderts
(Scaliger) bis zur spätantiken Rhetorik zurückverfolgen lässt.
Omeis' Beschreibung des Epicediums, abschließend ausführlich
zitiert, folgt diesem vorgegebenen Rahmen (und gibt zugleich ein
instruktives Beispiel für die *inventio*, die Auffindung des Stoffes
und der Argumente):

»Die Erfindungen zu den Leich-Gedichten werden genommen (1) von dem
Lob der verstorbenen Person; da man Gelegenheit nimmt zu reden von
ihrem Vor- und Zunamen / Stamm-Wappen / Vor-Eltern / und des Verstorbenen eigenen Gemütes- Leibes- und Glückes-Gaben: absonderlich von
ihren Tugenden / herrlichen Thaten und Verdiensten / Wißenschaften /
Amt und Profeßion: wie sie sich zum Tod bereitet / was für Anzeigungen

vorhergegangen; was der Sterbende für sonderbare Wort bei dem Abschied gebrauchet u.s.w. Hierauf folget (2) die Klage und Erweckung zur Traurigkeit. Da klaget der Poët über das strenge Gesetz der Sterblichkeit / über die irrdische Vergänglichkeit / über die Unbarmherzigkeit der Parcen; und heißet alles / was seinen Augen begegnet / mit sich trauren. [...] Es kan auch der affect vermehret werden / wann man siehet auf die Zeit und Art des Todes / ob die Person noch in blühender Jugend / in dem besten Alter / und der Helfte ihrer Tage / zu Friedens- oder Krieges-Zeit / ob sie zu Haus oder in der Fremde / durch einen plötzlichen Hintritt oder langwierige Krankheit weggenommen worden. [...] (3) Folget der Trost ab Honesto, Utili, Necessario, Jucundo, Tuto &c. Da wird gesagt: Von GOTT komme Leben und Tod; GOttes Wille sey der beste [...]. Wir seyen Menschen / und müßen alle sterben: es wäre ja beßer den Port bald erreichen / als lang auf dem Meere wallen; beßer die Crone bald erhalten / als lange streiten u.s.w.« (S. 173f.)

Elocutio

»Nach dem wir von den dingen gehandelt haben / folgen jetzund die worte; wie es der natur auch gemeße ist. Denn es muß ein Mensch ihm erstlich etwas in seinem gemüte fassen / hernach das was er gefast hat außreden.« So beginnt Opitz das sechste Kapitel seines *Buch von der Deutschen Poeterey*, das »Von der zuebereitung und ziehr der worte« überschrieben ist, sich also dem Teil der Poetik zuwendet, der mit *elocutio* bezeichnet wird (S. 35). Die Einkleidung der Gedanken in Worte, wie sich *elocutio* übersetzen lässt, folgt gewissen Grundsätzen, hinter denen eine lange rhetorische und poetologische Tradition steht. Entscheidend ist dabei die Forderung nach einer idealen Einheit von Gegenstand, Stil und Wirkung, die in der Lehre vom Angemessenen (*decorum*, *aptum*) formuliert wird. Allerdings entspricht die dichterische Praxis, vor allem in der zweiten Hälfte des 17. Jahrhunderts, oft nicht mehr dieser klassizistischen Theorie.

Opitz bezeichnet »uberredung und unterricht auch ergetzung der Leute« als den vornehmsten Zweck der Dichtung (ebd., S. 19). Damit überträgt er nicht nur die Wirkungsziele der Rhetorik auf die Poesie, sondern verweist zugleich auf die in der rhetorischen Tradition verankerten drei verschiedenen Arten des Überzeugens und Beeinflussens: den Hörer durch Beweisgründe überzeugen (*docere*, *probare*), ihn gewogen stimmen (*conciliare*, *delectare*) oder durch die Erregung starker Affekte hinreißen (*movere*, *persuadere*). Aus dieser Hierarchie ergeben sich stilistische Konsequenzen. Während für das sachliche Argumentieren eine einfachere, relativ schmucklose Sprache angemessen ist, fordern das *delectare* und das *movere*, die auf emotionale Wirkung zielen, die Künste des Redners heraus: »Der Weg zum Herzen des Lesers führt über den Ornatus« (Dyck, S. 82).

Der sprachliche Ausdruck steht im Dienst der angestrebten Wirkung. Der Poet müsse sich bemühen, bemerkt Augustus Buchner, dass er die Rede »schön / lieblich / und scheinbar mache / damit er das Gemüth des Lesers bewegen / und in demselben eine Lust und Verwunderung ob den Sachen / davon er handelt / erwecken möge / zu welchem Zweck er allzeit zielen muß« (Anleitung, S. 15). Mit welchen stilistischen Mitteln im Einzelnen, mit welchen ›verblümten Reden‹ dieser Zweck zu erreichen sei, lehren die der *elocutio* gewidmeten Teile der rhetorischen Handbücher. Die Poetiken verzichten in der Regel auf eine ausführliche Darstellung der Figurenlehre und verweisen auf entsprechende Lehrbücher.

Diese verzeichnen nicht nur das einschlägige Figurenarsenal, sondern stellen durchaus auch konkrete Beziehungen zwischen Tropen oder Figuren und bestimmten Wirkungen her. So verfährt beispielsweise Johann Matthäus Meyfarts *Teutsche Rhetorica oder Redekunst* (1634), das erste deutschsprachige Lehrbuch der Rhetorik, indem es die Behandlung der einzelnen Tropen und Figuren oft mit einem Hinweis auf den »Gebrauch« abschließt. So lesen wir, dass die Epizeuxis – Wiederholung eines Wortes oder einer Wortgruppe – »eine hefftige und gewaltige Figur sey / unnd diene wohl die Gemüther zu den Schmertzen / Zorn / Verwunderungen / zubewegen« (S. 255). Zur Synekdoche – Wahl eines engeren Begriffs statt des umfassenden oder umgekehrt – schreibt Meyfart:

»Die Synecdoche ist ein sehr Gravitetischer Tropus / und stehet zierlicher an dem Poeten als sonst dem Redener. Sie stehet auch besser an den Mennern und Alten / als den Jüngern. In wichtigen und tapffern Sachen sol dieser Tropus gebraucht werden / dieweil er in geringern seine Majestet gantz verleuret [...].« Und warnend fügt er hinzu: »Die Sophisten pflegen die Synecdochen zu gebrauchen / wann sie ein Ding groß machen / dem Zuhörer entweder schmeicheln / oder ihm den Zorn / Neyd / Haß und Furcht einjagen wollen.« (S. 111f.)

Die Wirkung der geschmückten Rede, ob gebunden oder ungebunden, ist eine Funktion des rechten Gebrauchs der Tropen und Figuren. In diesem Sinn, und zur höheren Ehre der deutschen Sprache und Dichtung, beschwört auch Harsdörffer die Macht des Wortes:

»Die Rede sol zierlich und doch nach Beschaffenheit nachsinnig seyn; Massen wir in unsrer Sprache so schöne und eingriffige Wörter und Red-

Arten haben / die durch die Hertzen schneiden / ihre Deutung prächtig und mächtig in den Sinn legen / das Gemüt kräfftig bewegen / zu Zorn anführen / zu den Grimm erbittern / zu den Neid vergallen / zu dem Gewalt bewaffnen; und im Gegenstande zu der Barmhertzigkeit ermilden / zu der Vergebung erweichen / zu der Vergessenheit bewegen / zu der Liebe erschmeicheln / zu der Freundlichkeit anhalten / und kan dem Menschen nichts zu Sinne kommen / daß ein Sprachkündiger nicht mit genugsamen Worten sattsam vorstellig machen wird.« (Poetischer Trichter III, S. 34f.)

4. Zur Bildlichkeit

Im Folgenden wird von einigen Aspekten der Bildlichkeit die Rede sein, die eine besondere Bedeutung für die Dichtung des 17. Jahrhunderts besitzen. Für eine ausführliche Darstellung des ›Redeschmucks‹ stehen Handbücher wie der *Grundriß der Rhetorik* (Stuttgart/Weimar [4]2005) von Gert Ueding und Bernd Steinbrink zur Verfügung. Hier findet sich alles Wissenswerte über die Tropen und ihre Klassifikation – also über die Verwendung von übertragenen, uneigentlichen Ausdrücken an Stelle der eigentlichen –, über Wortfiguren (Beispiel: Chiasmus) und Gedanken- oder Sinnfiguren (Beispiel: Oxymoron).

Bei einer historischen Betrachtung wird erkennbar, wie im Verlauf des 17. Jahrhunderts die humanistische Harmonievorstellung, die klassizistisch-ausgewogene Zuordnung von Sachen und Wörtern an Geltung verliert, wie sich die Verbindung von Sache und Wort lockert, wie Angemessenheit und Deutlichkeit als Kriterien in den Hintergrund treten, während artistische Form und Ornatus das Übergewicht gewinnen. Dieser ›barocke‹ Bildstil – gespeist aus so verschiedenen Quellen wie den manieristischen Tendenzen der Literaturen Italiens und Spaniens, der neulateinischen Dichtung und der mystisch-pansophischen Bildlichkeit Jacob Böhmes und anderer – wird zeitweise zur dominierenden Möglichkeit lyrischen Sprechens, vor allem in der zweiten Jahrhunderthälfte. Doch ist seine Herrschaft nicht unangefochten: Die humanistische Maßhaltetheorie findet weiterhin ihre Vertreter, der französische Klassizismus zeigt Wirkung auch in Deutschland, und es regt sich Widerstand aus patriotischen und religiösen Motiven.

Metaphorik

Unter den Tropen, »zu Teutsch *Deutungs-Aenderungen* genennet /
weil sie die eigentliche *Deutung* eines Wortes *verändern*« (Harsdörffer: Poetischer Trichter III, S. 56), nimmt die Metapher eine
hervorragende Stelle ein. Ein Poet solle »sich zu forderst schöner
und guter Metaphoren befleissigen«, schreibt Buchner, denn nichts
mache »die Rede herrlicher und auch lieblicher« (Anleitung, S. 67).
Dieser Ratschlag blieb nicht ungehört, wenn auch die allmähliche
Entfernung von der maßvollen Bildersprache der Generation von
Martin Opitz die Einschränkung Buchners gegenstandslos werden
lässt, nämlich dass die Metaphern »nicht zu dunckel / und allzuweit
hergenommen« sein dürften (ebd.).

Schon die aufklärerische Kritik hat diese Entwicklung erkannt
(und recht einseitig interpretiert): Während Opitz »durch seine
natürliche und vernünftige Art zu denken [...] uns allen ein Muster des guten Geschmacks nachgelassen« habe, heißt es bei Johann
Christoph Gottsched, hätten Hoffmannswaldau und Lohenstein
durch »ihre regellose Einbildungskraft, durch ihren geilen Witz
und ungesalzenen Scherz« der deutschen Poesie nur Schande erworben (S. 232, 236). Bodmer konkretisiert diese Kritik, wenn er an
Hoffmannswaldaus Metaphernsprache (»Er pflanzt Metaphoren
aus metaphorschen Worten«) und Lohensteins dunklen Gleichnissen Anstoß nimmt. Der grundsätzliche Einwand gegen diesen
»hochgefärbte[n] Schein«, der die »Natur« verberge, das Entlegene
bevorzuge und die »Deutlichkeit« vermeide, bezieht sich auf die
außer Kraft gesetzte regulative Funktion des *iudicium*, der Urteils-
kraft, die das poetische *ingenium* zu kontrollieren hat: »Ihm fehlt'
es an Verstand, den Geist geschickt zu lencken«, schreibt Bodmer
über Hoffmannswaldau, der mit diesem Irrtum ganz Deutschland
angesteckt habe (Bodmer/Breitinger, S. 60, 61).

Sieht man von der Wertung ab, trifft Bodmers Charakteristik wesentliche Punkte des ›barocken‹ Bildstils: die Häufigkeit der
Bilder (»ohne Ziel und Maß«), ihre Entlegenheit, die Tendenz zur
Verrätselung und der auf »Verwunderung« zielende »Witz«. Damit
stimmt Manfred Windfuhrs Befund überein, dass die dekorative
und die scharfsinnige Metaphorik eine zentrale Stelle im dichterischen Selbstverständnis der Zeit einnehmen. (Darüber hinaus
nennt Windfuhr als weitere Einzelformen der Metaphorik im
17. Jahrhundert die affekthaft-pathetische, die mystische, die gro-
teske und die schwülstige Metaphorik.)

Die dekorative Bildlichkeit lässt sich als »Ausdruck eines ausgeprägten Sensualismus« verstehen (Windfuhr, S. 235). Blumen,

kostbare Stoffe und Edelsteine, süße Speisen und Getränke, Duft-
stoffe und dekorativ-emblematische Tiere sind die wichtigsten Vergleichsbereiche, mit deren Hilfe der Poet die Illusion eines para-
diesischen Gartens erzeugt, der die Sinne anregt und in dem die
Liebe regiert:

> Mein lieben war bißher ein paradieß gewesen /
> Ein garten / den ich offt verwundert angeschaut /
> Der mich so blumen ließ wie palmen-früchte lesen /
> Wenn ihn dein freundlich-seyn mit zucker überthaut.
> Die nelcken blühten mir auff deinen zarten wangen /
> Dein amber-voller mund trug purpurnen jesmin /
> Und machte / daß ich offt mehr safft und krafft gefangen /
> Als bienen honigseim aus hyacinthen ziehn.
> Der hals schwamm voller milch von reinen lust-narcissen /
> Die brüste fiengen an mit rosen auffzugehn /
> Und wilst du mein gelück in einer zeile wissen?
> Dein auge / Flavia / war auch mein tausendschön.
> (Benjamin Neukirch: An Flavien; Neukirch I, S. 104)

Der Übergang von der dekorativen zur scharfsinnigen Metaphorik
ist fließend. Denn wenn der dekorative Bildstil auf seltene Materialien, auf fremde Düfte und Getränke zurückgreift (»Dein lippen-
Julep kühle meinen brand«; Gedichte des Barock, S. 305), erfüllt er
zugleich ein Kennzeichen des scharfsinnigen Stils, die Entlegenheit
der Vergleichsbereiche. Am reinsten verwirklicht sich der scharfsinnige Stil in der Kunst des Concetto, der Erfindung von ingeniösen
Sinn- und Wortspielen. Dabei gilt es, bekannten Vorwürfen neue
Seiten abzugewinnen, überraschende Verbindungen herzustellen,
verblüffende Effekte zu erzielen. Gefordert ist die *acutezza*, der
ingeniöse Scharfsinn des Poeten. So beginnt eine Grabschrift auf
Lohenstein mit den Versen:

> Hier unter diesem Stein wird noch ein Stein gefunden /
> Mit dem der schönste Glanz der Poesie verschwunden.
> (Gedichte des Barock, S. 287)

Hier beruht der ›Witz‹ auf dem Spiel mit eigentlicher und über-
tragener Bedeutung eines Wortes. In vielen Fällen liegt ein Spiel
mit klangähnlichen Wörtern vor (Paronomasie), etwa wenn Hoffmannswaldau in der Grabschrift auf Heinrich IV. von Frankreich konstatiert, dass »ein messer mehr als eine messe« vermöge
(Gedichte des Barock, S. 281): Anspielung auf den angeblichen
Ausspruch des Königs, Paris sei eine Messe wert, und auf seine
Ermordung durch Ravaillac im Jahr 1610.

Eine andere Möglichkeit des scharfsinnigen Sprechens stellt die Bildung von wirklichen oder scheinbaren Gegensätzen durch Oxymora und Antithesen dar, die von der Spannung zwischen Realität und Bild leben. So kommentiert Martin Kempe in seinen Anmerkungen zu Georg Neumarks *Poetischen Tafeln* (1667) die Zeile »Dein warmer Mund weiß meine Glut zu kühlen«: »Es solt heissen dein kühler Mund: denn eine Hitze kan ja die andere nicht kühlen; sondern mehrt vielmehr die Flammen. Es sey denn / daß man schertzweise redet / oder die Heftigkeit eines Dinges vorstellet« (S. 301f.). Die Konstruktion von Scheingegensätzen dieser Art – logische Zwischenglieder werden ausgelassen, Metaphern wörtlich genommen, die Vergleichsbereiche manipuliert – ist eine Lieblingsbeschäftigung der Manieristen und Concettisten.

Besonders die Liebesdichtung zeigt sich dergleichen scharfsinnigen Verfahrensweisen aufgeschlossen. Bekannt ist das Oxymoron vom ›warmen Schnee‹, das Frauenhände oder -schultern bezeichnet. Von hier ist es nicht weit zum »Schnee-gebürg / in welchem funcken glimmen« (Hoffmannswaldau; Neukirch II, S. 4), und weiteren Zuspitzungen:

> Ihr hellen mörderin / ihr augen schliest euch zu /
> Jedoch die schönen brüste /
> Als zunder meiner lüste /
> Geniessen keine ruh /
> Ihr auffgeblehter schnee rafft alle krafft zusammen /
> Und bläst in meine flammen.
> (Hoffmannswaldau; Neukirch I, S. 435)

Zur Theorie scharfsinnigen Stils: Tesauro

Hoffmannswaldau bewunderte die »gutten Erfindungen« der »Welschen« (Deutsche Übersetzungen und Getichte I, S. [34]). Auch in der Theorie war Italien richtungsweisend. Die umfassendste Abhandlung über den scharfsinnigen Stil stammt von Emanuele Tesauro: *Il Cannocchiale Aristotelico, O sia Idea dell' Arguta et Ingegnosa Elocutione* (1654; definitive Ausgabe 1670). Ihm gilt die Metapher als höchster Gipfel der scharfsinnigen Figuren, die durch die Schaffung ungewohnter, neuer Verbindungen verwundert und verblüfft. Die *argutezza* bezeichnet er mit einem aristotelischen Begriff als »urbanes Enthymem«, eine Form des Syllogismus (Schlussbildung), die durch Verkürzung und Verdichtung überraschender Effekte fähig ist: »Ich verstehe [...] unter dem ›urbanen Enthymem‹ oder unter der ›vollkommenen argutezza‹ das, was die Kraft des ingeniösen

Arguments hat, wie z.B. die Schlüsse der Epigramme, die ingeniösen Sentenzen, die Witze und alle jene Aussagen, die sowohl bei Versen als auch in der Prosa und bei Inschriften ›argute Einfälle‹ [*concetti arguti*] genannt werden« (zit. nach Lange, S. 104). Die eigentlichen *argutezze* seien nichts anderes, schreibt er, als Argumente, die auf urbane (d.h. geistreiche, witzige, elegante) Weise täuschen: »argomenti urbanamente fallaci« (ebd., S. 105).

Tesauros Kompendium steht nicht allein. Schon 1639 war Matteo Pellegrinis Abhandlung *Delle Acutezza* erschienen, und in Spanien beteiligte sich Baltasar Gracián an diesen poetologischen Überlegungen mit der Schrift *Agudeza y Arte de Ingenio* (1642; erweitert 1648). In Deutschland leistete der Jesuit Jacob Masen mit seiner *Ars nova argutiarum* 1649) einen wesentlichen Beitrag zur europäischen Argutia-Bewegung, die am Ende des 17. Jahrhunderts bei Daniel Georg Morhof eine zusammenfassende Darstellung fand (*Commentatio de disciplina argutiarum*, 1693). Daneben freilich konnte man wie die Italiener und Spanier direkt auf die *Rhetorik* des Aristoteles zurückgehen, deren drittes Buch mit seiner ausführlichen Metapherntheorie zu einer »Art Bibel« für die Manieristen wurde (Hocke, S. 78).

Harsdörffers Beitrag zur Theorie der Bildlichkeit

Harsdörffer ist der deutsche Poetiker im 17. Jahrhundert, der sich am intensivsten mit der Bildlichkeit der Dichtung beschäftigte. Das geschieht in seiner Poetik, dem *Poetischen Trichter*, vor allem aber in den acht Bänden seiner *Frauenzimmer Gesprächspiele* (1641–49). Er macht deutlich – man kann dies als Apologie des bildlichen Sprechens verstehen –, dass die uneigentliche Sprechweise eine Erkenntnisfunktion besitzt, dass sie zur Erkenntnis der Welt beiträgt, einer hierarchisch gegliederten Weltordnung, in der alles mit allem in Zusammenhang steht: »Die schöne Verfassung dieses gantzen Weltgebäus / ist an sich selbsten nichts anders / als eine durchgehende Vergleichung in allem und jedem; und hat der höchstmächtige Gott dem Menschen eine sondere Begierde eingepflanzet / solche Wunderfügnisse zu erlernen« (III, S. 356). Gleichnisse zu erfinden, heißt es an anderer Stelle, sei »ein Anzeigen einer verständigen Betrachtung« (VIII, S. 192); ohne Bilder, ohne Vergleiche sei es nicht möglich, »hohe sachen« zu verstehen (III, S. 359). Drastisch formuliert es der *Poetische Trichter*, wenn er das Gleichnis den »Hebel oder die Hebstangen« nennt, »welche durch Kunstfügige Ein- und Anwendung aus dem Schlamm der Unwis-

senheit empor schwinget / was man sonder solche Geretschafft
unbewegt muß erliegen lassen« (III, S. 57).

Verdeckte Beziehungen aufzudecken oder Zusammenhänge zwischen weit entfernten Dingen herzustellen, bringt neben Erkennt-
nisgewinn auch ästhetisches Vergnügen. Ein von Harsdörffer zitier-
ter italienischer Traktat macht auf diesen Aspekt aufmerksam: »Was
wir nicht nennen können / beschreiben / und finden wir gleichsam / durch die Vereinparung mit dem / so es ähnlich ist / und wird
unser Sinn belustiget / wann er durch solches Mittel fasset / was er
sonsten nicht verstehen kan« (Gesprächspiele VIII, S. 193).

Allerdings geht es Harsdörffer in der Praxis weniger um philo-
sophisch-theologische Erkenntnis als um artistische Kombinatorik,
um ein spielerisches Verbinden verschiedenster Bereiche. Das wird
erleichtert durch die Feststellung, »daß das Vergleichende mit dem
Verglichenen nicht in allen und allen übereinkommen muß / sonsten were es eben eins / sondern bißweilen in vielen / bißweilen in
etlichen / bißweilen nur in einem Stucke zu- und eintreffen mag«
(Gesprächspiele I, S. 19f.). Und wenn sich schon ein *tertium com-
parationis* nicht finden lasse, so könne »bißweilen ein Vernennung
[Anm. dazu: Metaphora] aushelffen« (ebd., S. 31). Die Erfindung
von Gleichnissen und Metaphern wird in den *Gesprächspielen* mit
Frage- und Antwortspielen ausdrücklich eingeübt: »was ist Gott?
Ein Liecht. Was ist der Mensch? Ein Spiegel« (ebd., S. 24). Der
Weg zur poetischen Praxis, etwa zu der des Bildreihengedichts
(›Ikon‹), ist nicht weit (s. S. 144f.).

Allegorie

Der 1653 erschienene dritte Teil von Harsdörffers *Poetischem Trichter* enthält, alphabetisch geordnet von »Aal« bis »Zwilling«, eine
Sammlung von »Poetischen Beschreibungen / verblümten Reden
und Kunstzierlichen Ausbildungen«, die dem ratsuchenden Poeten
mit Formulierungshilfen, mit Umschreibungen und Metaphern zur
Seite steht und zugleich auf die allegorische oder emblematische
Bedeutung der ›Sachen‹ aufmerksam macht. Beispiel: »Das *Schiff*
und die Schiffart wird verglichen mit dem Menschlichen Leben /
welches dem Glück und Unglück auf vielfältige Weise unterworfen
ist« (III, S. 407). Ergänzend lesen wir an anderer Stelle (Stichwort
»Meer«), dass das Meer »die Deutung deß unbeständigen Glückes
und Unglückes« habe (III, S. 341) und (Stichwort »Welt«) die Welt
u.a. »das wilde Meer« sei (III, S. 487). In diesem Komplex gehört
das Sonett »An die Welt« von Andreas Gryphius:

Mein offt bestürmbtes Schiff der grimmen Winde Spil
Der frechen Wellen Baal /das schir die Flutt getrennet /
Das über Klip auff Klip' / und Schaum / und Sandt gerennet.
Komt vor der Zeit an Port / den meine Seele wil.

Offt / wenn uns schwartze Nacht im Mittag überfil
Hat der geschwinde Plitz die Segel schir verbrennet!
Wie offt hab ich den Wind / und Nord' und Sud verkennet!
Wie schadhafft ist Spriet / Mast / Steur / Ruder / Schwerdt und Kill.

Steig aus du müder Geist / steig aus! wir sind am Lande!
Was graut dir für dem Port / itzt wirst du aller Bande
Und Angst / und herber Pein / und schwerer Schmertzen loß.

Ade / verfluchte Welt: du See voll rauer Stürme!
Glück zu mein Vaterland / das stette Ruh' im Schirme
Und Schutz und Friden hält / du ewig-lichtes Schloß!
(Gedichte, S. 9f.)

Gryphius erweitert hier die traditionelle Schifffahrtsmetapher (die
durchaus verschiedene Bedeutung haben kann) zu einer ebenfalls
traditionellen Schifffahrtsallegorie: die Allegorie als erweiterte
Metapher. Die einmal gewählte Bildebene wird konsequent fort-
geführt und durchgehalten, die Bedeutung bleibt dabei nicht im
dunkeln – dunkle Allegorien gelten klassizistischen Rhetorikern
und Poetikern als fehlerhaft –, wenn auch nicht jede Einzelheit
eindeutig identifiziert wird. Dies geschieht beispielsweise in Logaus
Epigramm »Die Welt«:

Die Welt ist wie das Meer; ihr Leben ist gar bitter;
Der Teufel / machet Sturm; die Sünden / Ungewitter;
Drauff ist die Kirch / ein Schiff; und Christus Steuer-Mann;
Sein Segel / ist die Rew; das Creutze / seine Fahn;
Der Wind / ist Gottes Geist; der Ancker / das Vertrauen /
Dadurch man hier kan stehn und dort im Port sich schauen.
(Sinngedichte, S. 53)

Emblem

Sonette wie Gryphius' »An die Welt« nähern sich in ihrer Form
dem Emblem. Das Emblem, »eine die Literatur und bildende Kunst
verbindende Allegorie« (Windfuhr, S. 95), zeigt einen dreiteiligen
Aufbau: Überschrift (*inscriptio*, Motto, Lemma) und Epigramm
(*subscriptio*) rahmen das Bild (*pictura*) ein, ein Bild mit einer Darstellung aus der Natur, aus dem menschlichen Leben, aus der Bibel,

aus Geschichte oder Mythologie. »Diese Figuren und Schrift«, schreibt Harsdörffer, »sollen also miteinander verbunden seyn / daß keines ohne das ander könne verstanden werden« (Gesprächspiele I, S. 59). Da Bilder in der Regel verschieden gedeutet werden können, gibt das Motto die Deutung der *pictura* vor, die dann durch das Epigramm genauer ausgeführt wird. Julius Wilhelm Zincgref beispielsweise zeigt in einem seiner Embleme (*Emblematum ethico-politicorum centuria*, 1619) unter dem Motto »Monstratur in undis« eine Landschaft und eine Stadt am Wasser, in dem sich die Sonne spiegelt:

Das Bild, so die Deutung im Epigramm, verweist auf die Offenbarung Gottes in der Schöpfung:

> Die Göttlich Majestät nicht gantz erkent mag werden /
> Dann an seinem Geschöpff / im Himmel und auff Erden /
> Zusehen in die Sonn unser Augen nicht tügen /
> Im Wasser wir zum theil den Schatten sehen mügen.
> (Emblemata, Sp. 12)

Die Abfolge von Überschrift, Bild und deutenden Schlussversen kehrt wieder im Typ des allegorisch-auslegenden Gedichts, wie er bei Gryphius besonders ausgeprägt anzutreffen ist. So folgt in dem zitierten Sonett »An die Welt« der Überschrift in den ersten beiden Quartetten das Bild der gefährlichen Schifffahrt auf stürmischer See – entsprechend der *pictura* des Emblems; die abschließenden

Terzette deuten das Bild, verweisen auf die Erlösung durch den Tod und stellen der Not des irdischen Daseins den himmlischen Frieden entgegen.

Das Emblem als Kunstform ist eine humanistisch-gelehrte Erfindung. Der ›Erfinder‹ war Andrea Alciati, der in seinem *Emblematum liber* (1531) Elemente der griechischen Epigrammatik, der Renaissance-Hieroglyphik und der Impresenkunst zu einer dreiteiligen Form verband, die sogleich eine große Resonanz und ungezählte Nachahmer im 16. und 17. Jahrhundert fand. Das Erbe der Hieroglyphik, in der die Humanisten verschlüsselte ägyptische Weisheiten vermuteten, erklärt den dunklen Charakter mancher Embleme und Emblembücher. Johann Fischart sprach 1581 von »Gemälmysterien und verdeckten Lehrgemälen« (Holtzwart, S. 10), und Harsdörffer hielt die Embleme für die besten, »die wol verstanden werden können / aber nicht gleich einem jeden eröffnet darliegen« (Gesprächspiele IV, S. 170).

Die Erfindung eines derartigen Emblems erfordert den gleichen Scharfsinn (*argutia, acutezza*) wie die Erfindung von Metaphern: »Unter diesem Gesichtspunkt erscheint das Emblem gleichsam als die zur eigenen Kunstform verselbständigte Metapher und gehört es in den Bereich der Metaphernkunst, der seine Ansätze bei Petrarca hat und im manieristischen Concettismo Tesauros und dessen Lobpreis des Ingeniösen endet« (Jöns, S. 23). Bei der engen Beziehung zwischen Emblem, Metapher und Allegorie überrascht es nicht, dass die Emblematik ihrerseits zu einer wichtigen Quelle der frühneuzeitlichen Dichtung und ihres Bildstils wird. In Zesens »Siegeslied der himmelsflammenden Deutschen Dichtmeister; daß sie oben / ihre Neider aber unten / schweben«, um nur ein Beispiel anzuführen, dienen Embleme oder davon abgeleitete Vorstellungen als bildhafte Argumente, die den hohen Rang der Poesie und ihrer Vertreter bekräftigen und die Neider in die Schranken verweisen:

> 1.
> Zeit die schöne Kunst entsprossen /
> die aus Menschen Götter macht /
> und die sterblichkeit verlacht;
> die sich vormahls hielt verschlossen
> und verborgen in der zeit;
> findt sich auch / und sticht der Neid;
> schiessen gantz vergifte pfeiler
> die vergälten Lästermäuler.
>
> 2.
> Doch je mehr und mehr beschweeret
> eine Palme sich befindt /

des zu mehr sie kraft gewint /
ja sich mehr / als vor / entpöhret [in die Höhe hebt].
So wird auch / durch Neidesdunst /
nie erdrükt die Dichterkunst:
sondern pfleget sich zu rächen /
wan der Neid sie sucht zu schwächen.

3.
Höhrt ein Adler gleich in lüften /
unter ihm der Hunde schaar /
acht er sie doch nicht ein haar;
weil kein bis ihn kan vergiften.
So auch achten wir es nicht /
wan gleich Neidhart auf uns sticht:
kan er uns doch nicht verletzen /
noch in noht und tod versetzen.

4.
Dan wie Adler selbst sich schwingen
nach der sonnenkugel hin:
so bemüht sich unser sinn
nach dem höchsten ziel zu ringen;
und verlacht den schwachen Neid:
welcher schwindet mit der zeit;
weil er nicht begreift die sachen /
die ihn können göttlich machen.
(Gedichte des Barock, S. 136f.)

Die erste Strophe – von den insgesamt sechs Strophen sind die
ersten vier abgedruckt – formuliert als These den immerwäh-
renden Gegensatz von Poeten und unverständigen Neidern. Die
folgenden Strophen, in denen sich humanistisch geprägtes Dichterselbstgefühl artikuliert, leben von den Bildern: die durch ein
Gewicht beschwerte Palme, der von Hunden angebellte Adler und
der Adler, der zur Sonne fliegt. Es fehlt dabei nicht an Hinweisen
auf die Bedeutung der Bilder, doch der zeitgenössische, mit der
Emblematik vertraute Leser hätte bei diesen recht weit verbreiteten Vorstellungen auch ohne die Erläuterungen kaum Verständnis-
schwierigkeiten gehabt. Die durch ein Gewicht beschwerte Palme
ist ein schon bei Alciati vorzufindendes Emblem mit der Bedeutung
›Stärkung durch Widerstand‹ (Emblemata, Sp. 192f.); der Adler,
der als einziger Vogel in die Sonne zu schauen vermag, verkörpert
Tugend und angeborenen Adel (ebd., Sp. 773f.). Nur für das Bild
vom Adler, der von den Hunden angebellt wird, findet sich kein
Gegenstück im Emblemata-Handbuch (es bietet freilich auch keine
umfassende Bestandsaufnahme). Doch die emblematische Darstel-

lung eines Hundes, der den Mond anbellt, weist in die gleiche
Richtung:

> Aber sein bellen gieng in lufft
> War vergebens und gar ein dufft
> Der Mon dannoch sein lauff verricht
> Last jn bellen als ghör ers nicht.
> (Emblemata, Sp. 563)

An der Bedeutung ›nutzloses Wüten‹ ändert sich nichts, wenn Zesen
den Mond durch den Adler, den Vogel des Zeus, ersetzt. Auch die
Hinweise auf den stechenden Neid und die vergifteten Pfeile in der
ersten Strophe scheinen an Emblematisches anzuknüpfen, etwa an
die Darstellung eines Herzens, das von Schlangen gebissen und
von einer Hand aus den Wolken getränkt wird. Das Epigramm
macht – wie Zesens Gedicht – deutlich, dass den Neidern kein
Erfolg beschieden ist:

> Der Schlangen Biß und Gifft thut weh /
> Der Neider gifftig Pfeil viel meh /
> Doch man der Schlangn Biß heilen kan /
> Den Neid auch: wer sich nicht kehrt dran.
> (Emblemata, Sp. 1031)

Die unterschiedliche Herkunft der literarischen und bildkünst-
lerischen Elemente und Verfahren sorgt für ein breites inhalt-
liches Spektrum der Emblematik. Neben der Aufnahme antiker
bzw. humanistischer Traditionen (Epigramm, Sentenz, Text-Bild-
Formen nach der *Anthologia graeca*, Renaissance-Hieroglyphik,
Impresenkunst) spielt die christliche Allegorese mit ihrer spezifischen Bildwelt aus der Bibel bzw. dem ›Buch der Natur‹ und ihrem
Deutungsverfahren eine wichtige Rolle. Die Emblemliteratur hat
ihr zahlreiche Motive entnommen: »Wo ist mein treuer Pelican
Der mich lebendig machen kan?«, fragt die »in ihren Jesum verliebte Psyche« in Johannes Schefflers *Heiliger Seelen-Lust* von 1657
(S. 25) und bezieht sich dabei auf die emblematische Darstellung
des Pelikans, der die Jungen mit seinem Blut zum Leben erweckt,
»wie Christus den Frommen durch seinen Tod das Leben […] wie-
dergegeben hat« (Emblemata, Sp. 812). Quelle der Emblematiker in
solchen Fällen sind Schriften der Kirchenväter und der *Physiologus*,
eine christlich-allegorisierende Ausdeutung der Tierwelt, die aus
dem 2. Jahrhundert stammt und im Mittelalter großen Einfluss
erlangte.
  Die Nachwirkung der christlichen Symbolik reicht über die Verwendung einzelner Motive in der Emblematik hinaus. Sie erstreckt

sich auch auf die diesem symbolischen Denken zugrunde liegende
Vorstellung, dass die Dinge einen (mehrfach gestuften) geistigen
Sinn besäßen. Diese Denkweise steht im Zusammenhang mit der
Tradition der allegorischen Bibelauslegung, die bis in die frühe
Neuzeit hinein lebendig blieb und auf den breiten Strom der
Erbauungsliteratur (und damit auch auf die religiöse Dichtung)
und manche Bereiche der Emblematik wirkte.

5.   Vers-, Strophen- und Gedichtformen

5.1   Versmaße

Opitz hatte die deutsche Dichtung auf alternierende Verse, Jamben
und Trochäen, festgelegt, während er den Daktylus allenfalls dann
dulden wollte, »wenn er mit unterscheide gesatzt« werde (Buch von
der Deutschen Poeterey, S. 52). Diese Zurückhaltung hatte nicht
lange Bestand. Augustus Buchner trat noch zu Lebzeiten von Opitz
für daktylische (und anapästische) Verse ein; er überließ es seinen
Schülern, die Neuerung zu verbreiten. Zugleich beschäftigte man
sich mit dem Problem, wie die anderen antiken Versfüße im Deutschen wiederzugeben seien. Um die Mitte des Jahrhunderts war die
prosodische Diskussion im Wesentlichen abgeschlossen.
   Man beschränkte sich freilich nicht allein auf verstechnische
Aspekte, sondern versuchte sich ansatzweise auch an einer Art Poetik der Versarten. So charakterisiert Zesen Jambus, Trochäus und
Daktylus mit diesen Worten:

»Diese dreierlei Reim- und grund-ahrten nuhn seind [...] 1 / *die steigende
oder mänliche* / (Genus Jambicum) so zu ernst-haften liedern und gedichten
mehr / als zu schertz- und lust-spielen / ihres mänlichen ganges wegen /
kan gebraucht werden. 2 / *die fallende oder weibliche* (Genus Trochaicum) /
welche zu allerhand liedern und lieblichen gesängen sich mehr / als zu den
ernst-haften / und Helden-gedichten / schikken. 3 / *die rollende Dattel-
oder palmen-ahrt* (Dactylicum) / so ihrer färtigen und hüpfenden springe
wegen fast nirgend zu / als zu lustigen liedern und kling-gedichten / darzu
sie sich / für den andern allen / am bästen schikket / wil gebrauchen
laßen.« (Sämtliche Werke X/1, S. 112)

Der Grundsatz der Angemessenheit (*decorum, aptum*), der das Verhältnis von Sache und Wörtern regelt, wird folgerichtig auf die
Wahl des rechten Versmaßes übertragen. In diesem Sinn erklärt
auch Enoch Hanmann, der Opitz' *Buch von der Deutschen Poeterey*

(zum erstenmal in der Ausgabe von 1645) mit einem Kommentar
versah, »daß eine Art der Verse sich besser zu einer Sache« schicke
als eine andere: »In Heroischen und ansehnlichen Sachen schicket
sich die Alexandrinische Art besser / als etwan die Oden. Unnd
wiederumb ein Jambischer Gesang reimet sich besser zu frölichen
als trawrigen Sachen. Und her gegen ein Trocheischer Gesang besser zum trawrigen als frölichen. Die Ursach ist / weil die Stimme
in jenem in die höhe steiget / in diesem aber niederfallet« (zit.
nach Szyrocki, S. 77).

   Allerdings verdanken manche Gedichte ihren besonderen Effekt
gerade dem Umstand, dass sich ihre Verfasser nicht an diese Vorgaben halten. Der häufig wiederholte Hinweis etwa, dass Daktylen
»nur zu Beschreibung lustiger Händel zu gebrauchen« seien (Harsdörffer: Poetischer Trichter I, S. 69), hat Gryphius nicht abgehal-
ten, in seinem »Mitternacht«-Sonett die Schrecken der Nacht und
ihre allegorisch-emblematische Bedeutung mit Hilfe daktylischer
Verse zu evozieren: »Schrecken / und Stille / und dunckeles Grau-
sen / finstere Kälte bedecket das Land […]« (Gedichte des Barock,
S. 119).

Alexandriner

Der vorherrschende Langvers im 17. Jahrhundert ist der Alexandriner, ein sechshebiger Jambus mit einer Zäsur nach der dritten
Hebung. Er verdankt seinen Namen der altfranzösischen Alexan-
derepik und kam in der Renaissancedichtung des 16. Jahrhunderts
zu neuer Geltung. Die ersten deutschen Nachdichtungen entstanden im letzten Drittel des 16. Jahrhunderts (u.a. im Hugenottenpsalter Ambrosius Lobwassers, 1573). Nach den Versuchen Weckherlins wurde der Alexandriner in der von Opitz definierten Form
zum beherrschenden Vers der deutschen Barockdichtung. Es ist der
Vers für die großen Formen, für Epos und Trauerspiel, aber auch
für Lehrgedicht, Versepistel und eine Reihe lyrischer Gattungen
(repräsentatives Lobgedicht, Sonett, Epigramm).

   Je nach Reimstellung unterscheiden die Poetiker des 17. Jahrhunderts zwischen ›heroischem‹ Alexandriner bzw. der »Helden-
art« (aabb) und ›elegischem‹ Alexandriner (abab), wobei in beiden
Fällen männliche und weibliche Versschlüsse dem Reim entsprechend abwechseln. In den Quartetten des Sonetts wird auch die
Reimstellung abba verwendet. Um den Vers aufzulockern, emp-
fehlen Poetiker das Enjambement, und da der Alexandriner nicht
als Liedvers gilt, brauchen auch Strophengrenzen nicht unbedingt

beachtet zu werden: »So ist auch nicht von nöthen / das der perio-
dus oder sententz allzeit mit dem verse oder der strophe sich ende:
ja es stehet zierlich / wann er zum wenigsten biß zue des andern /
dritten / vierdten verses / auch des ersten in der folgenden strophe
caesúr behalten wird« (Opitz: Buch von der Deutschen Poeterey,
S. 54). Die anderen Poetiker übernehmen diese Empfehlung, und
auch die Dichter halten sich daran.

Der Alexandriner der Barockdichtung ist durchaus wandlungs-
fähig, und die spätere Kritik an seinem ›Klappern‹ oder an seiner
»zweischenklichte[n] Natur«, die alles »unter die Regel des Gegen-
satzes« stelle und Gefühle und Gedanken »in diese Form wie in
das Bette des Prokrustes« zwinge (Schiller am 15. Oktober 1799
an Goethe), geht an der poetischen Praxis des 17. Jahrhunderts
vorbei, die weniger an raschem Gedankenfortschritt und konziser
Satzführung als am ›Ausreden‹ eines Themas interessiert ist. Wie
wenig starr und wie ›unheroisch‹, der Vers klingen kann, zeigt
die Beschreibung der Gartenszenerie in Simon Dachs »Klage über
den endlichen Untergang und ruinirung der Musicalischen Kürbs-
Hütte und Gärtchens«:

> Wenn ich die Thür auffthat, so schlug mir zu Gesichte
> Ein kleines Paradieß; wen haben seine Früchte,
> Wie klein er immer war, nicht neben unß erfrewt?
> Mir warlich must er seyn ein Zwang der Traurigkeit
> Und Mutter süsser Rhu. Jetzt pflag ich mich zu strecken
> Hin in daß kühle Graß, da mich ein Baum bedecken
> Und überschatten kunt. Hie schöpfft ich Lufft und Ruh
> Und sahe durch daß Laub den schnellen Wolcken zu,
> Die mit dem sannften Ost wie umb die Wette flogen,
> Jetzt sprang ich wieder auff zu schreiben, waß bewogen;
> Wie manches Lied hab ich zu der Zeit auffgesetzt,
> Mit dem sich Königsberg noch diese Stund ergetzt.
> (Gedichte I, S. 92)

Andererseits nutzt man die Eignung des Verses für antithetische
Gedankenführung, wenn es der Gegenstand nahelegt:

> Du sihst / wohin du sihst nur Eitelkeit auff Erden.
> Was diser heute baut / reist jener morgen ein:
> Wo itzund Städte stehn / wird eine Wisen seyn /
> Auff der ein Schäfers-Kind wird spilen mit den Herden [...].
> (Gryphius: Es ist alles Eitel; Gedichte des Barock, S. 114)

Vers commun

Neben den Alexandrinern heben die Poetiker die Vers communs,
die »gemeinen verse«, besonders hervor. Es handelt sich um fünfhe-
bige Jamben (10 bzw. 11 Silben) mit einer Zäsur nach der zweiten
Hebung: »es muß dasselbe theil des Verses mit einem einsylbigen /
oder sothanem Worte / das den Accent in der letzten Sylb hat / und
also Männlicher Endung ist / geendet werden« (Buchner: Anleitung, S. 133). Zesens »Ringel-gedichte / von gemeiner ahrt reimen«
beginnt mit den Zeilen:

> *Es geht rund üm.* Ein trunk schmäkt auf den schinken /
> die rechte fasst das glaß / und mit der linken
> führ' ich den schlag / und singe hoch-deutsch drein [...].
> (Gedichte des Barock, S. 138)

Die »gemeinen Verse« treten im Deutschen hinter dem Alexandriner
zurück. Anders als Ronsard, der den im Französischen zehnsilbigen
Vers commun dem Alexandriner als ›heroischen‹ Vers vorgezogen
hatte, betont Opitz, dass »unsere sprache [...] in solche enge der
wörter wie die Frantzösische nicht [...] gebracht werden« könne
(Buch von der Deutschen Poeterey, S. 53).

Andere Versarten

Während die Poetiken Alexandriner und Vers communs meist
ausführlicher behandeln oder wenigstens ausdrücklich erwähnen,
bleiben für die anderen Verse nur summarische Bemerkungen.
Häufig werden Tafeln und Tabellen entworfen, um die Vielzahl
der möglichen »Reimarten« (Reim = Vers) vorzustellen. Harsdörffer
führt beispielsweise je 15 Arten von »langkurtzen« (trochäischen)
und »kurtzlangen« (jambischen) und 14 bzw. 13 Arten von »lang-
gekürtzten« (daktylischen) und »gekürtztlangen« (anapästischen)
Versen an, wobei die Silbenzahl – bis zu 16 – das Kriterium darstellt
(Poetischer Trichter I, S. 51ff.). Daneben besteht die Möglichkeit,
verschiedene Versfüße miteinander zu kombinieren (und damit auch
antike Verszeilen und Strophenformen nachzubilden): »Es können
aber der vermischten reim-bände wohl hunderterlei ahrten gemacht
werden«, heißt es bei Zesen, doch »ausserhalb des gesanges« hätten
sie »keine lieblichkeit« (Sämtliche Werke X/1, S. 136).

5.2   Strophen- und Gedichtformen

»Aus Versen werden gemacht ganze Getichte / oder / wie mans in
gemein nennet / Carmina«: So leitet Neumark in den *Poetischen
Tafeln* seine schematische Darstellung der »Getichte« nach Materie und Form ein, eine Summe der bis 1667 praktizierten oder
erörterten Möglichkeiten (S. 14). Diese – durchaus traditionelle –
Einteilung führt zu zwei Gattungssystemen, das erste orientiert an
inhaltlichen Kriterien (also Leichen-, Lob-, Hochzeits-, Geburts-
tagsgedichte usw.), das zweite an formalen (antike Odenformen,
Sonett, Sestine, Madrigal usw.).

Allerdings interessieren sich die eher wissenschaftlich oder theoretisch ausgerichteten Poetiken des 17. Jahrhunderts zunächst weniger für eine Darstellung der »Reimarten nach der Materi« (Schottelius II, S. 993). Hierfür halten sie Hinweise auf die neulateinische
Poetik bereit, auf Julius Caesar Scaliger beispielsweise, der darüber
»aufs weitleuftigste und gründlichste Bericht gethan« habe (ebd.,
S. 994). Wichtiger erscheinen Poetikern wie Harsdörffer, Zesen
oder Schottelius die formalen und verstechnischen Aspekte: Hier
war die entscheidende Arbeit zu tun, um das Projekt einer humanistischen Kunstdichtung in deutscher Sprache zum Erfolg werden
zu lassen.

Wenn daher Schottelius in 23 Kapiteln eine noch größere
Anzahl von Gedichtformen abhandelt, so ist das mehr als wissenschaftlicher Ehrgeiz. Dahinter steckt vielmehr der Glaube, dass
der Formenreichtum etwas über den Erfolg der kulturpatriotischen
›Spracharbeit‹ und den Aufschwung der deutschen Dichtung im
17. Jahrhundert aussage. Es fallen Bezeichnungen wie Wieder-
kehr, Wiedertritt, endschallende, dreiständige, dreigeschränkte,
doppelgängige Reime (=Verse), Wechsellieder, Akrostichon, Zwi-
schenreime, Reimreime, Irreime, Rätselreime und Wortgrifflein,
Wandelreime, Schillerreime, hinkende Reime, Letterwechsel (Anagramm), Fragreime, Zahlreime, Gesprächreime etc. Doch in der
Praxis dominieren trotz der angedeuteten Vielfalt relativ wenige
Formen. Von ihnen ist im Folgenden die Rede, wobei zunächst
einige weniger geläufige Formen kurz vorgestellt und dann die
wichtigeren ausführlicher erörtert werden.

Widerschall oder Widerhall

Gemeint ist das Echogedicht: »Ein rechtes Echo oder reiner Wie-
derhall ist / welcher also gegenschallend und wiederhallend ant-

worten muß / daß keine Enderung der Letteren / vielweniger des
Gethönes vermerket werde« (Schottelius II, S. 946). Das »Jambisch
Echonisch Sonnet« Zesens beginnt mit den Versen:

> Ach könt ich doch den busch *erreichen!* E[cho:] *eichen.*
> Da wo mein liebster innen *sitzt!* Ech. *itzt.*
> Mein hertz vor lieb' ist aufge*ritzt.* Ech. *ritzt.*
> und wil vor angst fast gar ver*bleichen.* E. *leichen.*
> (Gedichte des Barock, S. 133)

Martin Kempe führt in den Anmerkungen zu Neumarks *Poetischen
Tafeln* auch ein »reimendes Echo« an und zitiert dazu eine Übersetzung Harsdörffers aus dem Spanischen:

> Was kan unsern Sinn betrüben? Lieben.
> Was kan unsre Ruh verstören? Ehren.
> Was pflegt die Begier zu reitzen? Geitzen.
> Das heist mit den Eulen beitzen /
> Lauffen nach der Eitelkeit /
> Und erlauffen eilend Leid /
> Wenn wir lieben / Ehren / geitzen.
> (S. 257)

Die Worthäufung am Schluss macht deutlich, dass das Gedicht
neben dem ›reimenden Echo‹ einen weiteren Kunstgriff – allerdings nicht ganz regelrecht – verwendet: das Konklusions- oder
Summationsschema. »Zierlich« sei es, schreibt Harsdörffer, »wann
die Endreimen wiederholet / was zuvor gesagt worden«, wobei »die
Widerholung in der Ordnung geschehen muß / in welcher die
Wörter Anfangs gesetzet worden« (Poetischer Trichter I, S. 90).
Weckherlin mit seinem Gedicht »Uber den frühen tod etc. Fräw-
leins Anna Augusta Marggräfin zu Baden etc.« und Opitz mit dem
Sonett nach Ronsard »Ihr / Himmel / Lufft und Wind« hatten
diese kunstvolle Technik in die deutsche Lyrik des 17. Jahrhunderts
eingeführt.

Ringelreime

Darunter versteht man verschiedene Abwandlungen des Ron-
deaus, bei dem am Schluss eines jeden Teils bzw. jeder Strophe die
Anfangsworte wiederkehren müssen. Die klassische Form besteht
aus dreizehn Versen, verwendet nur zwei Reime und wiederholt
den Anfang nach der achten und dreizehnten Zeile. Beispiele dafür
sind das oben erwähnte »Ringel-gedichte / von gemeiner ahrt rei-

men« Zesens oder Weckherlins »Ein Rund-umb: An eine grosse
F. etc.«:

> Ein kleine weyl / als ohn gefähr
> Ich euch in einem Sahl gefunden /
> Sah ich euch an / bald mehr und mehr
> Hat ewer haar mein hertz verbunden:
> Ihr auch lieb-äugleten mir sehr /
> Da durch ich weiß nicht was empfunden /
> Das meinem Geist / dan leicht dan schwer /
> Auß lieb und layd alßbald geschwunden
>   Ein kleine weyl.
> Biß ich von ewrer augen lehr /
> Und ihr von meiner seufzen mähr
> Die schuldigkeit der lieb verstunden;
> Darauf wir heimlich ohn unehr
> Einander frölich überwunden
>   Ein kleine weyl.

(Gedichte des Barock, S. 18)

Figurengedichte

Figurengedichte oder »Bilderreime« (Schottelius) haben eine bis
in die Antike zurückreichende Tradition. Es sind Verse, »dadurch
eines Dinges Abbildung oder Form gestaltet wird / als da sind die
Hertzen / Eyer / Altäre / Becher / Thürne / Seulen / Orgeln /
Hügel / Bäume / Reichsäpfel / und andere mehr« (Neumark,
S. 266). Dabei werden »die Reimarten nach erforderter Form des
abzubildenden dinges gebrauchet / und unter sich nach gebürender
Stelle vermenget« (Schottelius II, S. 951).

Das Horn der Glückseligkeit.

Schöne Früchte:
Blumen / Korn /
Kirschen / äpfel /
Birn' und Wein /
Und was
sonst mehr
kan seyn /
sind hier
in diesem
HORN /
das Glück /
auf daß
es uns
erquikk' /
hat selbst
es so
mit hüll
und füll
erfüllt.
wol dem /
dem es
ist
mild.

Johann Steinmann: »Das Horn der Glückseligkeit«, 1653

Trittreime

Andere Bezeichnungen sind Wechselsatz oder Correlativi. Gemeint
sind die *versus rapportati*, in denen mehrere Aufzählungen einander
folgen, deren Sinn sich jedoch erst erschließt, wenn man sie auflöst
und die zusammengehörigen Teile erkennt:

> Die Sonn' / ein Pfeil / der Wind / verbrennt / verwundt / weht hin /
> Durch Fewer / schärffe / sturm mein' augen / Hertze / Sinn.
> (Opitz: Weltliche Poemata II, S. 386)

Auflösung: Die Sonn' verbrennt Durch Fewer mein' augen / ein
Pfeil verwundt…

Sestine

Diese kunstvolle Form besteht aus sechs sechszeiligen Strophen, die durch wiederkehrende Reimwörter miteinander verbunden sind, und einer dreizeiligen Geleitstrophe (›Nachklang‹). Die Strophen sind in sich nicht gereimt, doch kehren die letzten Wörter jedes Verses der ersten Strophe in den folgenden fünf Strophen wieder, und zwar so, dass das letzte Wort einer Strophe jeweils das Reimwort der ersten Zeile der folgenden bildet (z.B. in der Form abcdef / fabcde usw.), »bis die sechs Wörter / so zur Sechstine gebrauchet werden / durch abgewechselte sechs Reimschlüsse [Strophen] ihren umlauf vollendet haben« (Schottelius II, S. 976). Die dreizeilige Geleitstrophe wiederholt alle sechs Reimwörter in der Reihenfolge der ersten Strophe in der Mitte und am Ende der Verse. Durch Petrarca, der die Sestine aus dem Provenzalischen übernommen hatte, gelangte die Form ins Repertoire der europäischen Renaissanceliteraturen und damit auch der deutschen Lyrik des 17. Jahrhunderts (Opitz, Weckherlin, Zesen u.a.).

Sonett

Von den 366 Gedichten von Petrarcas *Canzoniere*, entstanden zwischen 1336 und 1374, sind 317 Sonette. Das italienische Sonett erhielt durch Petrarca seine klassische Gestalt, es blieb die vorherrschende Gedichtform der europäischen Renaissancelyrik. Das erste bekannte deutsche Sonett, eine Übersetzung aus dem Italienischen, verfasste Christoph Wirsung 1556; Johann Fischart folgte 1575 mit »Etlich Sonnet«. Übertragungen französischer Schäferromane vor und nach der Jahrhundertwende enthielten weitere Sonette. Doch erst mit der Literaturreform setzte sich das Sonett endgültig durch.

Das »Klinggedicht«, wie Zesen das Sonett nach dem Holländischen nannte, wird von Opitz so beschrieben:

»Ein jeglich Sonnet aber hat viertzehen verse / und gehen der erste / vierdte / fünffte und achte auff eine endung des reimens auß; der andere / dritte / sechste und siebende auch auff eine. Es gilt aber gleiche / ob die ersten vier genandten weibliche termination haben / und die andern viere männliche: oder hergegen. Die letzten sechs verse aber mögen sich zwar schrencken wie sie wollen; doch ist am bräuchlichsten / das der neunde und zehende einen reim machen / der eilffte und viertzehende auch einen / und der zwölffte und dreyzehende wieder einen.« (Buch von der Deutschen Poeterey, S. 56)

Opitz folgt damit der Reimordnung Ronsards (abba abba ccd eed),
während das italienische Sonett Reimpaare in den Terzetten ver-
mied (bevorzugtes Schema der Terzette cdc dcd). Es gibt Versuche
mit anderen Reimschemata, die aber ohne große Folgen bleiben.
Omeis bemerkt in seiner *Gründlichen Anleitung zur Teutschen accuraten Reim- und Dicht-Kunst* (1704) dazu, dass Sonette, »darinnen
sich die vierzehen Verse alle auf einander reimen; ingleichen die
jenige / so sich wechselweiß oder alternatim durch und durch reimen / [...] nur ingeniorum tormenta« seien und wenige Liebhaber
fänden (S. 110f.). Andererseits erinnerten ihn die gänzlich ungereimten Sonette an »ein hölzernes Schür-Eisen« (S. 111). Wenige
Jahre zuvor, 1698, war beispielsweise ein »Ungereimtes Sonnett« von
Christian Gryphius erschienen (vgl. Gedichte des Barock, S. 308).
    Opitz nannte als Verse für das Sonett Alexandriner und Vers
communs (bei deutlicher Bevorzugung des Alexandriners): »denn
sich die andern [verse] fast darzue nicht schicken« (Buch von der
Deutschen Poeterey, S. 56). Mit der Lockerung der Alternationsregel fiel diese Beschränkung, Experimente wurden möglich, doch an
der Vorherrschaft des Alexandriners änderte sich nichts. Daneben
gab es eine Diskussion darüber, ob es sich bei dem Sonett um eine
epigrammatische oder um eine musikalische, d.h. für den Gesang
bestimmte Form handele. Es war zugleich eine Diskussion über die
innere Struktur des Sonetts.
    »Erörterung Der biß her streitigen Frage / Ob in den Sonneten
die meinung sich je und allwege mit dem achten Verse enden /
oder ob sie in folgende sechs letzten Verse erstrecken solle?«,
so überschreibt Zesen 1641 eine kleine Abhandlung, die das Sonett
als »Epigramma oder überschrifft« auffasst und sich daher gegen ein
Verbot des Strophenenjambements wendet, das nur für strophische
Gesänge Sinn mache. Belege dafür, dass es »unnöthig« sei, »daß
man allzeit zu ende des achten Verses ein punct machen / oder
das Sonnet in zwo strophen gleichsam absetzen wolle«, findet er
bei Petrarca und Opitz. Doch Zesen bietet auch eine Alternative
an: Wenn das Sonett gesungen werden solle, schlägt er eine Drei-
teilung »nach Art der Pindarischen Oden« vor (Sämtliche Werke
IX, S. 243ff.).
    In den ersten acht Zeilen des Sonetts, schreibt Omeis über die
inhaltliche Gliederung des Sonetts, sei der »Vorsatz oder Prota-
sis, in den letzten sechsen Apodosis, oder der Nachsatz begriffen«
(S. 112). In der Tat weisen viele Sonette diese zweiteilige Struktur
auf. Sie verbindet sich häufig mit einer Pointierung des Schlusses,
wie sie ja auch die Charakterisierung des Sonetts als »eine Art
der Epigrammaten« nahelegt (Buchner: Anleitung, S. 175). Auch

Omeis argumentiert in diesem Sinn. Er hält es für »eine sonderbare
Zierde / wann der Nachsatz schöne Oratorische Wiederholungen /
oder auch remotiones oder antitheses derer Dinge / so in der Pro-
tasi vorgekommen / in sich hält; und wann endlich mit einem
artigen sentenz oder acumine [Pointe] geschloßen wird« (Omeis,
S. 112). Ein Sonett sei »schon gut«, behauptet er sogar, »wann es
sich richtig reimet / und ohne einer ordentlichen disposition, nur
zuletzt mit einem schönen acumine oder epiphonemate [Sentenz],
welches gleichsam den ganzen Innhalt des Sonnets in sich hält /
schließet« (ebd., S. 114).

Epigramm

Die charakteristischen Eigenschaften des Epigramms sind Kürze
und Scharfsinnigkeit. Bei Scaliger heißt es: »Brevitas proprium
quiddam est, argutia anima ac quasi forma« (III, S. 204). Opitz
übersetzt: »die kürtze ist seine eigenschafft / und die spitzfindigkeit gleichsam seine seele und gestallt« (Buch von der Deutschen
Poeterey, S. 31). An dieser Bestimmung des ›Sinngedichts‹ (Zesen)
halten alle Theoretiker im 17. Jahrhundert fest. Abweichungen
gibt es allenfalls, wenn es darum geht, Kürze zu definieren. Eine
Länge von zwei bis sechs Zeilen gilt meist als ›richtiger‹ Umfang,
andererseits werden häufig Sonett und Madrigal zur Gattung des
Epigramms gerechnet. Im Übrigen ist, wie manche Poetiker her-
vorheben, Kürze ein relativer Begriff. Der Grundsatz der Angemessenheit gilt auch für das Epigramm: »Es ist aber nicht / wie etliche
wollen / nohtwendig / daß man sie innerhalb zween oder vier
Verse einschrenke; sondern ist genug / wann man in Wörtern und
Sprüchen nicht unnöhtige Umschweife machet« (Omeis, S. 183).
Johann Gottlieb Meister, der 1698 *Unvorgreiffliche Gedancken Von
Teutschen Epigrammatibus* veröffentlichte, spricht von »einer deut-
lichen Kürtze« (zit. nach Weisz, S. 27).
    Die zweite Eigenschaft des Epigramms, Scharfsinnigkeit oder
argutia, wird meist auf die Schlusspointe bezogen. Die »spitzfindigkeit«, heißt es dazu bei Opitz, erscheine »sonderlich an dem ende
[...] / das allezeit anders als wir verhoffet hetten gefallen soll: in
welchem auch die spitzfindigkeit vornemlich bestehet« (Buch von
der Deutschen Poeterey, S. 31). Ziel ist es, die Erwartung des Lesers
zu täuschen, das Ende »kurz und unvermuhtet« herbeizuführen
(Omeis, S. 183).
    In der Regel werden vier Quellen (Fundorte, *loci*) der Scharf-
sinnigkeit angeführt. Hier folgt die Version von Omeis, der sich

dabei wie andere Poetiker auch auf Jacob Masens *Ars nova argutiarum* (1649) beruft:

»(1) Fons Repugnantium & Oppositorum, wann wiederwärtige Dinge von einem zugleich gesagt werden / oder ein Ding zugleich bejahet und verneinet wird. [...] (2) Fons Alienatorum, wann man von einer Person oder Sache etwas bejahet / das ihr entgegen zu seyn scheinet; oder ihr nicht zuleget / was man billich von ihr sagen kan und soll. [...] (3) Fons Comparatorum, wann gleiche / oder auch ungleiche / Dinge unter sich artig verglichen werden. [...] (4) Fons Allusionum, wann man mit den Wörtern / Wort-Gleichungen / Letterwechseln / Sprichwörtern u. d. schön spielet.« (S. 184–86).

Der Argutia-Begriff weist über die Epigrammtheorie hinaus (s. S. 54f.). Scharfsinnigkeit als poetologisches Grundprinzip, wie es Tesauro oder Gracián vertreten, bedeutet andererseits eine Aufwertung des Epigramms. Es ist kein Zufall, dass die concettistischen Theoretiker den römischen Epigrammatiker Martial bevorzugt zitieren. Einflussreiches Vorbild unter den neueren Epigrammatikern war der englische Neulateiner John Owen.

Das Epigramm sei »aller sachen unnd wörter fähig«, schreibt Opitz im *Buch von der Deutschen Poeterey* (S. 31). Um so schwieriger ist es, die empirische Vielfalt sinnvoll zu ordnen. Eine Möglichkeit stellt die Typologie von Jutta Weisz dar, die zwischen gnomischen, satirischen, spielerisch-concettistischen und panegyrisch-hymnischen Epigrammen unterscheidet. Allerdings bleibt dann das Faktum zahlreicher »Mischformen«, die aus der Kombination verschiedener »Stilhaltungstypen« entstehen. Zu den Mischformen ließen sich dann auch die mystischen Epigramme Czepkos und Schefflers rechnen, die mit ihrer paradoxen Sprechweise Züge des gnomischen und des concettistischen Epigramms verbinden: humanistische Rhetorik im Dienst der mystischen Aussage, des Versuchs, das Unsagbare in Worte zu fassen (s. S. 130ff.). Zahlenmäßig überwiegt im 17. Jahrhundert der der Spruchdichtung nahestehende gnomische Typ mit geistlicher und weltlicher Sitten- und Verhaltenslehre. Großer Beliebtheit erfreute sich seit Opitz auch der Typus der witzigen oder satirischen epigrammatischen Grabschrift, der in vielen Epigrammsammlungen vertreten ist und sich unter dem Einfluss der Argutia-Bewegung weiter an Bedeutung gewann (Hoffmannswaldau, Johann Christian Hallmann).

Madrigal

Im Zusammenhang mit der Vorherrschaft der italienischen Musik zu Ende des 16. Jahrhunderts gelangte auch die Form des Madrigals nach Deutschland. Titel wie Hans Leo Hasslers *Neue Teutsche gesang nach art der welschen Madrigalien und Canzonetten* (1596) oder Valentin Haußmanns *Musicalische Teutsche Weltliche Gesänge* [...] *nach art der Italienischen Canzonen unnd Madrigalien* (1608) stehen für eine in erster Linie musikalisch orientierte Kunstübung. Das gilt auch noch für die Madrigale des Thomaskantors Johann Hermann Schein (*Diletti pastorali, Hirten Lust / Von 5. Stimmen* [...] *Auff Madrigal-manier Componirt*, 1624).

Doch auch als rein literarische Form hatte das Madrigal eine gewisse Bedeutung. Die theoretische Beschäftigung mit der Form begann mit Caspar Zieglers kleiner Abhandlung *Von den Madrigalen* (1653). Von nun an nahmen die Poetiken das Madrigal zur Kenntnis, Madrigale erschienen vermehrt in Gedichtsammlungen, und selbst ganze Bücher weltlicher oder geistlicher Madrigale – wie Ernst Stockmanns *Poetische Schrift-Lust / Oder hundert Geistliche Madrigalen* (1668) – wurden gedruckt.

Ziegler spricht von den Madrigalen als einer »schönen und zur Musik bequemesten Art Verse«, doch definiert er die Form vor allem nach literarischen Kriterien: Weil das Madrigal »kurtz gefaßt und nachdencklich gemacht sein muß / so ist es nichts anders als ein Epigramma, darinnen man offtermals mehr nachzudencken giebt und mehr verstanden haben wil / als man in den Worten gesetzt und begriffen hat« (S. 31). Die Eigenschaften des Epigramms – Kürze, ›Spitzfindigkeit‹ – gelten auch für das Madrigal, das als ein »unausgearbeiteter Syllogismus« bezeichnet wird: »In den fördern Reimen [...] werden gleichsam gewisse propositiones eine oder mehr gesetzt / darinnen man sich so lange auffhelt / biß man es in die Runde gebracht / daß die conclusion heraus gezogen werden kan« (S. 32). Ein Beispiel aus dem Anhang der Schrift Zieglers illustriert diese Auffassung:

> *An eine Barbara*
> Die alten Römer hiessen
> Als wie das Land / da ihre Waffen siegten /
> darumb sie auch so manchen Namen kriegten.
> Nahm einer Cretam ein /
> der must ein Creter sein /
> der nur Cartago sah /
> den hiesse man den Held aus Africa.
> Ihr zwingt mit euren Wangen

ein Hertz von Stahl und Bley
und selbst die Barbarey /
da habt Ihr auch den Namen her empfangen.
(S. 56f.)

Bei der formalen Bestimmung orientiert sich Ziegler an den italienischen Mustern: 1. Ein Madrigal soll mindestens fünf, höchstens fünfzehn oder sechzehn Verse umfassen (dass es in der italienischen Literatur auch längere gibt, wurde Ziegler gelegentlich vorgerechnet). 2. Kürzere (6–8 Silben) und längere Verse (10–11 Silben) können »in einander geschrenckt« werden, wobei nicht Regeln, sondern »subtile Ohren« über die Mischung entscheiden. Dass es sich um jambische Verse handeln muss, wird vorausgesetzt. (Diese Regeln haben in der Praxis nicht immer Bestand: Sowohl kürzere als auch längere Verse werden verwandt, die Beschränkung auf Jamben wird nicht immer eingehalten.) 3. Reimlose Verse, sogenannte Waisen, können eingeflochten werden, »weil ein Madrigal so gar keinen zwang leiden kan« (S. 37f.). In einem gewissen Widerspruch zu dem von Ziegler postulierten epigrammatischen Charakter des Madrigals steht die Vorstellung, dass es sich wegen seiner »natürlichen construction« um eine Form handele, die sich besonders für die Musik eigne, vor allem für die Rezitative in den »Singe Comedien« (S. 41f.). Freie Verse, wenn auch nicht regelrechte Madrigale, waren allerdings schon vorher nach dem Vorbild von Opitz in Oper und Drama gebraucht worden.

Wenn spätere Poetiken das Madrigal behandeln, geschieht dies stets im Anschluss an Zieglers Traktat. Neue Gesichtspunkte ergeben sich kaum, sieht man von Zesens Bemerkungen im Anhang seines biblischen Romans *Assenat* (1670) ab: Zesen argumentiert, dass das Madrigal »vor alters anders nichts / als eine gattung der Schäfer- oder Hürten-lieder / gewesen; und darnach erst zu allerhand andern vorfällen / als ein kurtzbündiges Sin-Gedicht / gebraucht worden« sei (S. 509). Zesens eigene, meist mehrstrophige Madrigale – er nennt sie »Schattenliedlein« – lassen das Epigrammatische in den Hintergrund treten.

Ode

Wenn im 17. Jahrhundert der Begriff ›Ode‹ gebraucht wird, darf man keine allzu große Nähe zu den verschiedenen Odenformen der Antike erwarten. Man orientierte sich vielmehr an der antikisierenden Odendichtung Ronsards und der Pléiade und passte die hier vorgefundenen Formen den deutschen Gegebenheiten an. Von einer

Wahlverwandtschaft etwa mit Horaz, wie sie die neulateinische
Odendichtung Jacob Baldes kennzeichnet, ist in der deutschspra-
chigen Dichtung des 17. Jahrhunderts nichts zu spüren. ›Ode‹ meint
hier vor allem das für den Gesang bestimmte Gedicht, das Lied.
Von den antiken Odenformen finden die sogenannte Pindarische
Ode und – in geringerem Maß – die sapphische Ode eine gewisse
Resonanz. Versuche mit anderen Formen gibt es nur vereinzelt.

Ode als strophisches Lied

Opitz bestimmte auch hier die deutsche Entwicklung. Zwar hatte
sich Weckherlin mit seinen *Oden und Gesängen* (1618–19) als erster
von der Odendichtung der Pléiade anregen lassen und etwas von
der Vielfalt und dem höfischen Ton des Ronsard'schen Odenschaf-
fens spüren lassen, doch blieb sein Beispiel ohne Wirkung. Opitz
hingegen verengte den Blick auf das gesellige Lied, während er die
anderen Möglichkeiten – etwa die der panegyrisch-höfischen Ode
oder der moralisierenden Reflexion – vernachlässigte. »Die Lyrica
oder getichte die man zur Music sonderlich gebrauchen kan / erfo-
dern zuefoderst ein freyes lustiges gemüte / und wollen mit schönen
sprüchen unnd lehren häuffig gezieret sein«, schreibt er über die
Ode, der er folgende Inhalte zuteilt: »buhlerey / täntze / banckete /
schöne Menscher / Gärte / Weinberge / lob der mässigkeit / nichtigkeit des todes / etc. Sonderlich aber vermahnung zue der frölgkeit«
(Buch von der Deutschen Poeterey, S. 33). Als Beispiel lässt er eine
›Ode‹ folgen, die sich eng an einen Text Ronsards anschließt (»J'ay
l'esprit tout ennuyé«):

> Ich empfinde fast ein grawen
> Das ich / Plato / für und für
> Bin gesessen uber dir [...]. (Ebd., S. 33)

Formvorschriften gibt es kaum: »Die Oden / sind die Lieder /
Gesänge oder Gedichte / derer Anstellung / Ordnung / Einrichtung und Verschrenkung schlechter dinges frey und nach beliebung
zu erwehlen ist« (Schottelius II, S. 992). Kurze, lange, jambische,
trochäische, daktylische oder anapästische Verszeilen lassen sich
miteinander verbinden, so dass sich eine Unzahl von Kombinationsmöglichkeiten ergibt. Zesen überschreibt beispielsweise einen
Text mit »Ode / Darinnen die ersten beyden Verse Trochäisch / der
3. und 4. Jambisch / der 5. wider Trochäisch / der 6. und 7. aber
Dactylisch« (Sämtliche Werke IX, S. 402). Die weiteren Strophen
einer Ode müssen »wegen der Music« der ersten genau gleichen
(Opitz: Buch von der Deutschen Poeterey, S. 59).

Diese Definition – Ode als Lied, und zwar als kunstmäßiges Lied im Gegensatz zum volkstümlichen – setzte sich durch: »Man kann mit einem Wort sagen: nicht jedes Lied der Zeit wurde Ode genannt, aber fast jedes, ›Ode‹ betitelte Gedicht, war ein Lied« (Viëtor, S. 63). Es war daher nur konsequent, dass Birken auch die Kirchenlieder zu dieser Gattung rechnete (S. 106ff.).

›Antike‹ Odenformen

Die Versuche, antike Odenformen nachzuahmen, hatten nur begrenzten Erfolg. Nur die sogenannte Pindarische Ode und die sapphische Ode lösten eine größere Zahl von Nachahmungen aus. Experimente mit anderen Formen, etwa mit alkäischen Strophen oder anderen Kombinationen antiker Verszeilen, bleiben folgenlos. Antik freilich ist bei den Pindarischen Oden allenfalls der Name, bei den sapphischen Strophen das Druckbild. Das ist eine Folge der Schwierigkeiten mit der antiken Prosodie, des unvermeidlichen Endreims und der Rezeption von Mustern aus zweiter Hand.

Sapphische Ode

Opitz erwähnt die sapphische Strophe im *Buch von der Deutschen Poeterey* und äußert sich im Anschluss an Ronsard recht distanziert über die Möglichkeit, diese Form »in unseren sprachen« zu realisieren. Angenehm könnten die »Saphischen gesänge« nur sein, wenn sie »mit lebendigen stimmen und in musicalische instrumente eingesungen werden / welche das leben und die Seele der Poeterey sind« (S. 61). Und er stellt sich dann Sappho vor, wie sie ihre Verse »gantz verzucket / mit uneingeflochtenen fliegenden haaren unnd lieblichem anblicke der verbuhleten augen / in ihre Cither / oder was es gewesen ist / gesungen« habe (ebd., S. 62). Er, Opitz, habe sich dergleichen nie vorgenommen.

Mit der Aufgabe des von Opitz bevorzugten Alternationsprinzips lagen Versuche auch mit verschiedenen ›unregelmäßigen‹ antiken Versen nahe. Johannes Plavius etwa verfasste 1630 ein »Deutsches Sapphicum« (Danziger Barockdichtung, S. 87–89), Titz behandelte in seiner Poetik (*Zwey Bücher Von der Kunst Hochdeutsche Verse und Lieder zu machen*, 1642) neben der sapphischen auch die alkäische Strophe, und Zesen nahm in seine Gedichtsammlung *Frühlings-Lust* (1642) Verse »Fast nach dem Griechischen der Edlen Poetin Sappho« und zwei weitere sapphische Oden auf (Sämtliche Werke I/1, S. 166ff.). In seinem *Helikon*, in den Ausgaben von 1649 bzw. 1656, plädiert er für gewisse Änderungen des metrischen Schemas,

»unserer sprache natur und aus-sprache wegen«. Man solle den
Daktylus – den dritten Versfuß im sapphischen Elfsilbler – nach
vorne setzen, weil sonst »diese bände mehr gekünstelt als natürlich«
erschienen (Sämtliche Werke X/I, S. 171):

> Weicht Ihr Lateiner / weichet auch ihr Griechen /
> Ihr müsst Euch itzund ingesammt verkriechen /
> Eure Gelehrten / Weisen und Poeten
> müssen erröthen.
> (Sämtliche Werke I/1, S. 167)

Auch Schottelius geht davon aus, dass das »Genus Sapphicum
[...] in Teutscher Sprache wol gebrauchet« werden könne, doch
sei es von »etzlichen mit schlechtem Glükke versuchet worden«. Er
wendet sich damit auch gegen die Abwandlungen des metrischen
Schemas – nicht nur bei Zesen – und setzt die »rechte Vorstellung«
der Sapphischen Ode dagegen:

–	∪	–	–	–	∪	∪	–	∪	–	∪
–	∪	–	–	–	∪	∪	–	∪	–	∪
–	∪	–	–	–	∪	∪	–	∪	–	∪
							–	∪	∪	–	∪

> Jetzt vermehrt sich Ungelükk und viel Jammer /
> Böser Krieg uns schläget mit starkem Hammer:
> Gott! den Krieg doch endlichen stürtze nieder /
> Rette doch wieder.
> (II, S. 918)

Gegen Ende des Jahrhunderts verliert sich das Interesse an diesen
akademischen Bemühungen.

Pindarische Ode

Die deutsche Pindarische Ode des 17. Jahrhunderts geht auf Ronsard zurück. Eine Reihe von Pindarischen Oden eröffnet die *Odes*
(1550), seine erste Odensammlung. Sie sind an den König und
andere Würdenträger adressiert, feierlich-erhaben im Ton. Von
Pindar haben diese Lobgedichte den dreiteiligen Aufbau: Strophe,
Antistrophe und Epode. Dabei waren die ersten beiden Teile gleich
gebaut, die Epode zeigte ein eigenes Schema. Die Triade konnte
mehrfach wiederholt werden.

Weckherlin führte diese Form – zunächst noch ohne die Bezeichnung – in die deutschsprachige Lyrik ein (*Oden und Gesänge*,
1618–19): höfische Lobgedichte, Versuche, den hohen dichterischen

Stil in der deutschen Dichtung zu verwirklichen. Opitz wiederholte die schon bei Julius Caesar Scaliger (*Poetices libri septem*, 1561) und Jacob Pontanus (*Poeticarum institutionum libri tres*, 1594) formulierten Regeln der Gattung, »im fall es jemanden sich daran zue machen geliebet«: Die Strophe ist metrisch und im Reimschema »frey«, die Antistrophe muss ihr gleichen, die Epode ist wieder »ungebunden« (Buch von der Deutschen Poeterey, S. 62). Er fügt zwei Muster hinzu, ein Hochzeits- und ein Trauergedicht, die den höfischen Bereich verlassen, in dem Ronsard – und Weckherlin – die Pindarische Ode angesiedelt hatten.

Die Dreiteiligkeit der Pindarischen Ode lässt sich, das zeigen spätere Poetiken, als gedankliches Aufbauschema betrachten. Birken kommentiert einen Beispieltext: »Alhier wird dem Himmel-Leben im ersten Satz / das Irdische ElendLeben im GegenSatz entgegen gesetzet / und endlich durch den NachSatz gleichsam ein Ausspruch gemacht: welches / in dieser Lieder-Art / die KunstZier ist« (S. 133). Morhof, Omeis und andere schließen sich dieser Auffassung an, die den Aufbau der Pindarischen Ode als gedanklichen Dreischritt versteht.

Zahlreiche Dichter versuchten sich in dieser Form und folgten dabei zu einem guten Teil den von Opitz gegebenen Mustern und metrischen Schemata. Mit der Rehabilitierung des Daktylus eröffneten sich weitere Möglichkeiten. Genutzt wurde die Pindarische Ode vor allem für feierliche geistliche und weltliche Gelegenheitsgedichte – wenn auch Zesen, im Einklang mit seiner Vorstellung vom Charakter daktylischer und anapästischer Verse, eine »Ermahnung zur Frölikeit. Auff Pindarische Art Von Anapästischen Versen« schrieb (Sämtliche Werke I/1, S. 89f.). Zesen war es auch, der das ›pindarische Klinggedicht‹ einführte, das in »satz / gegen-satz / und ab-gesang / auf Pindarischer lieder ahrt« geteilte Sonett (ebd., X/1, S. 165).

Über liedhaftes ›Pindarisieren‹ hinaus – »O meine lust / Pindarisiren«, hatte der äußerst pindarferne Opitz gedichtet (Buch von der Deutschen Poeterey, S. 63) – gelangte nach Weckherlin einzig Andreas Gryphius, der die Pindarische Ode zur großen Form religiöser Dichtung steigerte. Die meisten seiner insgesamt 15 Pindarischen Oden (in den Odenbüchern von 1643, 1650, 1657 und in der postumen Ausgabe von 1698) gehen von einem Psalm- oder sonstigen Bibelvers aus. Sie zeigen den Menschen zwischen Angst und Hoffnung und stellen der Nichtigkeit des menschlichen Lebens das Vertrauen auf die Erlösung gegenüber. Es sind die bei Gryphius immer wiederkehrenden Themen, dargestellt in einer sich ins Dramatische ausweitenden Form, die seiner pathetischen Rhetorik größte Freiheiten ließ: breit ausgesponnene Bilder und Allegorien, lange Satzbögen, Interjektionen, abrupter Wechsel der Verse und Versmaße. Gryphius verwandte die Pindarische Ode auch in Reyen seiner Trauerspiele.

Die Pindarische Ode hatte keine Zukunft. Um die Wende zum 18. Jahrhundert spielt auch sie, wie die sapphische Ode, keine nennenswerte Rolle mehr: »Ihre Kunstgriffe, wie vor allem die noch formelhaften Ansätze zum hohen hymnischen Stil, gingen abgelöst über auf die Gedichtart, welche an ihre Stelle trat, die heroische Ode« (Viëtor, S. 84). Das bedeutendste Beispiel lieferte Johann Christian Günther mit seiner Ode »Auf den zwischen Ihro Kayserl. Majestät und der Pforte An. 1718. geschloszenen Frieden«.

Zitierte Texte

Aristoteles: Poetik. Übersetzt von Olof Gigon. Stuttgart 1961 u.ö.

Birken, Sigmund von: Teutsche Rede-bind- und Dicht-Kunst [Nachdruck der Ausgabe Nürnberg 1679]. Hildesheim 1973.

Bodmer, Johann Jakob/Breitinger, Johann Jakob: Schriften zur Literatur. Hrsg. von Volker Meid. Stuttgart 1980.

Buchner, Augustus: Anleitung zur deutschen Poeterey. Poet. Hrsg. von Marian Szyrocki. Tübingen 1966.

Canitz, Friedrich Rudolph Ludwig von: Gedichte. Hrsg. von Jürgen Stenzel. Tübingen 1982.

Cicero: De oratore. Über den Redner. Lateinisch und deutsch. Übersetzt, kommentiert und [...] hrsg. von Harald Merklin. Stuttgart 1976.

Dach, Simon: Gedichte. Hrsg. von Walther Ziesemer. Bd. 1. Halle, Saale 1936.

Danziger Barockdichtung. Hrsg. von Heinz Kindermann. Leipzig 1939.

Das Zeitalter des Barock. Texte und Zeugnisse. Hrsg. von Albrecht Schöne. München ²1968.

Der galante Stil 1680–1730. Hrsg. von Conrad Wiedemann. Tübingen 1969.

Drollinger, Carl Friedrich: Gedichte. Faksimiledruck nach der Ausgabe von 1743. Hrsg. von Uwe-K. Ketelsen. Stuttgart 1972.

Emblemata. Handbuch zur Sinnbildkunst des 16. und 17. Jahrhunderts. Hrsg. von Arthur Henkel und Albrecht Schöne. Stuttgart 1967 u.ö.

Französische Poetiken. Teil 1: Texte zur Dichtungstheorie vom 16. bis zum Beginn des 19. Jahrhunderts. Hrsg. von Frank-Rutger Hausmann u.a. Stuttgart 1975.

Gedichte des Barock. Hrsg. von Ulrich Maché und Volker Meid. Stuttgart 1980 u.ö.

Gottsched, Johann Christoph: Schriften zur Literatur. Hrsg. von Horst Steinmetz. Stuttgart 1972.

Gryphius, Andreas: Gedichte. Eine Auswahl. Text nach der Ausgabe letzter Hand von 1663. Hrsg. von Adalbert Elschenbroich. Stuttgart 1968.

Harsdörffer, Georg Philipp: Frauenzimmer Gesprächspiele. Hrsg. von Irmgard Böttcher. 8 Bde. Tübingen 1968–69.

Ders.: Poetischer Trichter [Nachdruck der Ausgaben von 1650 (Tl. 1), 1648 (Tl. 2), 1653 (Tl. 3)]. Darmstadt 1969.

Hoffmannswaldau, Christian Hoffmann von: Deutsche Übersetzungen und Getichte. Hrsg. von Franz Heiduk. Tl. 1. 2. Hildesheim u.a. 1984.

Holtzwart, Mathias: Emblematum Tyrocinia. Mit einem Vorwort über Ursprung, Gebrauch und Nutz der Emblematen von Johann Fischart. Hrsg. von Peter von Düffel und Klaus Schmidt. Stuttgart 2006.

Horaz: Ars Poetica. Die Dichtkunst. Lateinisch und deutsch. Übersetzt und [...] hrsg. von Eckart Schäfer. Stuttgart 1972.

Logau, Friedrich von: Sinngedichte. Hrsg. von Ernst-Peter Wieckenberg. Stuttgart 1984.

Meyfart, Johann Matthäus: Teutsche Rhetorica oder Redekunst 1634. Hrsg. von Erich Trunz. Tübingen 1977.

Neukirch, Benjamin: Anthologie. Herrn von Hoffmannswaldau und andrer Deutschen auserlesene und bißher ungedruckte Gedichte. Hrsg. von Angelo George de Capua und Ernst Alfred Philippson. Tl. 1. 2. Tübingen 1961–65.

Neumark, Georg: Poetische Tafeln oder Gründliche Anweisungen zur Teutschen Verskunst. Hrsg. von Joachim Dyck. Frankfurt a.M. 1971.

Omeis, Magnus Daniel: Gründliche Anleitung zur Teutschen accuraten Reim- und Dicht-Kunst. Nürnberg 1704.

Opitz, Martin: Weltliche Poemata 1644. 2 Teile. Hrsg. von Erich Trunz u.a. Tübingen 1967–75.

Ders.: Buch von der Deutschen Poeterey (1624). Studienausgabe. Hrsg. von Herbert Jaumann. Stuttgart 2002.

Poetik des Barock. Hrsg. von Marian Szyrocki. Stuttgart 1977.

Roth, Albrecht Christian: Vollständige Deutsche Poesie. Hrsg. von Rosmarie Zeller. 2 Teilbde. Tübingen 2000.

Scaliger, Julius Caesar: Poetices libri septem. Sieben Bücher über die Dichtkunst. Hrsg. von Luc Deitz und Gregor Vogt-Spira. Bd. 3. Stuttgart-Bad Cannstatt 1995.

Scheffler, Johannes (Angelus Silesius): Heilige Seelenlust. Hrsg. von Georg Ellinger. Halle, Saale 1901.

Schottelius, Justus Georg: Ausführliche Arbeit Von der Teutschen Haubt-Sprache. Hrsg. von Wolfgang Hecht. 2 Teilbde. Tübingen 1967.

Seneca: Philosophische Schriften. Latein und deutsch. Bd. 4. Hrsg. von Manfred Rosenbach. Darmstadt 1984.

Stieler, Kaspar: Die Dichtkunst des Spaten 1685. Hrsg. von Herbert Zeman. Wien 1975.

Zesen, Philipp von: Sämtliche Werke. Unter Mitwirkung von Ulrich Maché und Volker Meid hrsg. von Ferdinand van Ingen. Bd. I/1, IX, X/1, XI. Berlin/New York 1980, 1971, 1977, 1974.

Ders.: Assenat. Hrsg. von Volker Meid. Tübingen 1967.

Ziegler, Caspar: Von den Madrigalen. Hrsg. von Dorothea Glodny-Wiercinski. Frankfurt a.M. 1971.

Zitierte Literatur

Barner, Wilfried: Barockrhetorik. Untersuchungen zu ihren geschichtlichen Grundlagen. Tübingen ²2002.

Conrady, Karl Otto: Lateinische Dichtungstradition und deutsche Lyrik des 17. Jahrhunderts. Bonn 1962.

Dyck, Joachim: Ticht-Kunst. Deutsche Barockpoetik und rhetorische Tradition. Tübingen ³1991.

Forster, Leonard: Das eiskalte Feuer. Sechs Studien zum europäischen Petrarkismus. Kronberg 1976.

Fricke, Gerhard: Die Bildlichkeit in der Dichtung des Andreas Gryphius. Materialien und Studien zum Formproblem im deutschen Literaturbarock. Berlin 1933. Nachdruck Darmstadt 1967.

Hocke, Gustav René: Manierismus in der Literatur. Sprach-Alchimie und esoterische Kombinationskunst. Beiträge zur vergleichenden europäischen Literaturgeschichte. Reinbek 1959.

Ingen, Ferdinand van: Vanitas und Memento Mori in der deutschen Barocklyrik. Groningen 1966.

Jöns, Dietrich Walter: Das ›Sinnen-Bild‹. Studien zur allegorischen Bildlichkeit bei Andreas Gryphius. Stuttgart 1966.

Krummacher, Hans-Henrik: Das barocke Epicedium. Rhetorische Tradition und deutsche Gelegenheitsdichtung im 17. Jahrhundert. In: Jb. der deutschen Schillergesellschaft 18 (1974), S. 89–147.

Lange, Klaus-Peter: Theoretiker des literarischen Manierismus. Tesauros und Pellegrinis Lehre von der ›Acutezza‹ oder von der Macht der Sprache. München 1968.

Segebrecht, Wulf: Das Gelegenheitsgedicht. Ein Beitrag zur Geschichte und Poetik der deutschen Lyrik. Stuttgart 1977.

Szyrocki, Marian: Die deutsche Literatur des Barock. Eine Einführung. Bibliogr. erneuerte Ausgabe. Stuttgart 1997.

Viëtor, Karl: Geschichte der deutschen Ode. München 1923.

Weisz, Jutta: Das deutsche Epigramm des 17. Jahrhunderts. Stuttgart 1979.

Windfuhr, Manfred: Die barocke Bildlichkeit und ihre Kritiker. Stilhaltungen in der deutschen Literatur des 17. und 18. Jahrhunderts. Stuttgart 1966.

III. Geschichte

1. Opitz und die Dichtungsreform

Opitz

Martin Opitz war weder der erste, der auf die Notwendigkeit der Erneuerung der deutschen Sprache und Dichtung hinwies, noch enthielten seine programmatischen Schriften und dichterischen Beispiele umwälzend Neues. Doch den Reformbestrebungen, die sich vereinzelt und ohne System hier und da bemerkbar machten, fehlte letztlich Konsequenz und Koordination. Opitz dagegen sorgte als Literaturorganisator zielstrebig für die Verbreitung und Durchsetzung seines Programms. So wurde er, obwohl gelegentlich Kritisches zu vernehmen war, zum unangefochtenen Anführer einer literarischen Bewegung, der es in wenigen Jahrzehnten gelang, die deutschsprachige Dichtung auf eine neue Basis zu stellen und damit die Voraussetzungen für einen beachtlichen Aufschwung zu schaffen.

Er hatte »nur eine einzige, simple Idee, die noch nicht einmal ganz originell war: die Nationalisierung der humanistischen Poesie durch Erfindung einer deutschen Kunstdichtung« (Alewyn, S. 12). Dieses Programm wurde in einer lateinischen Schrift (*Aristarchus sive de contemptu linguae Teutonicae*, 1617) zum ersten Mal formuliert und dann systematisch ausgebaut. Den *praecepta*, den Regeln, im *Buch von der Deutschen Poeterey* (1624) schlossen sich die *exempla* an: Mit den *Acht Büchern Deutscher Poematum* (1625), den *Psalmen Davids* und zahlreichen anderen Einzeldrucken, die dann in die musterhaften Sammlungen *Geistlicher* bzw. *Weltlicher Poemata* (1638–44) eingingen, wurden die verschiedenen Gattungen und Formen und die wichtigsten Traditionen (nicht nur) der lyrischen Dichtung erfasst und zahlreiche Beispiele aus der Weltliteratur in Übersetzungen und Bearbeitungen neben eigenen Versuchen als Muster bereitgestellt.

Geistliche und weltliche Lyrik sind gleichermaßen repräsentiert. Für den geistlichen Bereich stehen traditionsgemäß und traditionsbildend die Verdeutschungen bzw. Bearbeitungen biblischer Texte: *Die Klage-Lieder Jeremia* (1626), *Salomons Des Hebreischen Königes Hohes Liedt* [...] *in deutsche Gesänge gebracht* (1627), *Die Episteln*

(1628), *Die Psalmen Davids* (1637) u.a. In der weltlichen Lyrik übernimmt Opitz das Formenspektrum der europäischen Renaissancelyrik mit ihren Adaptionen antiker Muster und ihren Neuschöpfungen. Formale und inhaltliche Kriterien ergänzen sich: auf der einen Seite Epigramm, Sonett, Sestine, Madrigal, strophisches Lied (»Ode«), Pindarische Ode und reflektierendes Alexandrinergedicht, auf der anderen die verschiedenen Arten der Gelegenheitslyrik, Liebeslyrik, Lehrgedicht u.Ä. Dabei geht es um moderne deutschsprachige Kunstdichtung ebenso wie um das gesellschaftliche Ansehen von Dichter und Dichtung. Das zeigt sich auch in seinem Bemühen, neue Maßstäbe für die Gelegenheitsdichtung zu setzen.

Der Erfolg dieses Programms zeigt sich am augenfälligsten in der Lied- und Sonettdichtung, Ausgangspunkt für zahlreiche ›Parodien‹ durch Opitz-Nachfolger. So werden seine Lieder zu häufig nachgeahmten Mustern: »Ich empfinde fast ein grawen« wird zu »Nun empfind ich keinen Grauen« (David Schirmer), »Ach Liebste / laß uns eilen« zu »Komm / Dorinde! lass uns eilen« (Simon Dach), und die Strophenform und der Anredegestus des Lieds »Ihr schwartzen Augen / ihr« lässt sich ebenso durch das 17. Jahrhundert hindurch verfolgen wie der Liedtyp »Coridon der gieng betrübt An der kalten Cimbersee«.

Vergleichbar mit der Wirkung der Lieder ist die der Sonette. Auch hier griff Opitz vielfach auf ausländische Vorlagen und ihre Themen zurück, wählte signifikante Formtypen aus, von denen dann eine eigene deutsche Tradition ausging. Dabei erkannte er als erster in Deutschland den Rang der Sonette Ronsards, übersetzte aber auch aus dem Italienischen – u.a. eines der bekanntesten Sonette Petrarcas und eine Reihe petrarkistischer Sonette Veronica Gambaras – und aus dem Niederländischen. Neben dem petrarkistischen Repertoire der Liebessonette stehen Nachahmungen anderer beliebter Gedichttypen der Renaissance.

Besondere sprachliche und formale Meisterschaft erforderten die Texte, deren Aufbau auf dem sogenannten Konklusions- oder Summationsschema basiert: Schlüsselwörter, Substantive, eines Gedichts werden am Schluss gleichsam rekapituliert. Diese Technik, in den romanischen Literaturen des 16. und 17. Jahrhunderts geläufig und bereits von Weckherlin aufgenommen, charakterisiert das »zum theil von dem Ronsardt« entlehnte Sonett »Ihr / Himmel / Lufft und Wind / ihr Hügel voll von Schatten«, in dem Opitz den rhetorischen Gestus der Vorlage (»Ciel, air, & vents«) durch die Einführung einer doppelten Anaphernkette noch steigert (Buch von der Deutschen Poeterey, S. 57). Wenn Opitz in seinen Ron-

sardübertragungen auch die Eleganz seiner Vorlagen nicht erreichen konnte, so zeigen sie doch mit ihrem straffen Aufbau, ihrer
Präzision und ihrer rhetorischen Durchformung den neuen Form-
willen und den hohen Kunstanspruch. Besonders erfolgreich war
in diesem Zusammenhang der mit ›antithetischer Steigerung und
Correctio‹ bezeichnete Gedichttyp, den Opitz mit der Übersetzung
des Sonetts »Ce ne sont pas des yeux, ce sont plutost des Dieux«
von Honorat Lauguier de Porchères, unter der Überschrift »Sonnet
über die augen der Astree« zuerst gedruckt in der *Schäfferey Von der
Nimfen Hercinie* (1630), in die deutsche Literatur einführte:

> Diß sindt die augen: was? die götter; sie gewinnen
> Der helden krafft undt muth mitt ihrer schönheit macht:
> Nicht götter; himmel mehr; dann ihrer farbe pracht
> Ist himmelblaw / ihr lauff ist über menschen sinnen:
>
> Nicht himmel; sonnen selbst / die also blenden können
> Daß wir umb mittagszeit nur sehen lauter nacht:
> Nicht sonnen; sondern plitz / der schnell undt unbedacht
> Herab schlegt wann es ie zue donnern wil beginnen.
>
> Doch keines: götter nicht / die böses nie begehen;
> Nicht himmel /dann der lauff des himmels wancket nicht;
> Nicht sonnen / dann es ist nur einer Sonne liecht;
>
> Plitz auch nicht / weil kein plitz so lange kan bestehen:
> Iedennoch siehet sie des volckes blinder wahn
> Für himmel / sonnen / plitz undt götter selber an.
> (Gedichte des Barock, S. 27)

Von Zesen bis Hoffmannswaldau ließen sich die Dichter von Opitz
und dieser Form anregen, die mit ihrer Überbietungstechnik, dem
spielerischen Suchen nach dem richtigen Wort und der summie-
renden Häufung am Schluss der Vorliebe der Poeten des Zeit-
alters für prägnante und pointierte Formulierungen vollkommen
entspricht.

Andere Reformansätze

Opitz »hatte keinen, an den er anknüpfen konnte, nur die ausländischen Schriftsteller. Für Deutschland machte er den Anfang«.
So sieht Erich Trunz die epochale Leistung des ›Vaters der deutschen Dichtung‹ (Nachwort, S. 83*). Gleichwohl war Opitz nicht
allein und nicht ohne Vorläufer und Konkurrenten. Im *Aristar-*

chus, seiner ersten Reformschrift, zitiert er selbst als Beispiel für die angestrebte neue Dichtkunst ein Sonett des im Übrigen wenig bekannten Ernst Schwabe von der Heyde, und als Julius Wilhelm Zincgref 1624 Opitz' *Teutsche Poemata* herausgab, fügte er einen Anhang »Unterschiedlicher außgesuchter Getichten anderer mehr teutschen Poeten« bei, mit dem er zeigen wollte, dass Opitz mit seinen Reformbestrebungen nicht allein stand. Es waren großenteils Gedichte aus Opitz' Freundes- und Bekanntenkreis (z.B. von Zincgref selbst, Balthasar Venator, Caspar Kirchner), doch enthielt die Sammlung auch deutsche Verse von Paulus Melissus Schede, dem neulateinischen Lyriker und Psalmenübersetzer, und Georg Rodolf Weckherlin. Opitz war wenig angetan von dieser unautorisierten Edition und brachte seine Texte ein Jahr später auf den neuesten Stand der poetischen Technik. Zur gleichen Zeit arbeiteten Tobias Hübner an einem deutschen Alexandrinerepos und Diederich von dem Werder an seiner Übertragung von Tassos *Gerusalemme liberata*, während in Holstein Henrich Hudemann, unabhängig von Opitz, die Notwendigkeit einer Erneuerung der deutschen Dichtung erkannte und seiner lateinischen Gedichtsammlung *Divitiae poeticae* (1626) einen deutschen Teil (»Teutsche Musa«) beifügte. Die Suche nach einem deutschen Langvers führte zu Alexandrinerdichtungen vor und unabhängig von Opitz; auch die Übernahme romanischer Gedichtformen hat eine längere Vorgeschichte, und selbst alternierende Verse waren schon vor Opitz zu hören.

Auch auf der katholischen Seite zeigten sich unabhängig von den Entwicklungen in den protestantischen Territorien Reformansätze. So zeichnete sich das kleine Liederbuch *Paradeißvogel* (1613) des Jesuiten Conrad Vetter durch eine unangestrengte Verwirklichung der Alternation aus, des regelmäßigen Wechsels von betonten und unbetonten Silben, lange bevor sie Opitz zur Grundlage seiner metrischen Reform machte. Friedrich von Spee folgte in seinen anonymen geistlichen Liedern der zwanziger und dreißiger Jahre dem Beispiel Vogels und legte in der Vorrede zu seiner um 1630 entstandenen *Trvtz-Nachtigal* (Druck postum 1649) ein eigenes poetisches Programm vor, das dem von Opitz vergleichbar ist.

Alternative ohne Erfolg: Weckherlin

Georg Rodolf Weckherlin wäre von der dichterischen Leistung her gesehen am ehesten fähig gewesen, Opitz den Rang streitig zu machen. Doch fiel er nach seiner Übersiedlung nach England 1619 für die literarische Entwicklung in Deutschland aus. Nach den zwei Bänden seiner *Oden und Gesänge* (1618–19) dauerte es über zwanzig Jahre, ehe er mit seinen Sammlungen *Gaistlicher und Weltlicher Gedichte* (1641, erweitert 1648) hervortrat. Als er dann diese Sammlungen herausgab, schien es ihm erforderlich, den Leser an seine geschichtliche Bedeutung zu erinnern, daran, dass er mit seinen früheren Veröffentlichungen am Anfang der neuen barocken Kunstdichtung gestanden und so »schon vor dreyssig jahren unserer Sprach reichthumb unnd zierlichkeit den Frembden [...] für augen geleget« habe (Gedichte I, S. 292). Und in der Tat war es Weckherlin, der als erster deutscher Dichter mit seinen Pindarischen Oden, seinen Liedern, Sonetten, Elegien und Eklogen den romanischen Vorbildern im Rahmen des damals Möglichen nahekam. Dass sich das romanisierende Versprinzip, dem Weckherlin verpflichtet war, nicht durchsetzen konnte und angesichts der Erfolge der Opitz'schen Reformbewegung und ihrer metrischen Prinzipien bald als antiquiert galt, trug wesentlich dazu bei, dass seine Verdienste mehr und mehr in Vergessenheit gerieten.

Seine Dichtungen waren, wie er rückblickend urteilte, Versuche, die beweisen sollten, dass auch die deutsche Sprache zu bedeutenden Leistungen tauge, dass also die Meinung von »unserer Poesy mangel und unmöglichkeit« übelbegründet sei (Gedichte, Hg. Wagenknecht, S. 118). Dieser kulturpatriotische Anspruch steht hinter seinen repräsentativen Werken für den Württembergischen Hof (u.a. Entwürfe von festlichen Aufzügen, Ritterspielen und Balletten), dem er als Sekretär und eine Art Hofdichter diente. Seine Ronsard verpflichteten Oden mit ihren langen Satzbögen, ihrer Gleichnis- und Metaphernsprache und ihrem rhetorischen Gestus verwirklichen zum ersten Mal in der neueren deutschen Dichtung den hohen dichterischen Stil. Beispielhaft schon sein frühestes veröffentlichtes Gedicht, ein »Lob-gesang Von meiner gnädigen Landsfürstin« (1616), dessen Eingangssatz sich über zwei Strophen erstreckt und ein neues Kapitel der deutschen Dichtung eröffnet:

> Gleich wie / wan mit gleich-losem glantz
> Die Delische götin gezieret
> Der sternen gewohnlichen dantz
> Vor der göter gesicht aufführet /
> Sie mit ihrem kräftigen pracht
> Die fünsternus dem tag gleich macht:
>
> Also Nymf / alle Nymfen blum /
> O fürstliche zier aller frawen /
> O ihr aller Princessin ruhm /
> Muß man euch mit wunder anschawen /

Als deren schönheit süsse macht
Des himmels und der erden pracht.
(Ebd., S. 8)

Diese glänzenden Anfänge fanden keine Fortsetzung. Das hatte
biographische Gründe, die allerdings eng mit der politischen Entwicklung und den Auswirkungen des Krieges auf den deutschen
Südwesten verknüpft waren. Die mit der Übersiedlung nach England vollzogene Wende in seinem Leben begrenzte Weckherlins
Wirkungsmöglichkeiten in Deutschland, zumal seine frühen
Dichtungen keine Nachfolge fanden. Als Weckherlin dann in den
Sammlungen von 1641 und 1648 sein gesamtes lyrisches Werk mit
überarbeiteten alten und einer Vielzahl neuer Texte vorlegte, war
die Entwicklung schon über ihn hinweggegangen.

Die späten Sammlungen zeigen ihn als Lyriker von bedeutender
Sprachkraft, der über den höfisch-repräsentativen oder petrarkis-
tisch-preziösen Ton hinaus über vielfältige Ausdrucksmöglichkeiten
verfügt: In seiner Psalmendichtung verwendet er die Kunstmittel
der Renaissancepoesie zum Ausdruck persönlicher Frömmigkeit,
die Spannweite seiner Oden reicht von der höfischen Panegyrik der
frühen Beispiele bis zur drastischen *Drunckenheit* in Rabelais'schem
Geist, repräsentative Klage- und Trauergedichte, darunter der große
Trauerhymnus »Des Grossen Gustav-Adolfen / etc. Ebenbild«, stehen neben einem viersprachigen Gedichtzyklus auf eine verstorbene junge Frau. Dazu kommen petrarkistische »Buhlereyen« und
Sonette (u.a. »Venedig gegen seiner Liebsten verglichen«, »Die Lieb
ist Leben und Tod«), Epigramme und – poetischer Höhepunkt –
kunstvolle und anmutige »Eclogen / oder Hürten Gedichte«, die
die Jahreszeiten thematisieren. Kaum ihresgleichen in der deutschen
Lyrik des 17. Jahrhunderts haben die politischen Gedichte, die
Weckherlin als leidenschaftlichen Verfechter der protestantischen
Sache zeigen: Er war im Ausland zum aggressiven politischen Dichter und Kommentator deutscher Verhältnisse geworden.

2.   Die Ausbreitung der neuen Kunstdichtung

Trotz der Zurückhaltung der Fruchtbringenden Gesellschaft, die
Opitz erst 1629 in ihre Reihen aufnahm, verbreitete sich sein Ruhm
rasch im protestantischen Deutschland. In den Jahren 1634 und
1635 erlebte das *Buch von der Deutschen Poeterey* – zehn Jahre nach
der Erstauflage – in Breslau, Danzig und Wittenberg vier Neuauf-
lagen: Zeichen dafür, dass die Literatur- und Versreform sich auf

breiter Basis durchzusetzen begann. Vorbehalte gab es nur noch im Südwesten, im Umkreis der Straßburger Aufrichtigen Tannengesellschaft, deren Haupt Jesaias RompLer von Löwenhalt Weckherlin als den Vater der neueren deutschen Dichtung ansah und im *Ersten gebüsch seiner Reim-getichte* (1647) auf dessen *Oden und Gesänge* aufmerksam machte, »derer lesung nachmals dem Martin Opitzen / zur nachfolge / gar wol bekommen« sei (Vorrede). Doch zu dieser Zeit hatte sich Opitz in den protestantischen Territorien längst durchgesetzt. Auch in der Schweiz hatte er mit Johann Wilhelm Simler einen Anhänger gefunden (*Teutsche Gedichte*, 1648).

Für die Zukunft der neuen Kunstdichtung war es von ausschlaggebender Bedeutung, dass Opitz dank seines Organisations- und Kommunikationstalents eine Reihe von einflussreichen Anhängern und Freunden gewann, die für die Verbreitung seiner Vorstellungen unter den akademischen Eliten in den protestantischen Territorien und Städten sorgten. Zu ihnen zählten Christoph Köler (Colerus) und Augustus Buchner, die als Professoren am Elisabeth-Gymnasium in Breslau bzw. an der Universität Wittenberg einige der bekanntesten deutschen Dichter des 17. Jahrhunderts zu ihren Schülern zählten, die wiederum später ihre Kenntnisse durch poetische Beispiele oder im Unterricht weitergaben. So wuchs seit den dreißiger Jahren eine junge Generation von Literaturinteressierten heran, die sich an Opitz' Konzept einer nationalhumanistischen Poesie orientierte und für seine Durchsetzung – und partielle Erweiterung – in den protestantischen Gebieten bis zur Jahrhundertmitte sorgte.

Fleming und die Dichtung der ›Leipziger‹

Die Impulse zur Ausbreitung der reformierten Poesie gingen zunächst vor allem von Opitz' schlesischer Heimat und dem mitteldeutschen Raum aus, wobei auch der Umstand, dass Schlesien keine Universität besaß, für den literarischen Austausch bedeutsam wurde. So fand Paul Fleming an der Leipziger Universität nicht zuletzt durch den Umgang mit schlesischen Studenten zur Dichtung: »Apollo war mir günstig / der Musicant' und Artzt / weil du mich machtest brünstig zu seiner doppeln Kunst«, heißt in seinem Trauergedicht auf seinen 1631 verstorbenen schlesischen Studienfreund Georg Gloger, der ihn und andere Studienkollegen mit der Opitz'schen Dichtungsreform bekannt gemacht hatte (Das Zeitalter des Barock, S. 917). Fleming verstand sich als Opitzianer, und auch die anderen Dichter, die sich in den dreißiger und vierziger Jahren für kürzere oder längere Zeit in Leipzig aufhielten, orientierten sich weitgehend an den von Opitz aufgestellten Mustern.

Rezeption und vorsichtige Weiterentwicklung der opitzianischen Poesie ist das Kennzeichen der Dichtung der ›Leipziger‹. Allerdings bleibt die Gruppe nur lose definiert, zumal einige dieser Dichter auch enge Beziehungen zu Wittenberg hatten, wo sie bei Buchner studierten. Daneben wirkten in Sachsen Dichter der älteren Generation wie der mit der Fruchtbringenden Gesellschaft verbundene Diederich von dem Werder. Neben seinen großen Tasso- und Ariostübersetzungen legte er 1631 einen Sonettzyklus vor, der sein formalistisches Programm schon im Titel nennt: *Krieg und Sieg Christ Gesungen In 100. Sonnetten Da in jedem Und jeglichem Verse die beyden wörter / KRIEG und SIEG auffs wenigste einmahll befindlich seyn.*

Flemings Dichtung stellt den ersten Höhepunkt der deutschen Lyrik des 17. Jahrhunderts dar. Zu seinen Lebzeiten erschienen seit 1630 außer Einzeldrucken von Gelegenheitsdichtungen nur einige kleinere Sammlungen mit religiösen, patriotischen und erotischen Gedichten in deutscher und lateinischer Sprache sowie eine Schäferei in der Opitz-Nachfolge. Erst die nach seinem Tod von Adam Olearius besorgten Ausgaben machten den ganzen Umfang seines deutschen lyrischen Schaffens sichtbar (*D. Paul Flemings Poetischer Gedichten* […] *Prodromus*, 1641; *Teütsche Poemata*, 1646). Dagegen gab Olearius aus der von Fleming noch für den Druck zusammengestellten Sammlung der *Poemata latina* nur die Epigramme heraus (*Epigrammata latina*, 1649), nicht hingegen die nach metrischen, gattungsmäßigen und inhaltlichen Kriterien gegliederten neun Bücher der *Silvae*.

Fleming verließ Leipzig Ende 1633, um an der Reise einer Holsteinischen Gesandtschaft nach Persien teilzunehmen. Sie dauerte, längere Aufenthalte in Reval eingerechnet, bis 1639. Flemings Verse begleiten die Reise. Er evoziert mit Hilfe eines verschwenderischen mythologischen Apparats die exotischen Schauplätze, gedenkt der fernen Geliebte(n), besingt die gesellschaftlichen Anlässe und Gelegenheiten und ruft die überstandenen Gefahren zurück: Stürme, Schiffbrüche, Tatarenüberfälle, Hunger und Durst. Die Ausnahmesituation der jahrelangen Reise, die einerseits eine gewisse Trennung vom Literaturbetrieb bedeutete, andererseits die Selbstreflexion förderte, mag Fleming geholfen haben, den eigenen Ton zu finden.

Seine religiösen Dichtungen bewegen sich in traditionellem Rahmen: Psalmendichtung, Reflexionen über christliche Glaubenswahrheiten und Bibelsprüche, eine Passionsdichtung und geistliche

Lieder. Eines dieser Lieder – »In allen meinen Thaten laß ich den Höchsten rathen« – wurde in protestantische Gesangbücher aufgenommen, andere verbinden religiöse und patriotische Themen und beziehen sich auf die aktuelle Situation des Dreißigjährigen Krieges, auf die Siege Gustav Adolfs und seinen Tod. Von hier ist der Weg nicht weit zu politischen Appellen im Dienst der protestantischen Sache (*Schreiben Vertriebener Fr. Germanien an ihre Söhne / Oder die Churf. Fürsten und Stände im TeutschLande*, 1631). Auch die Gedichte zu anderen ›Gelegenheiten‹ – Hochzeit, Begräbnis, Freundschaft usw. – verweisen immer wieder auf den düsteren Hintergrund des Krieges, bis mit dem Aufbruch nach Russland und Persien die patriotische Thematik an Bedeutung verliert und erst später wieder in anderer Form, als Sehnsucht des ›halb-verlorenen Sohns‹ nach einer idealisierten Heimat, hervortritt.

Am Anfang der Liebesdichtung Flemings steht die Sammlung lateinischer Gedichte *Rubella seu Suaviorum liber I* (1631). Mit ihr knüpft Fleming an Catull und die besonders von den Neulateinern gepflegte Tradition der Kussgedichte an, aus der die noch von Goethe gerühmten *Basia* (1539) des Johannes Secundus herausragen. Später sollten die *Rubella*-Gedichte als achtes Buch der *Silvae* in die geplante Gesamtausgabe seiner lateinischen Dichtungen aufgenommen werden. Ein deutschsprachiges Beispiel für die Kussdichtung lieferte Fleming mit dem spielerisch-graziösen Lied »Wie er wolle geküsset seyn«. *Rubella* enthält daneben auch Liebesgedichte in petrarkistischer Manier, bereitet also die Thematik vor, die später eine zentrale Rolle in Flemings deutscher Liebeslyrik spielen sollte. Zwar waren petrarkistische Vorstellungen schon von Opitz, Weckherlin und anderen in die deutsche Literatur eingeführt worden, doch erst Fleming erfasste sie in ihrer ganzen Vielfalt. Sichtbar wird der ganze Umfang der Rezeption und schöpferischen Umgestaltung petrarkistischer Motive und Denkformen erst in den postum erschienenen *Teütschen Poemata*: Sie handeln vom Preis und der Schönheit der Geliebten (fein säuberlich nach Körperteilen getrennt), den mit ihr verbundenen Objekten und Örtlichkeiten, beschäftigen sich mit dem Wesen der Liebe und ihrer Wirkung und benutzen zu diesem Zweck das ganze antithetische und hyperbolische Arsenal der überlieferten Liebessprache, gelegentlich bis an den Rand des Parodistischen.

Aber neben den traditionellen Motiven der klagenden Liebe, neben Selbstverlust und Todessehnsucht, behauptet sich ein anderes Thema, das in den späteren Jahren stärker in den Vordergrund tritt, ohne dass man die problematische Kategorie der Entwicklung heranziehen oder von einer ›Überwindung‹ des Petrarkismus spre-

chen könnte: das Thema der Treue. Es steht sowohl in Zusammenhang mit Flemings neustoischer Tugendphilosophie als auch
mit der neuplatonischen Mikrokosmos-Makrokosmos-Vorstellung
und ihrem Konzept einer allumfassenden Liebe, auf die der Para-
celsist Fleming immer wieder zurückkommt und die auch in der
petrarkistischen Tradition verankert ist. Die bedeutendsten Leistungen dieser ›Treuedichtung‹ finden sich dabei nicht zufällig
unter den Oden Flemings. Stellen Sonett und Alexandriner die
angemessenen Formen dar, die Antithetik der petrarkistischen Lie-
besauffassung auszudrücken, so ermöglicht die Ode, das sangbare
Lied, einen schlichteren Ton, der gelegentlich an das Volks- und
Gesellschaftslied anklingt (vgl. z.B. »Ein getreues Hertze wissen /
hat deß höchsten Schatzes Preiß«). Doch geht es nicht um eine
Absage an die ›gelehrte‹ Poesie, denn gerade da, wo eine von Opitz
geschaffene kunstvolle Odenform zugrunde liegt (»Ihr schwartzen
Augen / ihr«) und der humanistisch-mythologische Apparat erhalten bleibt, gelingt Fleming ein besonders eindrucksvolles Gedicht
von Sehnsucht, Trauer und Treue: »Aurora schlummre noch an
deines Liebsten Brust« (Deutsche Gedichte, S. 107).

Das Gegenbild des von widerstreitenden Affekten hin- und her-
gerissenen petrarkistischen Liebhabers, wie ihn ein Teil der Liebesgedichte zeichnet, zeigen auch die weltanschaulich-philosophischen
Sonette und einige der großen Alexandrinergedichte. In dem Sonett
»An Sich« formuliert Fleming in eindringlichen Imperativen Maxi-
men einer praktischen Philosophie, ein Tugendprogramm, das auf
den Lehren der Philosophie des Neostoizismus beruht. Es gipfelt,
gemäß der verbreiteten Auffassung des Sonetts als Epigramm, in
der sprichwortartigen Schlusssentenz, die die Eigenmächtigkeit des
Individuums gegenüber allen äußeren Zwängen behauptet:

> Wer sein selbst Meister ist / und sich beherrschen kan /
> dem ist die weite Welt und alles unterthan. (Ebd., S. 114).

Auch die berühmte »Grabschrifft / so er ihm selbst gemacht«, enthält einen Hinweis auf den stoischen Begriff der Autarkie und verzichtet, obwohl es vom Thema her zu erwarten gewesen wäre, auf
christliche Argumentationsmuster. Fleming betont vielmehr voller
Selbstbewusstsein die Gültigkeit und Leistung des eigenen Lebens,
das durch die Dichtung der Unsterblichkeit versichert ist. Hier
wirken, in einem Jahrhundert der Leidensmetaphorik, die geistigen
Ideale des Renaissance-Individualismus nach (Kühlmann, S. 175).
Stoische Handlungsmaximen formuliert ausführlicher das umfangreiche Alexandrinergedicht »In grooß Neugart der Reussen«. Es
erinnert an *Zlatna*, ein Lehrgedicht von Opitz, das die »Ruhe deß

Gemüthes« und das einfache Leben preist. Die Einsamkeit ist der Ort der Reflexion über sich selbst, zugleich stellt Fleming der zivilisatorischen Verderbnis und der Welt des Krieges das genügsame Leben des russischen Bauern entgegen und beschwört den Mythos vom Goldenen Zeitalter. Es sind alte Topoi, doch aktualisiert und kritisch auf den Krieg und die gesellschaftlichen Zwänge im Zeitalter des Absolutismus bezogen.

Die weltanschaulich-philosophischen Sonette und die »Neugart«-Reflexionen sind ebenso sehr Rollengedichte wie die Klagen eines dem Tode nahen petrarkistischen Liebhabers. Sie sind deshalb nicht weniger ›wahr‹. Sie haben einen hinzeigenden Charakter, sind ›deiktisch‹, handeln ein Thema ab. Das bedeutet auch, dass es anders abgehandelt werden könnte, dass die Formulierung des stoischen Lebensideals nicht verallgemeinert werden kann. Das Ideal der Beständigkeit lässt sich auch christlich begründen:

> Laß dich nur nichts nicht tauren
> mit trauren /
> Sey stille /
> Wie Gott es fügt /
> So sey vergnügt /
> mein Wille.
> (Deutsche Gedichte, S. 58)

Opitz und sein Reformprogramm blieben für Fleming verbindlich. Mehrere Sonette auf Opitz' Tod – z.T. auf Grund falscher Nachrichten vorzeitig entstanden – rühmen den »Hertzog deutscher Seiten«, den Pindar, Homer und Vergil »unsrer Zeiten« (ebd., S. 111). Mit dem Reformprogramm teilt er auch die nationale Argumentation seines Vorbilds. Für Fleming ist es keine Frage mehr, dass Apoll und die Musen inzwischen ihren Sitz im Norden genommen haben. Wie vor ihm der Humanist Conrad Celtis spricht er von der Übertragung der Dichtkunst von Griechenland über Rom nach Deutschland: »Rohm ist nun Rohm gewesen«, heißt es 1636 in einem Freundschaftsgedicht »An Herrn Olearien« (Teütsche Poemata, S. 94). In diesem Kontext sieht er auch seine eigene dichterische Leistung in einem Gedicht »An Herrn Hartman Grahman [...] geschrieben in Astrachan«, den mit ihm befreundeten Gesandtschaftsarzt:

> Ich habe satt gelebt. Dis bleibt mir ungestorben /
> was ich durch Fleiß und Schweiß mir habe nun erworben /
> Den Ruhm der Poesie / die Schlesiens Smaragd
> zu allererstens hat in Hochdeutsch auffgebracht.
> Ich schwer' es Vater-Land bey Kindes-Pflicht und Treuen /

Dein Lob ists / welches mich heist keine Mühe scheuen.
(Ebd., S. 201)

Nur am Anfang kann man von einer relativ geschlossenen Gruppe
von Leipziger Dichtern sprechen. Sie bildete sich, als Fleming
1628 im Alter von 19 Jahren sein Studium aufnahm und in dem
älteren Schlesier Georg Gloger einen Freund fand, der ihn in die
neue Kunstdichtung einführte. Ihnen schlossen sich u.a. Christian Brehme, Gottfried Finckelthaus und Andreas Hartmann
an, bis sich dann nach dem Tod Glogers 1631, von Fleming in
einem großen Gedicht betrauert, und der Abreise Flemings 1633
der enge Zusammenhalt der Gruppe auflöste. An dieses gesellig-
literarische Treiben erinnern lebensfrohe Lieder, Schäfergedichte
und Schäferromane mit maskierten Schilderungen von Ausflügen
in die sommerliche Landschaft und Diskussionen über die Liebe.
Brachte Gloger ihnen die Reformkonzepte und die Dichtung von
Martin Opitz nahe, so konnte Fleming Einflüsse der romanisch
inspirierten, anmutigen Liedkunst und Musik des Thomaskantors
Johann Herrmann Schein weitergeben, die er während seiner Zeit
an der Thomasschule in Leipzig aufgenommen hatte und die in
Sammlungen wie *Musica boscareccia. Wald-Liederlein* (1621–28)
oder *Diletti pastorali, Hirten-Lust* (1624) gedruckt vorlag.
    Der eigene Ton, sei es in den Oden oder in den weltanschau-
lich-philosophischen Sonetten und Alexandrinergedichten, unterscheidet Fleming von den anderen Leipziger Dichtern, denen man
eine Vorliebe für die leichte Muse zuschreibt. Das schließt freilich
nicht nur volksliedähnliche Strophen und Trinklieder ein, sondern
umfasst den weiteren Bereich petrarkistischer und schäferlicher
Liebesdichtung. Dass sich die Leipziger dabei ganz als Opitzianer
verstehen, zeigen die zahlreichen Parodien – Parodie als kunstvolle
Nachahmung – von Gedichten des Meisters, die Übernahme von
Gedichtmustern und Motiven. Dem Klischee einer burschikosen,
trinkfreudigen Leipziger Studenten- und Dichtergesellschaft am
nächsten steht Christian Brehme mit Gedichten wie »Bey einer
Wein Gesellschafft zu singen« oder »Auff Unserer Schönsten Mays-
tressen Gesundheit« (*Lustige / Trawrige / und nach gelegenheit der
Zeit vorgekommene Gedichte*, 1637). Gottfried Finckelthaus besitzt
nicht nur ein größeres Repertoire, das neben Trinkliedern und
parodistischen Liebesliedern auch durchaus konventionelle petrarkistische und antipetrarkistische Gedichte umfasst, er zeigt sich in
seinen Opitz-Parodien überdies als bemerkenswerter Formkünstler
(*Deutsche Gesänge*, 1640). Opitz steht auch hinter Ernst Christoph
Homburgs Petrarca-Variation (»Ist Liebe Zuckersüs / wie daß sie

bitter schmecket«) und zahlreichen anderen Gedichten (z.B. »Kom
Schönste! las uns eilen!«, »Corydon der gieng bestürtzet«), doch
geht Homburg, der in Wittenberg Schüler Buchners gewesen war,
gelegentlich über Opitz' metrische Vorstellungen hinaus (*Schimpff-
und Ernsthaffte Clio*, 1638–42). Das gilt noch mehr für David
Schirmer, der von 1650 an in Dresden wirkte, doch in den vierziger
Jahren in Leipzig und Wittenberg studiert hatte. Opitz prägt die
Anfänge seines Dichtens, wie die zahlreichen Opitz-Parodien in
den *Rosen-Gepüschen* von 1650 deutlich machen (»Nun empfind ich
keinen Grauen«, »Ihr schwartzen Augen ihr«, »Sind Träume lauter
nichts / wie daß sie mich bewegen?«, »Kom Liebste / laß uns Rosen
brechen«). Mit Opitz und den anderen Leipziger Dichtern teilt er
die Konventionen der petrarkistischen Liebessprache. Der Virtuosität seiner Gedichte fehlt das Experimentelle, das die Dichtung
anderer Buchner-Schüler auszeichnet, doch holt er sich gelegentlich
trotz seines eher konservativen Standpunkts Anregungen von Zesen
und den Nürnbergern.

Schirmer seinerseits wirkte auf Caspar Ziegler, den Verfasser
der Abhandlung *Von den Madrigalen* (1653), und Justus Sieber
(*Poetisierende Jugend*, 1658). Ebenfalls Schirmer verpflichtet ist
Johann Georg Schoch mit seinem *Poetischen Lust- und Blumen-
Garten* (1660), zugleich verweist er wie die anderen Leipziger Lyriker zurück auf Opitz, dessen bekannte Gedichttypen auch hier
parodiert werden (»Filidor der gieng mit Trauern« oder »See / Himmel / Lufft und Wind« als Parodie von Opitz' »Ihr / Himmel /
Lufft und Wind«).

In den weiteren Zusammenhang dieser ohnehin nur lose definierten Gruppe der Leipziger Lyriker gehört noch der Schleswig-
Holsteiner Zacharias Lund (*Allerhand artige Deutsche Gedichte*,
1636), der bei Buchner studiert hatte. Buchner-Schüler war auch
der von 1646 an in Hamburg lebende Georg Greflinger, der mit
seinen Gedichtsammlungen *Seladons Beständige Liebe* (1644) und
Seladons Weltliche Lieder (1651) auf den sprichwörtlich gewordenen
schmachtenden Liebhaber in Honoré d'Urfés Schäferroman *L'Astrée*
anspielt. Sein Bestes gibt er in witzigen Parodien und Persiflagen,
die die konventionelle Liebessprache verspotten und ins Derb-
Komische verkehren, jedoch wiederum durch genau antithetisch
konstruierte Gegenstücke, sogenannte Palinodien, zurückgenommen werden können (vgl. den »Wider-Ruff« zu »Hylas wil kein
Weib nicht haben«). Palinodien eigener Verse stehen, der häufig
geübten dichterischen Praxis im 17. Jahrhundert folgend, Parodien
von bekannten Gedichten anderer Dichter zur Seite. Dazu gehören
das Lied »Laß der Jugend brauchen« nach Opitz oder das auch

als Flugblatt verbreitete, artistisch-zweideutige Stück »Der Mars
ist nun im Ars« nach Gabriel Voigtländer (*Erster Theil Allerhand
Oden unnd Lieder*, 1642).

Der Norden und Nordosten

Für die Verbreitung der Opitz'schen Reformgedanken in Nord-
deutschland beanspruchte Johann Rist, Pastor in Wedel bei Hamburg, die Priorität: Opitz habe das »Eiß gebrochen / und uns Teutschen die rechte Art gezeiget / wie auch wir in unsrer Sprache /
Petrarchas, Ariostos, und Ronsardos haben können«, heißt es in
Rists erster Gedichtsammlung *Musa Teutonica* (1634), mit der er
die regeltreue deutsche Kunstlyrik in den niederdeutschen Sprach-
raum einführte (zitiert nach Moerke, S. 98). Zahlreiche weitere
Sammlungen weltlicher und geistlicher Gedichte (u.a. *Poetischer
Lust-Garte*, 1638; *Himlische Lieder*, 1641–42; *Des Daphnis aus Cim-
brien Galathee*, 1642; *Neüer Teütscher Parnaß*, 1652) bescherten
ihm beträchtlichen Ruhm. Rist beherrscht die formalen Anforderungen der neuen Kunstlyrik, schreibt Sonette, Epigramme,
längere Alexandrinergedichte und Lieder nach den Opitz'schen
»Regulen«, die für ihn absolute Verbindlichkeit besitzen. Zugleich
werden die Themen der neuen weltlichen Kunstdichtung in den
Norden getragen, finden sich petrarkistische Liebesklagen neben
modischer Schäferdichtung (»Daphnis gieng für wenig Tagen über
die begrünte Heid«), höfische Huldigungslyrik neben Zeitgedichten
und bürgerlicher Freundschaftsdichtung. Immer mehr verstand sich
Rist jedoch als vorrangig geistlicher Dichter, und mit seinem Lied
»O Ewigkeit du DonnerWort / O Schwerdt das durch die Seele
bohrt« ging er – wenn auch nicht mit allen 16 Strophen – in die
Gesangbücher ein.
    Auch im Nordosten setzte sich die neue Kunstdichtung durch.
Ein Beispiel für das Vordringen der opitzianischen Kunstdichtung
in die von den literarischen Zentren des Reichs weit entfernten
Gebiete und zugleich ein Zeugnis für eine frühe dichterische Bega-
bung und weibliche Emanzipationsbestrebungen ist das in den
dreißiger Jahren entstandene dichterische Werk der ›pommerschen
Sappho‹ Sibylla Schwarz. Die Tochter einer der führenden Fami-
lien Greifswalds starb 1638 im Alter von 17 Jahren. Ihre postum
veröffentlichten Gedichte (*Deutsche Poetische Gedichte*, 1650) ori-
entieren sich an Opitz. Sonette, Lieder und reflektierende Alexandrinergedichte sind die bevorzugten Formen. Thematisch umfassen
sie das übliche Repertoire der geistlichen und weltlichen Lyrik; in

ihren Liebesgedichten gewinnt Sibylla Schwarz der Thematik und Formensprache des Petrarkismus eigene Akzente ab.

Während ihre Dichtungen erst seit 1650 einer größeren Öffentlichkeit zugänglich wurden und daher für die Durchsetzung der opitzianischen Kunstpoesie im Nordosten ohne Bedeutung blieben, traten hier aus Schlesien stammende Autoren wie Andreas Tscherning und Johann Peter Titz seit Mitte der dreißiger Jahre mit Gedichtsammlungen und Poetiken öffentlich für die Dichtungsreform ein. Andreas Tscherning, ein Verwandter von Opitz, lehrte seit 1644 an der Rostocker Universität. Mit seinen Gedichtsammlungen (*Deutscher Getichte Frühling*, 1642; *Vortrab Des Sommers Deutscher Getichte*, 1655) und seiner Poetik (*Unvorgreiffliches Bedencken*, 1658) folgte er eng seinem Vorbild Opitz. Die Gedichtsammlungen enthalten vor allem Gelegenheitsgedichte, aber auch schäferliche Liebeslieder, geistliche Lieder, Sonette, Epigramme und Alexandrinergedichte von epischer Länge. Seinen guten Ruf bei den Zeitgenossen verdankte er der klassizistisch zurückhaltenden sprachlichen Gewandtheit, mit der er die Tradition der opitzianischen Kunstdichtung fortsetzte und sich dabei nur sehr vorsichtig Neuerungen öffnete. Sein Schüler Daniel Georg Morhof, der selbst die mittlere klassizistische Linie fortsetzte (*Teutsche Gedichte*, 1682), hob die »sonderliche Reinligkeit / und ungeschminckte Zierligkeit bey ihm« hervor (Unterricht von der Teutschen Sprache und Poesie, S. 215).

Einen ähnlichen klassizistischen Standpunkt wie Tscherning und Morhof vertrat auch Johann Peter Titz, der in Rostock und Königsberg studiert hatte und seit 1645 in Danzig lebte und am Akademischen Gymnasium lehrte. Sein Hauptwerk sind die *Zwey Bücher Von der Kunst Hochdeutsche Verse und Lieder zu machen* (1642), eine Poetik, die sich recht konservativ an Opitz orientierte, aber immerhin die von Buchner angeregten Erweiterungen (Daktylus) übernahm und mit ihrer Anschaulichkeit und unmissverständlichen Klarheit zur Konsolidierung der neuen Dichtungstheorie und -praxis beitrug.

In der zum Königreich Polen gehörenden Stadt Danzig, dem bedeutendsten Wirtschaftszentrum im Ostseeraum, konzentrierte sich das literarische Leben um das Akademische Gymnasium, dessen Ruf auch zahlreiche auswärtige Schüler wie Andreas Gryphius (1634–36) oder Christian Hoffmann von Hoffmannswaldau (1636–38) anzog. Für Titz wie für zahlreiche andere Schlesier wurde das vom Krieg verschonte Danzig später zur zweiten Heimat. Opitz verbrachte hier die letzten Jahre seines Lebens (1636–39). Zu dem literarischen Leben trugen neben den Professoren des Gym-

nasiums und den zeitweiligen Residenten auch Einheimische wie
der Pfarrer Michael Albinus bei, der sich als Verfasser zahlreicher
Gelegenheitsgedichte, Friedensdichtungen, geistlicher Lieder und
Epigramme als entschiedener Anhänger von Martin Opitz und
der kulturpatriotisch motivierten Literaturreform erwies. Bereits
vorher hatte Johannes Plavius zwischen 1624 und 1630 in zahlreichen Gelegenheitsgedichten einen Sinn für die musikalischen
Möglichkeiten Sprache (einschließlich des Gebrauchs des Daktylus)
erkennen lassen, während seine hundert *Sonnette* (1630) versifizierte
Tugendanweisungen darstellen.

Der Königsberger Dichterkreis: Simon Dach

Opitz war 1638 von Danzig nach Königsberg gekommen, wo man
ihn mit einem Lied Simon Dachs, komponiert von Heinrich Albert,
als Stifter der deutschen Poesie und als Vorbild für das eigene
Schaffen begrüßte:

> Was von uns hie wird bekant,
> Was wir singen oder geigen,
> Unser Nahme, Lust und Ruhe
> Stehet Euch, Herr Opitz, zu.
> (Dach: Gedichte I, S. 52)

Opitz war freilich nicht der einzige, den Simon Dach besang. Dem
König von Polen wurde die gleiche Ehre zuteil, und immer wieder
verfasste Dach anlässlich von Besuchen und Festen panegyrische
Gedichte auf das brandenburgische Herrscherhaus. Damit erwarb
er die Gunst des Kurfürsten, der ihm 1639 eine allerdings gering
besoldete Professur für (lateinische) Poesie an der Königsberger
Universität verschaffte und so den Lehrer der Kathedralschule »aus
der Schulen Staub« errettete. Die überwiegende Mehrzahl seiner
Gelegenheitsgedichte galt jedoch weniger hohen Anlässen und
Personen: Dach begleitete mit seinen Gedichten die Angehörigen
des gehobenen Königsberger Bürgertums und teilweise auch des
Adels von der Wiege bis zur Bahre. Diese Gebrauchslyrik begrün-
dete seinen Ruhm und war wohl, direkt und indirekt, recht ein-
träglich. Sie stellt zwar den umfangreichsten, aber jedoch nicht
den bedeutendsten Teil seines Schaffens dar. Zu diesem gehören
vielmehr die Lieder, die im Freundeskreis um Robert Roberthin
und Heinrich Albert entstanden und von diesem vertont und
in seine *Arien* (1638–50) aufgenommen wurden, sowie die zwei
umfangreichen reflektierenden Alexandrinergedichte »Klage über

den endlichen Untergang und ruinirung der Musicalischen Kürbs-Hütte und Gärtchens« (1641) und »Danckbarliche Auffrichtigkeit an Herrn Robert Roberthinen« (1647), die Manuskript blieben (Gedichte I, S. 91–96; S. 187–193). Beides sind umfangreiche Alexandrinergedichte, die zeigen, dass Dach nicht nur den liedhaften Ton beherrscht, der etwa das Freundschaftsgedicht »Der Mensch hat nichts so eigen« oder das zum Volkslied gewordene (freilich zeitweise auch Albert zugeschriebene) Lied »Anke van Tharaw« charakterisiert.

Das Freundschaftsgedicht an Roberthin verzichtet weitgehend auf die zeitübliche Stilisierung ins Überpersönliche und Exemplarische – und blieb deshalb wohl ungedruckt. Es gewährt dafür einen kaum verstellten Blick auf einen wenig privilegierten Lebenslauf und verweist zugleich auf ein entscheidendes Motiv in Dachs Dichtung und Leben, auf die Freundschaft, die allein Trost und Stütze in den irdischen Nöten bringt und hilft, das »Creutz« gottergeben zu tragen. Die Kürbishütte, deren Zerstörung das andere Alexandrinergedicht beklagt und die gleichwohl im dichterischen Werk überdauert, war der Ort im Garten des Komponisten Albert, an dem sich die Freunde trafen, an dem sie musizierten und ihre Gedichte lasen: neben Dach und Albert der kurfürstliche Beamte Robert Roberthin, der Professor Christoph Kaldenbach und andere – der sogenannte Königsberger Dichterkreis. Die Lieder in Alberts *Arien*, darunter 120 Texte Dachs, sind ein beredtes Zeugnis dieser musikalisch-poetischen Geselligkeit. Und da Dach keine Ausgabe seiner Gedichte veranstaltete, trug Alberts Sammlung wesentlich zum überregionalen Ruhm des Dichters bei.

Dach lebte am Rande des literarischen Betriebs in Deutschland, dem er nicht nur geographisch fern stand. Trotz der Übernahme der dichtungstechnischen Grundlagen der neuen Kunstdichtung stand er »bestimmten Schreibweisen des 16. und des 18. Jahrhunderts noch näher, schon näher, als den hochstilisierten, die privaten und sozialen Realien ins Überpersönliche läuternden poetischen Exerzitien, die unter dem Diktat von Martin Opitz die literarische Szene in den protestantischen Territorien des 17. Jahrhunderts beherrschten« (Schöne, S. 66).

3. Rhetorische Intensivierung und ästhetische Sensibilisierung

Noch zu Lebzeiten von Opitz mehrten sich die Anzeichen dafür, dass die Zeit der bloßen Einübung einer neuen Dichtersprache ihrem Ende entgegenging, dass die jüngere Dichtergeneration, auf dem bisher Erreichten aufbauend, die poetischen Ausdrucksmöglichkeiten zu erweitern suchte. Allerdings darf man dabei nicht an einen kontinuierlichen Prozess denken, an eine Entwicklung, die vom ›mittleren‹ Stil Opitz'scher Prägung (›Frühbarock‹ oder ›Renaissance‹) über einen rhetorisch intensivierenden oder experimentellen, spielerisch-artistischen Stil (›Hochbarock‹) zu einer Spätphase führt, in der die Artistik Selbstzweck oder schon wieder zurückgenommen wird. Einer derartigen Konstruktion steht die Traditionsgebundenheit mancher Gattungen – etwa des Kirchenlieds – oder das Faktum der separaten Entwicklung der ›oberdeutschen‹ Literatur ebenso entgegen wie der Umstand, dass es zu jeder Zeit Unzeitgemäßes gibt: Ein aufschlussreicher Fall dafür sind die *Geistlichen und Weltlichen Poemata* (1650) der Anna Ovena Hoyers, die mit ihren Knittelversen die Literaturreform ignorieren. Zudem gibt es im ganzen 17. Jahrhundert Poeten, die am opitzianischen Klassizismus festhalten. Dagegen stehen Gryphius, Zesen, die Nürnberger und Catharina Regina von Greiffenberg für Innovationen, die – auf durchaus unterschiedliche Weise – das klassizistische Gefüge der opitzianischen Poesie aufzulockern bzw. in Frage zu stellen beginnen.

Gryphius

Andreas Gryphius fand gegenüber dem opitzianischen Klassizismus zu einem neuen Ton, der nicht – wie etwas später bei Philipp von Zesen und den Nürnbergern – auf ästhetisch-sprachlicher Sensibilität und formalen Experimenten beruht, sondern auf einem bisher in deutscher Lyrik unerhörten Pathos der Rede, das sich das ganze affekterregende Repertoire der Rhetorik zunutze macht. Bis auf gelegentliche Daktylen geschieht dies durchaus auf der Basis der Opitz'schen Metrik und Poetik, deren genauere Befolgung – neben einem Bestreben nach rhetorischer Intensivierung und bildlicher Prägnanz – für zahlreiche Änderungen in späteren Auflagen verantwortlich ist.

Selbst konkrete Bezüge zu Opitz lassen sich nachweisen. So hat man erkannt, dass eines der berühmtesten Gedichte der Zeit, die

»Trawrklage des verwüsteten Deutschlandes« (später »Thränen des Vaterlandes / Anno 1636«) Motive und Formulierungen aus dem *TrostGedichte In Widerwertigkeit Deß Krieges* (1633) von Opitz verwendet. Doch diese Elemente, in Opitz' großem epischen Gedicht über Hunderte von Versen verstreut, verdichtet Gryphius zu einem visionären apokalyptischen Bild des von den Schrecken des Krieges heimgesuchten Landes.

Dieses Sonett steht in seiner ursprünglichen Fassung in Gryphius' erster Gedichtsammlung in deutscher Sprache, den 1637 im polnischen Lissa gedruckten *Sonneten*, die dann bis auf zwei Texte in überarbeiteter Form in das erste Buch der Sonette eingingen (*Sonnete. Das erste Buch*, 1643); 1650 folgte ein zweites Sonettbuch in einer vom Dichter nicht autorisierten Sammelausgabe (*Teutsche Reim-Gedichte*). Vorausgegangen waren schon 1639 die in zwei Bücher gegliederten *Son- undt Feyrtags-Sonnete*, die den sonntäglich zur Vorlesung kommenden Evangelienabschnitten folgen und auf die Tradition der Perikopenauslegung und -dichtung (Johannes Heermann) sowie der Postillen- und Gebetliteratur (Valerius Herberger, Johann Arndt) verweisen.

Den insgesamt vier Sonettbüchern, die von Christian Gryphius durch die Sonette aus dem Nachlass ergänzt wurden (Ausgabe von 1698), stehen deutsche und lateinische Epigramme (*Epigrammata. Das erste Buch*, 1643, erweitert 1663; *Epigrammatum liber I*, 1643) und vier Odenbücher (1643–57) zur Seite, die neben Kirchenliedern Pindarische Oden in der von Ronsard ausgehenden und durch Opitz und Weckherlin vermittelten Tradition, allerdings mit biblischer Thematik, enthalten. Gryphius' Nähe zu Erbauungsliteratur und Kirchenlied zeigt sich auch in seiner Bearbeitung einer Liedersammlung Josua Stegmanns und in den Übersetzungen altlateinischer Hymnen (*Übersetzete Lob-Gesänge / Oder Kirchen-Lieder*, 1660). Daneben ist er besonders der neulateinischen Poesie verpflichtet: Schon in den Lissaer Sonetten beruhen drei Gedichte auf lateinischen Vorlagen, und den *Kirchhoffs-Gedancken* (1657), angeregt durch Jacob Baldes Odendichtung, sind die Übersetzungen zweier thematisch verwandter Oden des Jesuiten beigegeben.

Gryphius' Nachruhm als Lyriker gründet sich vor allem auf seine Sonettdichtung. Bereits in den Lissaer Sonetten von 1637 setzte er eigene Akzente. Einige dieser Sonette gehören zu seinen bekanntesten Gedichten; sie nehmen auch bereits das Thema auf, das kennzeichnend für sein Werk werden sollte: »Vanitas, vanitatum, et omnia vanitas«, »Trawrklage des Autoris / in sehr schwerer Kranckheit«, »Der Welt Wollust ist nimmer ohne Schmertzen« und »Menschliches Elende« – die Sonette VI bis IX deuten schon in

ihren Überschriften den ganzen Umfang der Vorstellungen von
der Eitelkeit des Irdisch-Menschlichen an, die in Gryphius' Lyrik,
seinen Trauerspielen und seinen Leichabdankungen immer neu
variiert werden. Die beiden Sonettbücher von 1643 und 1650 mit
ihren zweimal 50 Sonetten stellen dann die Vanitas-Thematik in
einen größeren, einen heilsgeschichtlichen Zusammenhang: Der
zweifachen Anrufung »An Gott den Heiligen Geist« folgen Sonette
über die entscheidenden Stadien der Lebens- und Leidensgeschichte
Christi; das Ende des zweiten Sonettbuchs schließt die Klammer
mit Sonetten über die vier letzten Dinge – »Der Todt«, »Das Letzte
Gerichte«, »Die Hölle«, »Ewige Frewde der Außerwehlten« –, denen
als Abschluss ein Sonett auf den Propheten Elias folgt. Zwischen
Anfang und Ende stehen die Gedichte auf ›irdische‹ Dinge, nicht
zufällig eingeleitet durch die genannten Vanitas-Sonette. Diese
Verklammerung erhellt den Stellenwert des Lebens in dieser Welt,
das durch Hinfälligkeit und Vergänglichkeit bestimmt ist; zugleich
wird eine Beziehung zum Leiden Christi hergestellt, die auf die
Notwendigkeit von Leid und Not im irdischen Leben, aber auch
auf den Weg zum ewigen Leben verweist, der über das Leiden
führt. Den Gedichten über die Eitelkeit der Welt und die Vergänglichkeit alles Irdischen stehen als exemplarische Beispiele für
die Beschaffenheit und Bestimmung des Menschen die Sonette zur
Seite, die sich »Menschliches Elende« zum Thema nehmen (»Was
sind wir menschen doch? ein wohnhaus grimmer schmertzen«;
Gesamtausgabe I, S. 35), das sich in der Krankheit verdichtet: Zu
den eindrucksvollsten Gedichten gehören Sonette wie »Threnen
in schwerer Kranckheit« (zwei Sonette gleichen Titels), »An die
Freunde«, »An die umbstehenden Freunde«, »An sich Selbst«, die
mit krassen Worten die Hinfälligkeit des Menschen darstellen. Das
Sonnett »An sich Selbst« beginnt mit den Zeilen:

> Mir grawet vor mir selbst / mir zittern alle glieder
> Wen ich die lipp' und naß' und beider augen kluft /
> Die blindt vom wachen sindt / des athems schwere luft
> Betracht / undt die nun schon erstorbnen augen-lieder:
>
> Die zunge / schwartz vom brandt felt mitt den worten nieder /
> Und lalt ich weis nicht was; die müde Seele ruft /
> Dem grossen Tröster zue / das Fleisch reucht nach der gruft […].
> (Gesamtausgabe I, S. 61)

Mit diesem Selbstbildnis griff Gryphius einen Gedichttyp auf, der
auf Pierre de Ronsard zurückgeht und den er auch über Opitz
kennenlernen konnte. Dieser hatte 1626 einen dieser Texte, das

Sonett »Je n'ai plus que les os, un squelette je semble« (postum in *Les derniers vers*, 1586), in der *Trostschrifft* an den Breslauer Verleger David Müller übersetzt: »Ich bin nur Haut und Bein / bin durch deß Todes Klawen Geädert / abgefleischt / verdörrt und außgewacht« (Weltliche Poemata II, S. 175).

Auch da, wo Gryphius nicht ausdrücklich vom Menschen, sondern von der ›Welt‹, z.B. von der Natur, zu sprechen scheint, geht es um ihre heilsgeschichtliche Bedeutung und um das Seelenheil des Einzelnen. So sind weder das »Einsamkeit«-Sonett noch die Tageszeiten-Sonette Natur- oder Landschaftsgedichte, sondern die Betrachtung der Dinge dieser Welt lenkt die Gedanken auf den Menschen und seine Bestimmung. Die Naturgegenstände und -elemente haben verweisenden Charakter, sind ›Sinnenbilder‹, deren Bedeutung häufig in der Tradition der christlich-allegorischen Naturauslegung zu suchen ist. Dabei ist der Hintergrund der traditionellen Bibelexegese nach dem vierfachen Schriftsinn deutlich erkennbar, zugleich nähert sich die Form mancher Sonette der des Emblems mit seinem dreiteiligen Aufbau: Überschrift (Motto, *inscriptio*), Bild (*pictura*) und Epigramm (*subscriptio*). Für diesen Typ des allegorisch-auslegenden Gedichts finden sich zahlreiche Beispiele, wenn auch die Dreiteiligkeit nicht immer so eindeutig ausgeprägt ist wie in den Sonetten »Einsamkeit«, »Morgen«, »Mittag« oder »An die Welt«, das mit traditionellem Material (Schifffahrtsmetapher) den Typ des emblematischen Gedichts beispielhaft verwirklicht (s. S. 56f.). Die Komposition der ersten beiden Sonettbücher macht auch deutlich, warum Gryphius in den Werkausgaben entgegen der seit Opitz üblichen Praxis auf die Unterscheidung zwischen geistlichen und weltlichen Poemata verzichtet.

Gryphius' Variationen über das Thema der Vergänglichkeit finden ihre sprachliche Form »in einer pathetisch bewegten Rhetorik, die die *artes dicendi* für sich fruchtbar zu machen weiß« (Böckmann, S. 419f.). Worthäufungen, asyndetische Reihungen, Parallelismen und Antithesen gehören zu den wichtigsten rhetorischen Figuren. Sie stehen im Dienst des insistierenden Nennens, umkreisen den Gegenstand, beschreiben ihn durch die Aufzählung seiner einzelnen Teile (*enumeratio partium*) oder durch eine Folge von Definitionen. Durch die Intensivierung der rhetorischen Mittel, eine Vorliebe für Asymmetrie und ein Überspielen der Starrheit der vorgegebenen Formen (Metrik, Versform) erzielt Gryphius ein Pathos der Rede, dessen Wirkung durch die Wahl greller und harter Ausdrücke noch gesteigert wird. Besonders bei den Worthäufungen, die die insistierende Nennung auf die Spitze treiben, zeigt sich, wie Gryphius um des rhetorischen *movere* willen die Ebene des

klassizistisch-maßvollen Sprechens durchbricht. Das erste Quartett
des Sonetts *Die Hölle* lautet:

> Ach! und Weh!
> Mord! Zetter! Jammer / Angst / Creutz! Marter! Würme! Plagen.
> Pech! Folter! Hencker! Flamm! stanck! Geister! Kälte! Zagen!
> Ach vergeh!
> (Gedichte des Barock, S.122)

Auch die zahlreichen Änderungen, die Gryphius an seinen Gedichten vorgenommen hat, führen zu einer rhetorischen Intensivierung
und einer Steigerung des Bildgehalts, wenn auch häufig eher äußer-
liche Änderungsgründe (Metrik, Reim) anzunehmen sind. Ob die
Gedichte dadurch nicht nur korrekter, sondern auch ›besser‹ geworden sind, ist im Kontext der Dichtungsauffassung des 17. Jahrhunderts kaum eine Frage. Eine Gegenüberstellung beispielsweise
der »Trawrklage des verwüsteten Deutschlandes« (1637) mit den
»Thränen des Vaterlandes / Anno 1636« (1663) macht deutlich,
dass die Verdichtung der verschiedenen Bildelemente zu einer apokalyptischen Landschaft und eine überzeugende Steigerung zum
Schluss erst in der späteren Fassung gelungen sind.

Gryphius' Lyrik kommt immer wieder zurück auf die Vorstellung von der Eitelkeit der Welt und der Hinfälligkeit des Menschen,
auf den heilsgeschichtlichen Kontext des irdischen Lebens. Mit
dieser Thematik steht Gryphius angesichts der Massenhaftigkeit
religiöser Dichtung im 17. Jahrhundert gewiss nicht allein, wohl
aber mit der rhetorischen Intensität und Dynamik, der Kraft der
»Zentner-Worte« (Lohenstein), mit der er seine Variationen über
den biblisch-barocken Gemeinplatz von der Vergänglichkeit alles
Irdischen gestaltet. Doch verbindet sich diese Sicht – »Du sihst /
wohin du sihst nur eitelkeit auff erden« – nicht nur mit einem
auffälligen Interesse an der modernen Wissenschaft (vgl. z.B. das
Epigramm *Uber Nicolai Copernici Bild*), sondern in seinem beruf-
lichen Leben auch mit dem persönlichen Einsatz für die Belange
seines Landes. Das Irdische ist nicht nur der Inbegriff der Eitelkeit,
es ist auch der Ort der menschlichen Bewährung, wobei sich dann
die Frage stellt, ob derartige Bemühungen wiederum dem Verdikt
der Eitelkeit verfallen.

Zesen, die ›Nürnberger‹ und Catharina Regina von Greiffenberg

Während Gryphius formalen Neuerungen gegenüber Zurückhaltung übte und die ›Zierlichkeit‹ der Rede seinem Glaubenspathos unterordnete, ging es einer Reihe von Dichtern darum, die formalen Möglichkeiten der Versdichtung zu erweitern und die Dichtersprache ästhetisch zu sensibilisieren. Es waren zunächst vor allem die Buchner-Schüler Philipp von Zesen und Johann Klaj, und mit diesem die anderen Gründungsmitglieder des Pegnesischen Blumenordens Georg Philipp Harsdörffer und Sigmund von Birken, die den opitzianischen Klassizismus von einer anderen Seite her in Frage stellten.

1640 veröffentlichte Philipp von Zesen die erste Fassung seines *Deutschen Helikons*. Es war die erste deutsche Poetik nach Opitz' Musterbuch. Sie enthielt Buchners Neuerungen, der es damit einem seiner Schüler überlassen hatte, den Daktylus zu legitimieren und die von Opitz aufgestellte Alternationsregel zu durchbrechen. Die »Buchner-ahrt«, wie sie Zesen nach ihrem ›Erfinder‹ nannte, setzte sich in den folgenden Jahren durch, ging in die poetischen Lehrbücher ein und galt als die wichtigste Neuerung in der deutschen Dichtkunst seit dem Auftreten von Opitz (s. S. 26f.).

In Zesens lyrischem Schaffen nimmt das Lied eine beherrschende Stellung ein. Schon 1641 erschien seine Version des Hohenliedes, in »Daktylische und Anapästische Verse gebracht«, an die sich Sammlungen weltlicher und geistlicher Gedichte anschlossen (u.a. *FrühlingsLust*, 1642; *Dichterische Jugend-Flammen*, 1651; *Gekreutzigter Liebsflammen oder Geistlicher Gedichte Vorschmak*, 1653; *Dichterisches Rosen- und Liljen-tahl*, 1670). Zu den charakteristischen Merkmalen der Lieddichtung Zesens gehört ihre musikalische Qualität, das Interesse an Klangwirkungen und rhythmischer Beweglichkeit. Für ihn besteht eine enge Verbindung zwischen Poesie, Musik und Tanz: Diese Auffassung schlägt sich auch in der metrischen Vielfalt nieder, die Zesen noch über die von Buchner betriebene Einführung des Daktylus hinaus propagierte. Neben die rhythmische Bereicherung durch Daktylen und Mischformen tritt eine entschiedene Betonung der Klangwirkung. Binnenreime, Alliterationen und Assonanzen durchziehen viele seiner Lieder. Eines der schönsten Beispiele für Zesens Klangpoesie ist das *Meien-Lied* auf die Kaiserin Eleonore von 1653:

> Glimmert ihr sterne /
> schimmert von ferne /

blinkert nicht trübe /
flinkert zu liebe /
dieser erfreulichen lieblichen zeit.
Lachet ihr himmel /
machet getümmel /
regnet uns seegen /
segnet den regen /
der uns in freude verwandelt das leid.
(Gedichte des Barock, S. 134)

Diese Tendenzen verstärken sich in der späteren Lieddichtung.
Den Höhepunkt bildet eine Reihe virtuoser Texte im *Dichterischen
Rosen- und Liljen-tahl* (1670), der großen repräsentativen Sammlung
seines Liedschaffens, wobei dann in manchen spielerisch-virtuosen
Reihenbildungen das Spiel mit den Klängen den Bedeutungsgehalt
zur Nebensache werden lässt, z.B. im »Weinlied an eine lustige
Geselschaft«:

Es gischen die gläser / es zischet der zukker:
man schwenkt sie / und schenkt sie euch allen vol ein.
Es klukkert verzukkert dem schlukker fein lukker /
fein munter hinunter der Reinische wein. [...]
(Sämtliche Werke II, S. 269)

Obwohl der spielerische Aspekt einer derartig an Klangwirkung
interessierten Kunst nicht zu übersehen ist, gibt es Beziehungen zu
mystischen und sprachtheoretischen Strömungen und Spekulatio-
nen der Zeit, nicht zuletzt der Ursprachenlehre Jacob Böhmes. Die
besondere Nähe der deutschen Sprache zur Ursprache, der *lingua
adamica*, ermöglicht es nach dieser Theorie dem Dichter, in ihrem
Klang die wahre, unverfälschte Bedeutung der einzelnen Laute und
der daraus gebildeten Wörter zu entdecken. Wortklang und (seit
der babylonischen Sprachverwirrung verborgene) Bedeutung stehen
in einer Beziehung zueinander, und durch die Rückführung auf
ihre Elemente – Laute, ›Stammwörter‹ – lässt sich die gemeinsame
tiefere Bedeutung zusammengehöriger Worte nachweisen. So soll
in den Zeilen

Juliane / Zier der Jugend /
schönstes Bild der schönen tugend /
kluge Fürstin / nim doch hin [...]

mit Hilfe der Lautanalogie erwiesen werden, dass Jugend, Tugend
und Klugheit »ihrer tieferen Bedeutung nach mit ›Juliane‹ verwandt
[sind]; denn sie gehen auf ein gemeinsames Stammwort zurück«

(Weber, S. 169). Auch Zesens abenteuerliche Etymologien und manieriert erscheinenden Wortspiele gehören in diesen Zusammenhang. Es handelt sich nicht um einen ästhetischen Sprachbegriff, sondern über die Gleichlautung bei Zesen ist vielmehr »ein Ausdruck des analogistischen Gestaltungsprinzips, das die Schaffung eines metaphysisch begründeten Sprachordo zum Ziele hat« (ebd., S. 177).

Das Denken in Analogien hat Konsequenzen für Zesens Behandlung überkommener Themen und Motive. Dem Gegensatz von Diesseits und Jenseits, Vergänglichkeit und Ewigkeit in den geistlichen Gedichten fehlt das spannungsgeladene Pathos eines Andreas Gryphius, und die petrarkistische Antithetik von Liebe und Leid verliert ihren existentiellen Ernst und wird von harmonisierenden Vorstellungen – Treue, Trost, Liebespreis – überlagert. Diese stehen auch im Kontext der populären neuplatonisch inspirierten Vorstellungen von der Liebe als einer umfassenden kosmischen Kraft, die ihren Ausdruck wie bei Opitz oder Fleming in der Makrokosmos-Mikrokosmos-Analogie findet.

Die anderen lyrischen Gattungen treten hinter der Lieddichtung zurück. Doch zeigen etwa die Beispielgedichte in den verschiedenen Auflagen der Poetik oder die Gedichteinlagen in den Romanen und anderen Werken durchaus ein breiteres lyrisches Repertoire vom Epigramm bis zum umfangreichen Alexandrinergedicht, wobei insbesondere die kunstvollen Sonette herausragen. Seiner Vorliebe für Klangeffekte entspricht das beliebte Genre des Echogedichts ebenso wie das Rondeau, und selbst die Form des Figurengedichts verbindet er mit seinem Konzept der Klangpoesie (z.B. im »Palmbaum der höchst-löblichen Frucht-bringenden Geselschaft zuehren auf-gerichtet«).

Zesens Dichtung berührt sich in manchen Punkten mit der Lyrik der Nürnberger, der Dichter des Löblichen Hirten- und Blumen-Ordens an der Pegnitz. Die führenden Köpfe der Dichtergesellschaft waren Georg Philipp Harsdörffer, der Buchner-Schüler Johann Klaj und Sigmund von Birken. Ihre Spezialität war die Schäferdichtung, ihr Markenzeichen die Lautmalerei. Sie griffen die neuen Möglichkeiten auf, die sich aus der Aufgabe des Alternationsprinzips ergaben, und erprobten die Variations- und Kombinationsmöglichkeiten verschiedener Versmaße und Strophenformen. Ihre besondere Vorliebe galt den »langgekürzten« (daktylischen) und »gekürztlangen« (anapästischen) Versen und den Klangmöglichkeiten der Sprache, die sie durch die gehäufte Verwendung von Alliteration, Assonanz und Binnenreim auszuschöpfen suchten:

Es schlürfen die Pfeiffen / würblen die Trumlen /
Die Reuter und Beuter zu Pferde sich tumlen /
Die Donnerkartaunen durchblitzen die Lufft /
Es schüttern die Thäler / es splittert die Grufft /
Es knirschen die Räder / es rollen die Wägen /
Es rasselt und prasselt der eiserne Regen /
Ein jeder den Nechsten zu würgen begehrt /
So flinkert / so blinkert das rasende Schwert.
(Pegnesisches Schäfergedicht I, S. 14)

Was wie ästhetisches Spiel aussieht, besitzt jedoch für Harsdörffer
und Klaj eine tiefere Bedeutung. Für Harsdörffer ist Dichtung eine
Funktion seiner ›Spracharbeit‹, die im Anschluss an Justus Georg
Schottelius von der patriotisch motivierten Überzeugung getragen ist,
dass der deutschen Sprache eine besondere Erkenntniskraft zukommt,
die auf ihrer Reinheit und Ursprünglichkeit beruht. Sie stehe der
Ursprache, der *lingua adamica*, näher als alle anderen Sprachen –
das Hebräische ausgenommen –, was nicht zuletzt ihre onomato-
poetischen Qualitäten bezeugten: »Ich sage nochmals: Die Natur
redet in allen Dingen / welche ein Getön von sich geben / unsere
Teutsche Sprache« (Gesprächspiele I, S. 357). Aus dieser besonderen
Stellung der deutschen Sprache ergibt sich die patriotische Pflicht,
sie in ihrer Reinheit zu bewahren und zugleich in ihre Geheimnisse
einzudringen. Der stärker von den sprachmystischen Vorstellungen
Jacob Böhmes geprägte Johann Klaj spricht in seiner *Lobrede der
Teutschen Poeterey* (1645) davon, dass es kein Wort in der deutschen
Sprache gebe, »das nicht dasjenige / was es bedeute / worvon es
handele / oder was es begehre / durch ein sonderliches Geheimniß
außdrükke: also daß man sich über die unausdenkige Kunst / die
Gott unserer Sprachen verliehen / wundern muß« (S. 14).

Die in den Nürnberger Klanggebilden erkennbare Tendenz zur
sprachlichen Ästhetisierung und die Konzentration auf die Erweiterung der Ausdrucksmöglichkeiten der deutschen Sprache ist also
nicht inhaltslose Spielerei. Ebenso wenig kann die vorherrschende
schäferliche Thematik nur als unverbindliches literarisches Masken-
spiel gelten, gehört doch zur Tradition der Schäferdichtung seit den
Eklogen Vergils ein entschiedener Wirklichkeits- und Gegenwartsbezug, die Möglichkeit, »auf politische Ereignisse der Gegenwart
anzuspielen und den Kontrast zwischen dem idyllischen Leben in
der Natur und der sozialen und politischen Realität herauszuarbei-
ten« (Springer-Strand, S. 249).

Es sind vor allem die frühen Werke der Pegnitzschäfer, darunter
das *Pegnesische Schäfergedicht* (1644–45), Klajs Redeoratorien und
Harsdörffers Poetik, die sich durch Innovationskraft und Experi-

mentierfreude auszeichnen. Die spätere Entwicklung der Sprachgesellschaft bringt in poetologischer und ästhetischer Hinsicht wenig Neues. Hingegen macht sich eine stärkere Betonung des religiösen Moments bemerkbar, etwa in der ausgesprochen christlich-moralisierenden Perspektive der Poetik Birkens (*Teutsche Rede-bind- und Dicht-Kunst*, 1679) oder in seinem Vorschlag, den heidnischen Parnass durch einen christlichen Musenberg in der Nähe Nürnbergs zu ersetzen (*Der Norische Parnaß*, 1677).

Mit den Leistungen Zesens, Harsdörffers und Klajs waren Versgebilde von einer Lebendigkeit und rhythmischen Bewegtheit entstanden, wie sie die deutsche Literatur bis dahin nicht gekannt hatte. Außerdem hatte Harsdörffer mit seinen »Poetischen Beschreibungen / verblümten Reden und Kunstzierlichen Ausbildungen« im dritten Teil seines *Poetischen Trichters* Hinweise auf eine Intensivierung der Bildersprache gegeben (s. S. 55f.). Daran ließ sich anknüpfen. Der hier beschrittene Weg führte, wenn auch nicht immer an direkte Einflüsse zu denken ist, zur formalen Meisterschaft der *Geharnschten Venus* (1660) Kaspar Stielers, zur Metaphorik der Catharina Regina von Greiffenberg und schließlich auch zu den virtuosen poetischen Techniken der Jugendwerke Quirinus Kuhlmanns.

In enger persönlicher wie poetischer Beziehung zu den Nürnbergern steht die Sonett- und Liedkunst Catharina Regina von Greiffenbergs. Ihre »zu Gottseeligem Zeitvertreib« erfundenen *Geistlichen Sonnette / Lieder und Gedichte* (1662), von Birken zum Druck befördert, machen sich die durch Zesen, Harsdörffer und Klaj erweiterten Ausdrucksmöglichkeiten zunutze: artistische Sprachkunst im Dienst ihrer religiösen Mission. Sie fühlt sich als Werkzeug der göttlichen Inspiration. Das erste Sonett des Buchs, »Christlicher Vorhabens-Zweck« überschrieben (S. 1), nennt das »Spiel und Ziel«, dem sie sich in ihrem Leben und in ihrer Dichtung verschrieben hatte: Gotteslob. Lob der göttlichen Vorsehung, der Gnade und Güte Gottes, Lob Gottes in der Natur und – ein entscheidendes Paradox – Lob Gottes in der Erfahrung des Leides. Neben formal abwechslungsreichen Liedern nutzt sie vor allem die kunstvolle Form des Sonetts als das ihren religiösen Erfahrungen und ihrem Denken adäquate Ausdrucksmittel.

Die ästhetische Wirkung der Gedichte ist weitgehend bestimmt von der Musikalität der Sprache und der häufigen Verwendung von ungewöhnlichen Komposita: Herzgrund-Rotes Meer, Herzerleuchtungs-Sonn', Anstoß-Wind, Himmels-Herzheit, Meersands-Güt'. Das gibt manchen Gedichten einen manieristischen Anstrich, doch hat diese Technik neben ihrem ästhetischen Reiz auch einen

tieferen Sinn. Durch die Wortzusammensetzungen werden verborgene Analogien aufgezeigt, werden Mensch, Natur und Gott aufeinander bezogen, wird die Welt sichtbar als ein Ort, in dem die
verschiedenen Bereiche aufeinander verweisen. Mit ihrer Vorliebe
für dieses Stilmittel und der Verbindung von Sprachmystik und
Spieltheorie, zeigt sich die Greiffenberg Strömungen der zeitgenössischen Literatur verpflichtet. Neben den Beziehungen zu Nürnberg
ergeben sich Berührungspunkte mit den Theorien des Philologen
Justus Georg Schottelius, der in der Kombinatorik ein wichtiges
Ausdrucksmittel der Sprache erkannte und in dieser »Teutschen
Doppelkunst« die Möglichkeit sah, »die Händel der Natur und
die Verenderungen des menschlichen Wesens abzubilden / vorzustellen / auszutrükken / und also aus den innersten Geheimnissen
der Sprachen mit uns zu reden« (I, S. 88).

Wie im Jahreslauf Heilsgeschichte sichtbar wird, zeigen die
zahlreichen Gedichte Greiffenbergs auf die Jahreszeiten, auf die
»Gott-lobende Frülings-Lust« (das bekannte tänzerische »Jauchzet /
Bäume / Vögel singet! danzet / Blumen / Felder lacht!« ist eines
von vielen) und »Auf die Fruchtbringende Herbst-Zeit«:

Freud'-erfüller / Früchte-bringer / vielbeglückter Jahres-Koch /
Grünung-Blüh und Zeitung-Ziel / Werkbeseeltes Lustverlangen!
lange Hoffnung / ist in dir in die That-Erweisung gangen.
Ohne dich / wird nur beschauet / aber nichts genossen noch.

Du Vollkommenheit der Zeiten! mache bald vollkommen doch /
was von Blüh' und Wachstums-Krafft halbes Leben schon empfangen.
Deine Würkung kan allein mit der Werk-Vollziehung prangen.
Wehrter Zeiten-Schatz! ach bringe jenes blühen auch so hoch /

schütt' aus deinem reichen Horn hochverhoffte Freuden-Früchte.
Lieblich süsser Mund-Ergetzer! lab' auch unsern Geist zugleich:
so erhebt mit jenen er deiner Früchte Ruhm-Gerüchte.

zeitig die verlangten Zeiten / in dem Oberherrschungs-Reich.
Laß die Anlas-Kerne schwarz / Schickungs-Aepffel safftig werden:
daß man GOttes Gnaden-Frücht froh geniest und isst auf Erden.
(S. 243)

Wie sich in der Natur göttliche Erfahrung spiegelt, macht nicht
nur die Bewegung des Sonetts von der Natur zum religiösen, ja
eschatologischen Bereich deutlich, diese Spiegelung konkretisiert
sich in der Metaphorik der Komposita, in denen sich natürlicher
und religiöser Bereich, Konkreta und Abstrakta miteinander verbinden (»Anlas-Kerne«, »Schickungs-Aepffel«).

4. Satire und weltliches Epigramm

Für Martin Opitz gehören zu einer Satire die »lehre von gueten sitten und ehrbaren wandel / und höffliche reden und schertzworte«; ihr »vornemstes« aber und gleichsam ihre Seele sei jedoch die »harte verweisung der laster und anmahnung zue der tugend: welches zue vollbringen sie mit allerley stachligen und spitzfindigen reden / wie mit scharffen pfeilen / umb sich scheußt«. Zugleich konstatiert er die Verwandtschaft von Satire und Epigramm:

»Das Epigramma setze ich darumb zue der Satyra / weil die Satyra ein lang Epigramma / und das Epigramma eine kurtze Satyra ist: denn die kürtze ist seine eigenschafft / und die spitzfindigkeit gleichsam seine seele und gestallt; die sonderlich an dem ende erscheinet / das allezeit anders als wir verhoffet hetten gefallen soll: in welchem auch die spitzfindigkeit vornemlich bestehet.« (Buch von der Deutschen Poeterey, S. 31)

Die epigrammatische Kurzform der Satire im Anschluss an das römische und neulateinische Epigramm (Martial, John Owen) herrscht im 17. Jahrhundert in der deutschsprachigen Dichtung durchaus vor. Texte Martials übersetzte u.a. Martin Opitz in seinen Epigrammbüchern, John Owen fand Übersetzer in Johann Peter Titz (*Florilegii Oweniani centuria* [-*centuria altera*], 1643–45) und Valentin Löber (*Teutschredender Owenus*, 1653). Kaum eine Gedichtsammlung verzichtet auf eine Abteilung von ›Bei-‹ oder ›Überschriften‹, die in der Regel auch – aber nicht nur – satirische Epigramme enthält. Dagegen spielt die Form der römischen Verssatire in der Tradition von Horaz, Juvenal oder Persius in der deutschsprachigen Dichtung nur eine untergeordnete Rolle; einen bedeutenden Platz nimmt sie allerdings in der neulateinischen Dichtung Jacob Baldes ein.

Die deutschsprachige Verssatire vertreten nur die vier niederdeutschen *Schertz Gedichte* (1652) von Johann Lauremberg, die die Bedrohung der überkommenen Werte und Lebensformen durch einen vom Ausland beeinflussten ›modernen‹ Lebensstil anprangern, und die *Teutschen Satyrischen Gedichte* (1664, 1677) Joachim Rachels, die z.T. Texten von Juvenal und Persius folgen und auf die eigene Zeit beziehen. Die Rezeption des französischen Klassizismus und der Satiren Nicolas Boileaus durch Benjamin Neukirch und Friedrich Rudolph Ludwig von Canitz um die Wende zum 18. Jahrhundert leiten dann – zusammen mit den literaturkritischen Epigrammen Christian Wernickes (*Uberschriffte Oder Epigrammata*, 1697; erweitert 1701, 1704) – eine neue Epoche ein.

Während die römische Form der Verssatire Randerscheinung blieb, gehörte die satirische Kurzform, das satirische Epigramm,

zum Repertoire fast aller Dichter des Jahrhunderts. Die satirische
Epigrammatik ist stark traditionsgebunden: Typen-, Standes- und
Institutionensatire arbeiten zu einem großen Teil mit einem über-
lieferten Bestand an Motiven und Stereotypen, so dass sie ihren
Reiz allenfalls durch eine elegante neue und pointierte Formulie-
rung erhalten. Gegenstand der Kritik ist dabei in der Regel die
Diskrepanz zwischen Anspruch und Wirklichkeit, das Abweichen
von einer explizit oder implizit gesetzten Norm:

Auff einen übervollen Edelmann
Du bist des Weines voll / zwen diener tragen dich
Du schreyest / Speyest / Schlägst / ist das nich Adelich?
(Georg Greflinger; zit. nach Weisz, S. 106)

Der Übergang von der satirischen Entlarvung ›zeitloser‹ Laster und
Übelstände zu einer historisch konkreten Kritik ist jedoch immer
möglich. Die stereotype Satire auf Geizhälse, unfähige Mediziner,
bestechliche Richter oder ihren Standesidealen zuwiderhandelnde
Adelige lässt sich jederzeit aktualisieren, vor allem jedoch kann das
satirische Spektrum um zeittypische Gegenstände erweitert werden.
Zu diesen Themen gehören die zur absolutistischen Staatsform hin-
führende politische Entwicklung, die damit verbundenen gesellschaftlichen und kulturellen Probleme, der Dreißigjährige Krieg
mit seinen Ursachen und Folgen und die durch den Krieg sich ver-
schärfenden sozialen Konflikte. So macht das satirische Epigramm
– wie sonst nur die Bauernklagen und die die Bauernaufstände
begleitenden Lieder – die Not der durch Krieg und Grundherr-
schaft bedrückten Bauern schlaglichtartig deutlich:

Eines Schlesischen Bauers vermessene reden zur Zeit des 30 jährig-wehrenden
Krieges
Die grossen Herren sich bekösten itzt mit Austern /
die Land- und Bürgers-leut' auf Krebs und Schnekken laustern;
Wir Pauren wollen schon Meykefer lernen essen /
wenn nur der Teufel auch die Krieger wollte fressen /
damit ie Leut und Land dießfalles der beschwerden
und ungeziefers möchte' auf einmal ledig werden!
(Wencel Scherffer von Scherffenstein 1652; Gedichte des Barock, S. 142)

Logau

In den Gedichtsammlungen des 17. Jahrhunderts finden sich
häufig Epigramme mit satirischen Einblicken in die moralischen,
gesellschaftlichen und politischen Verhältnisse und Fehlentwick-

lungen. Zu einem Gesamtbild fügen sie sich im Werk Logaus, der, wie Lessing im 36. Literaturbrief vom 26. April 1759 schrieb, in der Tat wenig mehr war als ein »Epigrammatist«. 1654 erschien sein Hauptwerk *Salomons von Golaw Deutscher Sinn-Getichte Drey Tausend*, dem nur einige Gelegenheitsgedichte und – schon 1638 – eine erste kleine Epigrammsammlung (*Teutsche Reimen-Sprüche*) vorausgegangen waren. »Kein Deutscher hat noch nie / (ließ ich mich recht berichten) Gevöllt ein gantzes Buch / mit lauter Sinn-Getichten«, schreibt er und begegnet möglichen Einwänden gegen »Meng und Uberfluß« der Epigramme mit einem Hinweis auf die unendliche Zahl der Zeugnisse von Gottes Wirken und der menschlichen Handlungen: »Geh zehle mir die Stern und Menschliches Beginnen!« (Sinngedichte, S. 214). So spiegelt sich in der Vielzahl der Epigramme – es sind genau 3560 – die Fülle der Erscheinungen, die »Menge Menschlichen Fürhabens«. Doch das Spiegelbild zeigt eine Welt, die in Unordnung geraten, ›verkehrt‹ ist: »Die Welt ist umgewand«, heißt es an einer Stelle (ebd., S. 167).

Die Maßstäbe für seine kritisch-satirische Auseinandersetzung mit der zeitgenössischen Wirklichkeit nimmt Logau aus einer idealisierten Vergangenheit, einer statischen, hierarchisch gegliederten Welt, in der noch die alten deutschen Tugenden wie Treue, Redlichkeit und Frömmigkeit herrschten und die deutsche Sprache, Kleidung und Gesinnung noch nicht überfremdet waren. Vor dem Hintergrund der (verklärten) altständischen Gesellschaft beurteilt er Ereignisse, Institutionen und menschliches Verhalten der Gegenwart, wendet er sich gegen Neuerungen und verteidigt das Überkommene.

Das Neue, das die alten Lebensformen zu zerstören droht, manifestiert sich in erster Linie im Hof und der Hoforganisation, die im Zuge der Durchsetzung absolutistischer Bestrebungen entscheidenden Veränderungen unterworfen waren. Elemente traditioneller Hofkritik – »Wer will daß er bey Hof fort kom, Der leb als ob er blind, taub, stum« (Weckherlin: Gedichte II, S. 422) – verbinden sich dabei mit der Kritik an spezifischen Missständen. Dem absoluten Herrscher, seinem Hof und seinen Höflingen wird dabei das Ideal eines patriarchalischen Herrschaftsstils gegenübergestellt, der ein persönliches Treueverhältnis zwischen Fürst und Ratgebern voraussetzt. Diese Haltung reflektiert z.B. die spruchartige »Lebens-Satzung« (Sinngedichte, S. 56), ein Beispiel gnomischer Epigrammatik (die rein zahlenmäßig bei Logau dominiert).

Doch die Welt, in der eine solche Lebensauffassung möglich ist, sieht Logau bedroht: Ein neuer Beamtenadel, auf den sich der Herrscher stützt, beeinträchtigt die Stellung des landsässigen alten

Adels, ein neuer Typ des Hofmanns, der eine ›politische‹ Moral
vertritt, setzt sich gegenüber dem ›redlichen Mann‹ durch, eine
von französischer Mode, Sprache und Literatur geprägte Hofkultur
verdrängt die alten Lebensformen.

> *Heutige Welt-Kunst*
> Anders seyn / und anders scheinen:
> Anders reden / anders meinen
> Alles loben / alles tragen /
> Allen heucheln / stets behagen /
> Allem Winde Segel geben:
> Bös- und Guten dienstbar leben:
> Alles Thun und alles Tichten
> Bloß auff eignen Nutzen richten;
> Wer sich dessen wil befleissen
> Kan Politisch heuer heissen.
> (Sinngedichte, S. 78)

Der Klage über das »Hofe-Leben« und die Anmaßung der Städte
und Bürger stellt der Hofmann die Sehnsucht nach dem Landleben
gegenüber und greift in einem längeren Gedicht zur alten Gattung
des Landlobs, um ein neustoisch geprägtes Gegenbild zur laster-
haften Welt des Hofes und der Stadt zu entwerfen:

> *Das Dorff*
> Mein Gut besuch ich nechst; das Feld war voller Segen:
> Sonst war mirs nicht so gut / wie in der Stadt / gelegen:
> [...]
> Noch dennoch war mir wol und alles fiel geliebet /
> Weil Ruh mir wolgefiel. Das zancken der Parteyen /
> Der Uberlauff deß Volcks / deß Hofes Schwelgereyen /
> Verleumdung / Neid / und Haß / Trug / Heucheley und Höhnen /
> Die außgeschmückten Wort und fälschliches beschönen /
> Das hatte hier nicht stat; ich kunte seyn mein eigen /
> Und alle meine Müh zu meinem besten neigen.
> O Feld / O werthes Feld / ich muß es nur bekennen /
> Die Höfe / sind die Höll; und Himmel du zu nennen.
> (Ebd., S. 206)

Die Veränderungen, die der frühneuzeitliche Staat mit sich brachte,
mussten dem Landadel bedrohlich erscheinen, konnten sie doch
Macht- und sogar Existenzverlust bedeuten. Es war zugleich, und
das zeigen die Angriffe auf die von französischen Sitten geprägte
höfische Kultur, eine Frage der kulturellen Identität, die durch die
erzwungene Anpassung an die Regeln des Hofs allmählich unter-
höhlt zu werden drohte. Dieser Prozess wurde durch den Krieg und
seine Folgen nur noch beschleunigt.

Doch so sehr Logau die Verwüstungen des Krieges und das daraus resultierende Elend anprangert, so wenig ist ihm der Friedensschluss Anlass zu Freudenkundgebungen: Er sieht allein die Schweden als Nutznießer, und der jetzige Friede verdeutlicht lediglich die Sinnlosigkeit des jahrzehntelangen Kriegsgeschehens. So ist auch von ihm keine Unterstützung für eine der religiösen Parteien zu erwarten. Vielmehr ist die Kritik an der Institution der Kirche und ihren den eigenen Grundsätzen zuwider lebenden Vertretern ein wesentlicher Punkt seiner satirischen Epigrammatik. Den Anspruch der Konfessionen, jeweils das wahre Christentum zu repräsentieren, weist der Ireniker Logau in einem Epigramm spitz zurück, das als Musterbeispiel satirischer Entlarvungstechnik und scharfsinnigen Sprechens gelten kann:

Glauben
Luthrisch / Päbstisch und Calvinisch / diese Glauben alle drey
Sind verhanden; doch ist Zweiffel / wo das Christenthum dann sey.
(Ebd., S. 89)

Logaus Begriff des Epigramms war jedoch nicht sehr eng. So erfüllen seine Epigramme nicht immer die gattungsspezifischen Erfordernisse der Kürze und der ›Spitzfindigkeit‹ (*argutia*), noch hält sich Logau immer an das von ihm zitierte Opitz-Wort, dass das Epigramm als kurze Satire zu begreifen sei. Dass die gnomischen Epigramme in Logaus Sammlung überwiegen, bedeutet jedoch keine Einschränkung der satirischen Intention. Die lehrhaften Sinnsprüche verweisen vielmehr auf die Norm, von der aus die Gebrechen der Welt und der Menschen erhellt und satirisch entlarvt werden. Wenn Logau mit seinem anagrammatischen Pseudonym Salomon von Golaw an die Sprüche Salomonis und die Reden des Predigers Salomo erinnert, so verweist er auf die Gemeinsamkeit zwischen seinem Werk und den alttestamentarischen Texten, in denen sich ebenfalls beide Aspekte – Spruchweisheit und Kritik an Missständen und Lastern – ergänzen.

5. Geistliche Lieddichtung

Geistliche Lyrik macht den wohl größten Teil der lyrischen Produktion im 17. Jahrhundert aus. Dabei ergeben sich angesichts des alle Bereiche des Lebens prägenden christlichen Glaubens durchaus Abgrenzungsprobleme zwischen weltlicher und geistlicher Dichtung. Andreas Gryphius etwa verzichtete daher auf die seit Opitz

übliche gewordene Einteilung seines Werks in geistliche und weltliche Poemata. In der Hauptsache freilich ist das Korpus der geistlichen Lyrik unstrittig, wenn auch kaum übersehbar. Das gilt vor
allem für die Casualcarmina geistlichen Inhalts (Leichen-, Trauer-,
Trostgedichte usw.) sowie die religiöse Lieddichtung, an deren mas-
senhafter Produktion sich neben fast allen namhaften Dichtern des
17. Jahrhunderts vorrangig zahlreiche Geistliche beteiligten, die es
als ihre Aufgabe ansahen, mit dieser Form der Gebrauchsdichtung
den Glauben bzw. die jeweilige Konfession zu stärken.

Die unterschiedliche Funktion, die die religiöse Lieddichtung im
religiösen Leben einnehmen kann, schlägt sich in der wissenschaftlichen Literatur mehr oder weniger konsequent in der Unterscheidung von Kirchenlied und geistlichem Volkslied auf der einen und
Geistlichem Lied auf der anderen Seite nieder. Als Kirchenlieder
gelten danach die Lieder, die im (evangelischen) Kirchengesangbuch gesammelt und im öffentlichen Gottesdienst der Gemeinde
gesungen wurden, als geistliche Volkslieder die katholischen Lieder,
die bei kirchlichen Anlässen außerhalb des Gottesdienstes als Mittel
gegenreformatorischer Glaubenspropaganda eingesetzt wurden, um
das ›Volk‹ für den wahren Glauben zu gewinnen bzw. diesen zu fes-
tigen. Vor allem die Jesuiten, dann auch die Franziskaner förderten
das geistliche Volkslied. Im Unterschied zu diesen mit kirchlichen
Anlässen verbundenen Liedtypen (Gottesdienst, Feste, Wallfahrten
u.a.) ist das Geistliche Lied für die Frömmigkeitsübung im Haus,
für die Hausandacht konzipiert. Durch seine textliche Gestaltung
und die musikalischen Anforderungen entfernt es sich vielfach vom
einfachen Stil des Gemeinde- bzw. geistlichen Volkslieds. Allerdings hat die Unterscheidung eher typologischen Charakter, denn
die Übergänge sind fließend, und ein Blick auf die geschichtliche
Entwicklung im 17. und 18. Jahrhundert zeigt, wie sich die Funktion der Lieder ändern konnte, also Geistliche Lieder zu Kirchenliedern oder geistlichen Volksliedern mutierten, gegebenenfalls auch
durch Textänderungen und vereinfachte Kompositionen.

Neben diesen für die Verwendung in Hausandacht, Gottesdienst oder anderen kirchlich bestimmten Gelegenheiten verton-
ten Liedern verschaffte sich nach der Literaturreform die religiöse
Kunstlyrik einen immer größeren Platz, Dichtung, die nicht mehr
in einem kirchlichen Funktionszusammenhang stand und sich als
Sprech- oder Leselyrik durch einen individuellen stilistischen und
inhaltlichen Charakter auszeichnete. Sie nahm das stilistische und
formale Repertoire der humanistischen Kunstdichtung deutscher
Sprache auf und löste damit auch Diskussionen über die Zulässig-
keit und den Grad des rhetorischen *ornatus* aus. Dabei stieß die

grundsätzliche Ablehnung des hohen Stils in der geistlichen Dichtung, wie sie gerade im 16. Jahrhundert weit verbreitet war, im 17. Jahrhundert zunehmend auf Widerspruch und machte – auch als Folge der Sprach- und Literaturreform mit ihrem Programm einer international konkurrenzfähigen deutschen Dichtkunst – differenzierteren Anschauungen Platz.

Sowohl die neulateinische Dichtung wie die nationalsprachlichen Renaissanceliteraturen des Auslands, Vorbilder für die deutschen Reformer, hatten in zahlreichen Werken die Vereinbarkeit von religiösem Gegenstand und poetischer Sprachkunst demonstriert. Außerdem konnte man sich auf die Bibel selbst berufen. Gryphius etwa ist der Meinung »gar nicht zugethan / die alle Blumen der Wolredenheit und Schmuck der Dichtkunst auß Gottes Kirche bannet / angesehen die Psalmen selbst nichts anders als Gedichte / derer etliche übermassen hoch und mit den schönesten Arten zu reden / die himmlischen Geheimnüß außdrucken« (Gesamtausgabe II, S. 98). Die Befreiung von den restriktiven Vorschriften führt zu einer Lieddichtung, in der »Poetische und Figürliche Redzierden« in größerem Maß zugelassen sind: »GOtt / der uns den Verstand und die Rede verliehen / hat uns ja nicht verboten / zierlich von und vor ihm zu reden«, argumentiert Sigmund von Birken in seiner *Teutschen Rede-bind- und Dicht-Kunst* (S. 190).

Bevorzugte Formen sind das gelegentlich epische Ausmaße annehmende Alexandrinergedicht, Sonett, Epigramm oder die Pindarische Ode, aber auch geistliche Kontrafakturen der bukolischen Dichtung. Daneben setzt sich die humanistische neulateinische Literaturtradition auch in der geistlichen Lyrik des 17. Jahrhunderts fort, die in der Dichtung des Jesuiten Jacob Balde gipfelt. Eine eigene Stellung besitzt die deutsche Psalmendichtung mit ihrem breiten Spektrum, das vom Hugenottenpsalter und seiner Funktion als Gemeindelied über andere liedhafte Formen und Paraphrasen bis hin zu kunstvoller Andachtslyrik reicht. Mit dem prophetischen Anspruch des Verfassers geht allerdings Quirinus Kuhlmanns *Kühlpsalter* (1684–86) über die traditionsgebundene Psalmendichtung hinaus.

Eine zunehmend wichtige Rolle spielte in beiden Konfessionen die meditative emblematische Lieddichtung und Erbauungsliteratur, die vielfach an die ungemein erfolgreiche *Pia desideria* (1624) des belgischen Jesuiten Herman Hugo anknüpfte, die in zahlreichen lateinischen und volkssprachlichen Ausgaben und Bearbeitungen, darunter in vielen deutschen, verbreitet war.

Protestantische Lieddichtung

Die protestantisch dominierte Literaturreform führt zwar zu sprachlichen und metrischen Konsequenzen, aber die Bindung an das
Jahrhundert der Reformation bleibt vor allem bei der Lieddichtung
sehr eng. Für Kontinuität sorgt auch die protestantische Betonung
des Bibelworts, d.h. die geistlichen Lyrik schließt sich weiterhin
in der Regel an den Wortlaut der Bibel an, nutzt und kombiniert
Bibelzitate je nach Thema oder Anlass der Dichtung, erzählt Epi-
soden nach und deutet Bibelworte und biblisches Geschehen in
belehrender und erbaulicher Absicht. Als angemessen dafür gilt im
Einklang mit der traditionellen rhetorischen Stillehre der niedere
Stil, der *sermo humilis*. Dass sich seit der Jahrhundertwende im
Zusammenhang mit dem Reformkonzept einer gelebten, den Men-
schen innerlich verwandelnden Frömmigkeit ein neuer, emotiona-
ler Ton durchsetzt, ändert zunächst nichts an der grundsätzlichen
Forderung eines der belehrenden und erbaulichen Funktion der
Lieder entsprechenden niederen Stils.

Vorbild für die protestantischen Lieddichter des 17. Jahrhunderts ist Luther und das Kirchenlied der Reformation. Die heraus-
ragenden Gestalten sind Johannes Heermann und Paul Gerhardt.
Von anderen Autoren ist häufig nur ein einziges Lied lebendig
geblieben: »Nun dancket alle Gott« (Martin Rinckart), »Valet wil
ich dir geben / Du arge / falsche Welt« (Valerius Herberger), »Jeru-
salem du hochgebawte Stadt« (Johann Matthäus Meyfart), »Wer
nur den lieben GOtt läst walten« (Georg Neumark) oder »Lobe
den Herren / den mächtigen König der Ehren« (Joachim Neander)
gehören zu diesen Schöpfungen.

Johannes Heermann gilt als der bedeutendste Dichter protestantischer Kirchenlieder zwischen Luther und Paul Gerhardt.
Nach dem Beispiel der zeitgenössischen Erbauungsliteratur (Johann
Arndt, Valerius Herberger, Martin Moller), die als Reaktion gegen
die lutherische Orthodoxie und die gelehrten Streittheologen eine
vertiefte und verinnerlichte Frömmigkeit forderten, nahm er Anregungen aus der Patristik und der mittelalterlichen Mystik auf
(Jesusminne, Verehrung des Bluts und der Wunden Christi u.a.).
Mit seiner Dichtung bereitete er den Weg vom reformatorischen
Bekenntnislied zum Andachts- und Erbauungslied. Dabei bildeten die Erfahrungen des Krieges und der eigenen Gebrechlich-
keit den Hintergrund vieler seiner insgesamt mehr als 400 Lieder,
die in schlichter Weise die christlichen Heilswahrheiten verdeutli-
chen. Dabei schloss er sich schon früh der Opitz'schen Sprach- und
Versreform an und zeigte sich offen für moderne Vers- und Stro-

phenformen wie den Alexandriner oder die (gereimte) sapphische Ode:

> Herzliebster Jesu, was hastu verbrochen,
> Daß man ein solch scharff Urtheil hat gesprochen?
> Was ist die Schuld? In was für Missethaten
>   Bistu gerathen?
> (Zit. nach Zell, S. 174)

Paul Gerhardt setzte die von Heermann eingeleitete Tradition des Andachts- und Erbauungslieds fort und gehört mit seinen Liedern zu den bekanntesten deutschen Dichtern überhaupt – und zu den wenigen des 17. Jahrhunderts, die nicht nur Spezialisten bekannt sind. Allerdings ist sein Schaffen vielfältiger als die Auswahl seiner Lieder im heutigen *Evangelischen Kirchengesangbuch* suggeriert, da sich im historischen Ausleseprozess vor allem die durch Schlichtheit und religiöse Innigkeit charakterisierten Frömmigkeitslieder durchgesetzt haben. Dagegen traten die Texte in den Hintergrund, in denen Gerhardt dezidiert dogmatische Positionen der lutherischen Orthodoxie vertritt, kalvinistische Vorstellungen attackiert und – die eigene Situation im Hintergrund – in biblischer Verkleidung Tyrannenkritik übt. Das machte dann auch eine überkonfessionelle Rezeption der Andachtslieder Gerhardts möglich.

Anders als etwa Heermann, Rist oder Zesen gab Gerhardt keine eigene Sammlung seiner Lieder heraus. Sie erschienen vielmehr neben vereinzelten Veröffentlichungen in Gelegenheitsschriften seit 1647 nach und nach in den verschiedenen Auflagen von Johann Crügers Gesangbuch *Praxis Pietatis Melica. Das ist: Ubung der Gottseligkeit in Christlichen und Trostreichen Gesängen.* Sein Nachfolger als Kantor der Berliner Nicolaikirche und »Der Berlinischen Haupt-Kirchen Music-Director« Johann Georg Ebeling veranstaltete dann die erste Sammlung Gerhardt'scher Lieder, die 1666–67 unter dem Titel *Geistliche Andachten* in zehn Heften gedruckt wurde und insgesamt 120 Lieder enthielt (»Dutzendweise mit neuen Sechsstimmigen Melodeyen gezieret«). Erst im 18. Jahrhundert erhielten sie ihren Status als Kirchenlieder; sie gehören – mit den anderen Liedern des 17. Jahrhunderts – noch heute zum zentralen Bestand des *Evangelischen Kirchengesangbuchs.*

Gerhardt hat keine der verbreiteten Zyklen geistlicher Lieder geschrieben, keine vollständige Nachdichtung des Psalters, keinen die Sonn- und Festtage des Kirchenjahrs umfassenden Zyklus von Perikopenliedern. Gleichwohl lässt sich sein Liedschaffen in das Kirchenjahr und seine wichtigsten Stationen vom Advent über Weihnachten bis zu Ostern und Pfingsten einordnen, denn auch

Gerhard macht selbstverständlich die wichtigsten Stationen der
Heilsgeschichte und damit die entsprechenden sonn- und festtäg-
liche Evangelientexte zum Gegenstand seiner *Geistlichen Andachten*.
Daneben stehen Dank-, Lob- und Trostlieder, die den Christen-
menschen auf seinem Weg durchs Leben begleiten und – bei aller
Leiderfahrung – ungebrochenes Gottvertrauen und die freudige
Gewissheit der Erlösung vermitteln.

Zahlreiche Lieder – annähernd die Hälfte – beruhen unmittelbar
auf biblischen Texten, insbesondere dem Psalter, oder nehmen biblische Ereignisse oder Personen als Ausgangspunkt von Nacherzählun-
gen, Deutungen und andächtigen Betrachtungen. Daneben finden
sich Nachdichtungen oder Bearbeitungen deutscher und lateinischer
Lieder anderer Autoren, darunter auch von sieben Hymnen aus
vorreformatorischer Zeit mit Betrachtungen der Wundmale Christi.
Am bekanntesten ist das Lied »O Haupt vol Blut und Wunden«
nach Arnulf von Leuvens Hymnus »Salve caput cruentatum« aus
dem 13. Jahrhundert. Sechs Lieder gehen auf Gebete aus Johann
Arndts Erbauungsbuch *ParadißGärtlein / Voller Christlicher Tugenden*
(1612) zurück, wie denn überhaupt auch eine Reihe anderer Lieder
zu bestimmten Anlässen oder Tageszeiten (Morgen-, Abendlieder)
auf die Nähe zur Erbauungsliteratur verweisen.

Volkstümlich wurde Gerhardt mit Liedern wie »Befiehl du deine
Wege«, »Geh aus mein Hertz und suche Freud« oder »Nun ruhen
alle Wälder«, mit Texten also, die dem Bedürfnis nach einer ver-
innerlichten Frömmigkeit entgegenkamen. Allerdings bedeutet der
häufig postulierte Gegensatz zwischen den ›Wir‹-Liedern Luthers
und den ›Ich‹-Liedern Gerhardts »[noch] nicht den Übergang
vom ›objektiven Bekenntnislied‹ zum ›subjektiven Erlebnislied‹«
(Schmidt, S. 286). In den Versen

> Geh aus mein Hertz und suche Freud /
> In dieser lieben Sommerzeit
> An deines Gottes Gaben:
> Schau an der schönen Garten-Zier /
> Und siehe wie sie mir und dir
> Sich außgeschmücket haben.
> (Gedichte des Barock, S. 171)

bezeichnet das Ich kein unverwechselbares Individuum. Gemeint
ist vielmehr – wie fast durchweg im religiösen Lied des 17. Jahrhunderts – der Mensch als Mitglied der religiösen Gemeinschaft.
Auch Gerhardts Behandlung der Natur zeigt, dass es noch nicht
um subjektive Erlebnisweisen gehen kann. Obwohl die Hälfte dieses langen »Sommer-Gesangs« in einer Reihung von Naturbildern

besteht, hat Natur nur eine Zeichenfunktion, soll die (vergängliche) Schönheit »dieser armen Erden« auf den Schöpfer und auf »Christi Garten« verweisen und zum Glauben hinführen. Natur- und Genrebilder sind nicht Selbstzweck, sondern stehen in einem Verweisungszusammenhang. Darin treffen sich beispielsweise manche Sonette von Andreas Gryphius mit den Liedern Gerhardts. Auch in der emblematischen Struktur zeigen sich Parallelen: Wenn Gryphius Überschrift, Naturbild und Deutung zu einer formalen Einheit verbindet, so entspricht das dem Verfahren Gerhardts, dem Naturbild die geistliche Deutung folgen zu lassen.

Gewiss steht bei Gerhardt wie bei den anderen Kirchenlieddichtern die theologische Aufgabe über ästhetischen Erwägungen. Gleichwohl schließt er sich nicht von der gelehrten Dichtung ab. Er verwendet charakteristische Stilmittel der zeitgenössischen Poesie und zeigt sich in seiner geglätteten Verssprache Opitz und Buchner verpflichtet. Dass die Bildersprache Extreme vermeidet und die Stilmittel der humanistischen Poesie nur maßvoll eingesetzt werden, ist in der Tradition des geistlichen Liedes begründet. Das Formale ist nur eine Funktion des geistlichen Zwecks, der Andacht:

> Unter allen, die da singen
> Und mit wohlgefaßter Kunst
> Ihrem Schöpfer Opfer bringen,
> Hat ein jeder seine Gunst;
> Doch der ist am besten dran,
> Der mit Andacht singen kann.
> (Gerhardt: Dichtungen, S. 144)

In den Jahrzehnten vor der Jahrhundertwende nehmen die Tendenzen zur Verinnerlichung des geistlichen Lieds unter direktem oder indirektem Einfluss des Pietismus zu; ein neuer, persönlicher Ton macht sich bemerkbar, die Heilserfahrung wird betont gefühlsmäßig erfasst. Der bedeutendste Lieddichter des Pietismus war Gottfried Arnold. Er trug mit seinen Schriften und seiner Lyrik wesentlich zur Verbreitung mystischen Gedankenguts im Pietismus bei. Seine geistlichen Lieder und Gedichte entstanden in der radikalpietistischen Phase seines Lebens um die Jahrhundertwende und erschienen u.a. in den Sammlungen *Göttliche Liebes-Funcken / Aus dem Grossen Feuer Der Liebe Gottes In Christo Jesu entsprungen* (1698, ²1701 mit einem 2. Teil), *Poetische Lob- und Liebes-Sprüche / von der Ewigen Weißheit / nach Anleitung Des Hohenlieds Salomonis* (1700) und, daran angehängt, *Neue Göttliche Liebes-Funcken*, wobei die beiden letzten Titel wiederum den zweiten Teil der Schrift *Das Geheimniß Der Göttlichen Sophia* (1700) bilden.

Entscheidender Ausgangspunkt der Lieddichtung Arnolds ist das Hohelied. Er knüpft an die traditionelle allegorische Auslegung der Liebesdichtung an und führt sie weiter, indem er die traditionelle Allegorese mit dem Ausdruck eigener mystischer Erfahrungen verbindet. Dazu kommt, beeinflusst u.a. von Paracelsus und Jacob Böhme, der ganze Bereich neuplatonischer, alchimistischer und naturmystischer Vorstellungen, mit denen er die Vereinigung mit dem Göttlichen als (innerweltlichen) Verklärungsprozess veranschaulicht. Theoretisch vertritt er das Programm eines ungezwungenen, ›einfältigen‹ pietistischen Sprechens, das seine Unmittelbarkeit göttlicher Inspiration verdanke. In der Praxis freilich zeigt sich, dass Arnold zugleich ganz den Konventionen der humanistischen Poetik und Rhetorik verpflichtet ist.

Katholische Lieddichtung

Von anderen Voraussetzungen ging die deutschsprachige katholische geistliche Lyrik im 17. Jahrhundert aus. Sie entstand im Dienst der katholischen Reform und der Volksmission und diente nicht als Ersatz für die lateinischen liturgischen Gesänge im Gottesdienst, sondern fand vor allem in einem weiteren Kontext kirchlicher Frömmigkeitsübungen Verwendung, etwa bei Laienunterweisungen (Katechismuslieder), Bruderschaften, Prozessionen und Wallfahrten. Dabei spielten Marien- und Heiligenlieder, aber auch Mirakellieder gemäß der Tradition der alten Kirche eine bedeutende Rolle.

Die Funktion dieser Lieder in Laienunterweisung und Volksmission erforderte den niederen Stil ebenso wie der protestantische Gemeindegesang. Allerdings verwirklicht sich dieser *sermo humilis* im Rahmen der oberdeutschen Sprach- und Literaturtradition bzw. bei Spee in der eigenen rheinischen Mundart. Volkstümliche Stilelemente blieben so erhalten, die auch die zahlreichen Übersetzungen lateinischer Hymnen, Lieder und Sequenzen in den katholischen Gesangbüchern charakterisieren. Dabei grenzten sich die Verfasser mit Ausnahme des konvertierten Angelus Silesius – auch aus politisch-konfessionellen Gründen – ausdrücklich von den sprachlichen und metrischen Normierungstendenzen der Opitzianer und der Sprachgesellschaften ab. Deutliche Worte fand etwa der Jesuit Albert Curtz in der Vorrede seiner Psalmenübersetzung *Harpffen Davids Mit Teutschen Saiten bespannet* (1659): »Absonderlich ist auch hier zubedeuten / daß wir uns in übersetzung dises heiligen Psalters / keines weegs der newgeteutschten / und an

etlichen Orten eingeführten Worten gebrauchen wollen; diß seynd
Bemühungen etlicher sinnreicher Geister / mit welchen die Einfalt
deß heiligen Lieds nichts zuschaffen hat« (zit. nach Breuer, S. 52).
Allerdings sorgte die literarische Entwicklung im Verlauf des 17.
Jahrhunderts bei Protestanten wie Katholiken für Veränderungen,
wobei einerseits die stilistischen Lizenzen in der Lieddichtung beider Konfessionen zunahmen, andererseits sich bei einigen katholischen Autoren (z.B. Simon Rettenpacher, Laurentius von Schnüffis)
Annäherungen an sprachliche und poetologische Positionen der
protestantischen Konkurrenten ergeben sollten.

Wichtige Anstöße erhielt die katholische Lieddichtung Anfang
des 17. Jahrhunderts durch die Jesuiten, die damit ihrem missionarischen Auftrag folgten. Der Orden gab Gesangbücher heraus und förderte das Entstehen neuer, den Katechismusunterricht
stützender Lieder. Auch der bedeutendste Lieddichter des Ordens,
Friedrich Spee von Langenfeld, beteiligte sich in den zwanziger
Jahren mit seinen anonym in Gesangbüchern erschienenen Liedern
an der Kinder- und Volkskatechese. Davon unterscheidet sich sein
lyrisches Hauptwerk *Trutz-Nachtigal* durch einen deutlich formulierten künstlerischen Anspruch, ohne dass damit der geistliche
Endzweck seiner Dichtung in Frage gestellt wäre. Das Liederbuch
lässt im Titel der 1634, ein Jahr vor seinem Tod, fertiggestellten
eigenhändigen Reinschrift (Trierer Handschrift) keinen Zweifel an
seinem doppeltem Ehrgeiz: *Trutz-Nachtigal. oder Geistliches Poëtisch
Lvst-Waeldlein. Als noch nie zuvor in Teutscher Spraach auff recht
Poëtisch gesehen ist. Allen geistlichen, gottliebenden Seelen, vnd son-
derlich der poëtischen Kunst gelehrten Liebhabern zur Erquickung.*
Die Druckausgabe des Liederbuchs erschien postum 1649 (*Trutz
Nachtigal, oder Geistlichs-Poetisch Lust-Waldlein*). Gleichzeitig mit
dem postumen Druck in einer textlich nicht unproblematischen
Fassung erschien Spees *Güldenes Tugend-Buch*, ein Erbauungs- und
Exerzitienwerk, das auch eine Reihe von Liedern aus der *Trvtz-
Nachtigal* enthält.

Der Unterschied zu den früheren Liedern besteht nicht in der
geistlichen Wirkungsabsicht, sondern in den Adressaten seiner
Dichtung. Dies waren nun die Gebildeten, die er mit künstlerischen Mitteln (»auff recht Poëtisch«) zu erreichen suchte, wobei er
zugleich wie die protestantischen Literaturreformer für die Eignung
der deutschen Sprache zur höheren Poesie argumentierte: Er sei der
Meinung, heißt es in einem der vorangestellten »Merckpünctlein
für den Leser«, dass Gott auch »in Teutscher Spraach seine Sänger,
und poëten hette, die sein Lob, und Namen eben also künstlich,
und poëtisch als andere in anderen Spraachen, singen, und ver-

künden köndten«. Hier formuliert er auch einige Regeln für die
von ihm vertretene deutschsprachige geistliche Kunstpoesie. Seine
metrischen Empfehlungen beschränkt er wie Opitz auf Jamben
und Trochäen (»Dan sonst keine andere art sich im Teutschen
recht arten [fügen], noch klingen wil«). Zugleich formuliert er
wie dieser ein auf dem Wortakzent (nach »gemeiner außspraach«)
beruhendes Betonungsgesetz, das unabdingbar für »Lieblichkeit«
der Verse sei und dem bereits seine vor der opitzianischen Reform
verfassten Verse im Wesentlichen entsprochen hatten (Trutz-Nachtigal, S. 5f.).

Spees *Trutz-Nachtigal* enthält insgesamt 52 Lieder (bzw. 51 in der
Trierer Handschrift), die sich um vier Motivkreise gruppieren lassen.
Am Anfang stehen die religiösen Minnelieder, wie sie Eichendorff
nannte, mit Liebgesängen der »gespons Jesu«, der vom Pfeil der
göttlichen Liebe verwundeten Braut auf der Suche nach dem Bräu-
tigam. Sie singt von ihrer Liebe, von Freude, Lust und Schmerz, von
verzehrender Glut und Sehnsucht nach der Vereinigung mit dem
göttlichen Geliebten mit den typischen Antithesen und Metaphern
der petrarkistischen Liebesdichtung, eingeleitet durch oder eingebet-
tet in poetische Naturbilder und z.T. verbunden mit spielerischen
Echoeffekten. Später setzte Angelus Silesius mit seinen *Geistlichen
Hirten-Liedern Der in ihren Jesu verliebten Psyche* (1657) die Tradition der durch das Hohelied legitimierten Brautmystik fort (s.
S. 135ff.). Die letzten Lieder führen die »gespons« auf ihrer Suche
zum Garten Gethsemane am Ölberg, dem Ort der Gefangennahme
Christi, zum Kreuzweg und zum leeren Grab am Ostermorgen. Das
›Magdalenenlied‹ endet mit Strophe 59 mit einem Hinweis auf die
affektive Wirkungsstrategie, die auf die sinnliche Vergegenwärtigung,
das nacherlebende Hineinversetzen mit Hilfe der Einbildungskraft
zielt und damit auf die *Geistlichen Übungen* des Ordensgründers
Ignatius von Loyola zurückverweist:

> Den Boltz wer ie gefühlet
> Geschmidt in süßem brand,
> Im brand so wärmt, und kühlet,
> Mags greifen mitt verstand.
> Allein, allein mags wissen,
> Und ihm recht bilden ein,
> Wem ie die Lieb durchrissen
> Leib, Seel, und Marck, und Bein.
> (Ebd., S. 71)

Liedern der Trauer und Buße, die den zweiten Komplex bilden,
schließen sich Lobgesänge an. Überschriften wie »Anleitung zur

erkandnuß und Liebe des Schöpffers auß den Geschöpffen« oder
»Lob Gottes auß einer weitleuffigen Poetischen beschreibung der
frölichen SommerZeit« bezeichnen einen zentralen Aspekt dieser
Gedichtgruppe. Spee hat einen besonderen Blick für die Schönheiten der Natur, für Landschaften, für Tages- und Jahreszeiten
mit ihren charakteristischen Attributen. Doch trotz aller Liebe
zum Detail und poetischer Spielfreude ist das Naturverständnis
Spees nicht anders als das Paul Gerhardts, Catharina Regina von
Greiffenbergs oder anderer religiöser Dichter der Zeit. Die Natur
hat zeichenhafte Bedeutung; sie verweist in ihrer Schönheit auf
die Vollkommenheit des Paradieses, steht für Gottes Liebe. Die
Betrachtung der göttlichen Schöpfung in ihrer ganzen Mannig-
faltigkeit und Schönheit führt notwendig zum Lobgesang auf den
Schöpfer:

> Und wer dan wolt nitt mercken
> Des Schöpffers herrlichkeit?
> Und Ihn in seinen Wercken
> Erspüren iederzeit?
> *O Mensch ermeß im hertzen dein,*
> *Wie wunder muß er Selber sein!*
> (Ebd., S. 110)

Drei Eklogen schließen die Lobgesänge ab, in denen die Hirten
Damon und Halton nach einem Natureingang in der Nacht, am
frühen Morgen und während sie tagsüber ihre Schafe hüten »ihre
Liebe zu Gott anzeigen«. Die Form der Ekloge spielt auch eine
wesentliche Rolle im letzten Themenkomplex des Liederbuchs,
dem mit insgesamt 19 Liedern umfangreichsten. Er behandelt die
Geschichte Christi von der Verkündigung und Geburt bis zur Auf-
erstehung in formal und intellektuell vielfältiger Weise, vom betont
naiven poetischen »Christgesang, vom Ochs, und Eselein bey der
Krippen« über zahlreiche Eklogen, in denen mit dem Beginn der
Leidensgeschichte »hinfürter durch den Hirten Daphnis alweg
Christus verstanden« wird (ebd., S. 203), bis hin zu meditativen
Dialogen am Kreuz. Den Abschluss dieses Komplexes bildet ein
Lied zu Fronleichnam über das Altarsakrament, das die Transsub-
stantiationslehre in Variationen anschaulich zu machen sucht und –
ausdrücklich gegen die »Ketzer« gewendet – zum Blumenschmuck
von »Heylthumb, und Monstranz« auffordert (ebd., S. 295).
    Die sinnliche Vergegenwärtigung geistlicher Sachverhalte, die
zu den grundlegenden Verfahren jesuitischer Pädagogik gehört,
stellt das verbindende Moment zwischen den unterschiedlichen
Formen und Darstellungsstrategien Spees dar. Sie macht auch vor

abstrakten theologischen Konzepten nicht halt. Die Tendenz zur Versinnlichung zeigt sich in der Verwendung der kunstvollen Form der Ekloge und der bukolischen Tradition, in der Bildersprache und in den liedhaften Naturschilderungen mit ihren anschaulichen Details; darüber hinaus schlägt sie sich auch in den zur Meditation auffordernden Gedichten wie dem von der christlichen Seele nieder, die sich in Kreuz und Wunden Christi versenkt (ebd., S. 253ff.), oder in dem mehr als 450 Verse umfassenden traurigen »Gespräch«, das Christus am Kreuz nacheinander mit den Nägeln, dem Hammer, dem Zimmermann, der Obrigkeit, der Mutter, dem Engel Gabriel und dem Vater führt. Es endet mit dem Appell an die Menschen: »Liebet, Liebet; Euch ermahnen Meine Wunden, meine Pein. Liebet, Liebet [...]« (ebd., S. 238).

Die katholische Lieddichtung im Süden des Reiches wurde von einer Reihe von Dichtern geprägt, die im Umkreis von München wirkten und die man daher unter der Beizeichnung ›Münchner Liederschule‹ zusammengefasst hat. In ihrem Mittelpunkt steht Johannes Khuen (oder Kuen), der am Jesuitengymnasium in München auch eine profunde musikalische Ausbildung erhalten hatte und sein umfangreiches Liedschaffen selbst vertonte. Er war mit Jacob Balde befreundet, und dessen nicht sehr zahlreichen deutschen Dichtungen (u.a. *Ehrenpreiß Der Allerseligisten Jungfrawen und Mutter Gottes Mariae*, 1640) lassen ebenso wie die seines jesuitischen Ordensbruders Albert Curtz (*Harpffen Davids Mit Teutschen Saiten bespannet*, 1659) Khuens Einfluss erkennen, der sich über München hinaus auch auf die Kapuzinerdichter Prokop von Templin und Laurentius von Schnüffis erstreckte.

Den Mittelpunkt von Khuens Liedschaffen bilden die seit 1636 erscheinenden marianischen Liederzyklen, die 1659 unter dem Titel *Marianum Epithalamium TafelMusic / Ehren-Mahlzeit / Lust-Garten / und Bluemen-Feld* vereinigt wurden, und die drei geistlichen Schäfereien *Tabernacula Pastorum Die Geistliche Schäfferey* (1650), *Munera Pastorum Hirten-Ambt* (1651) und *Gaudia Pastorum, Schäf-ferFrewd / Oder Triumph der Geistlichen Schäfferey* (1655). Hier bietet nicht nur die ländliche Kulisse natürlichen Anlass für bodenständige Drastik und Anschaulichkeit, sondern Khuen nutzt die Form der geistlichen Bukolik auch für grobianische konfessionelle Polemik, die einen entschiedenen Kontrast zur Zartheit und Innigkeit insbesondere der Marienlieder bildet.

Dichtung im Dienst gegenreformatorischer Seelsorge ist auch das Liedschaffen des Kapuzinerdichters Prokop von Templin, der als Prediger vor allem in Passau, Salzburg und Linz tätig war und vor seinen zahlreiche Predigt- und Exempelbüchern drei Liederbücher unter dem Einfluss Khuens veröffentlichte (*Mariae Hülff EhrenKräntzel / Das ist: Himmelische Lobgesänger*, 1642; *Der Groß-Wunderthätigen Mutter Gottes MARIAE Hülff Lob-Gesang*, 1659; *Hertzens-Frewd und Seelen-Trost*, 1660–61). Die Lieder stehen in engem Zusammenhang mit der Predigt und ihrem seelsorgerischen Anliegen. Das wird deutlich, wenn etwa das Gedicht »Gott lobende Welt-Music« aus dem zweiten Teil von *Hertzens-Frewd und Seelen-Trost*. Es ist einer der Höhepunkte in Prokops Liedschaffen, eine gelungene Verbindung von anschaulich-frommer Naturpoesie als Lob des Schöpfers, allegorischer Weltdeutung mit musikalischen Begriffen (»Fugen macht die flüchtig Zeit / Pausen gibt die Ewigkeit«) und geistlicher Lehre des Seelsorgers in der direkten Nutzanwendung am Schluss:

> Fragst du / was sie singen dann?
> Ich dirs nicht verhelen kan /
> Wil dich gern berichten;
> Gottes Lob gar inniglich
> Breitens auß / erinnern dich
> O Mensch / deiner Pflichten;
> Du mit ihnen stimme zu /
> Dich nicht eh begib zu Ruh /
> Biß dus hast gewohnet;
> Zum Text hast du selbst die Wahl /
> Singst du wol an dem Final
> Er dirs Gsang belohnet.
> (Barocklyrik III, S. 142)

Dichtung dieser Art ist in der Tat »Christenlehre und Predigt mit andern Mitteln« (Herzog, S. 145), und die Gedichtbücher des bedeutendsten der Kapuzinerdichter, Laurentius von Schnüffis, verfolgen ebenfalls keinen anderen Zweck. Mit seinem erfolgreichsten Lieder- und Emblembuch stellt er sich in die Tradition der geistlichen Bukolik: *Mirantisches Flötlein. Oder Geistliche Schäfferey / In welcher Christus / under dem Namen Daphnis / die in dem Sünden-Schlaff vertieffte Seel Clorinda zu einem bessern Leben aufferweckt / und durch wunderliche Weis / und Weeg zu grosser Heiligkeit führet* (1682). Das Buch besteht aus drei Teilen, die drei Stufen des mystischen Aufstiegs der menschlichen Seele zu Gott entsprechen. Sie führen von der Erweckung aus dem Sündenschlaf durch Gottes Gnade und der Erfahrung der Nichtigkeit der Welt (»Streitt-Stand«) über Reue und Buße (»Buesses-Strand«) zur Erkenntnis der Schönheit und Liebe von Daphnis und zur Vereinigung der menschlichen Seele mit Gott (»Frewden-Stand«). Schließlich ruft Daphnis die »mehr aus Gewalt der Lieb' / als Kranckheit« verstorbene Clorinda,

seine »liebste Braut«, zu sich in einen mit paradiesisch-bukolischer
Bildlichkeit geschilderten Himmel und vermählt sich mit ihr auf
ewig (Mirantisches Flötlein, S. 317ff.).

Ein Beispiel dafür, dass der erbauliche Zweck dem poetischen
Ausdruck nicht im Wege steht, stellen die einfallsreichen Variationen über das Thema der Nacht dar (»Clorinda bejamert die
abschewliche Finsternuß Ihres Hertzens [...]«):

> Grausame / grewliche /
> Förchtlich-abschewliche /
> Diebische Nacht /
> Welche den Muthigen /
> Menschen-mord-bluthigen
> Mörder- und Raubern /
> Hexen / und Zaubern
> Sicherheit macht [...].
> (Gedichte des Barock, S. 207)

Die drei Teile des Zyklus enthalten jeweils zehn aus mehreren Kom-
ponenten gebildete Einheiten, die an den Verstand wie an die Sinne
des Menschen appellieren: Melodie, emblematischer Kupferstich,
Liedüberschrift, ein auf das in der Überschrift formulierte Thema
bezogenes Bibelwort in lateinischer Sprache und deutscher Übersetzung und dann den Liedtext selbst mit jeweils 20 Strophen. Die
bukolische Einkleidung bleibt anders als bei Spee eher äußerlich; sie
wird nur gelegentlich – etwa in der Schlusselegie – durch Naturschilderungen oder -bilder und durch Bezüge zum Hohenlied mit
Leben erfüllt. Bei der Bildlichkeit, bei Anspielungen und Vergleichen dominieren vielmehr die Bibel (Altes Testament) und – ohne
Scheu vor den heidnischen ›Götzenamen‹ – die antike Mythologie
oder auch Geographie. Und dass Daphnis/Christus in der ersten
Elegie sogar auf Machiavelli zu sprechen kommt, unterstreicht nur
den Bildungsanspruch der Dichtung, die sich trotz erläuternder
Fußnoten kaum zur Volksmission eignet, sondern sich an ein geho-
benes Publikum wendet.

Die weiteren Zyklen sind ähnlich aufgebaut. Auch sie verfolgen das Konzept der sinnlichen Vergegenwärtigung und verbinden Text, Melodie und emblematische Kupferstiche zu erbaulichen
Gesamtkunstwerken (*Mirantische Mayen-Pfeiff. Oder Marianische
Lobverfassung*, 1692; *Mirantische Maul-Trummel*, 1695; *Futer Über
die Mirantische Maul-Trummel*; 1698). Das Ziel, die Bekehrung
des »Welt-Menschen«, suchen die letzten Werke mit entschiedener
Didaxe und verstärktem Gegenwartsbezug zu erreichen.

6. Religiöse Kunstlyrik

Wenn Martin Opitz im zweiten Kapitel seines *Buchs von der Deutschen Poeterey* schreibt, dass die Dichtkunst in ihren Anfängen nichts anderes gewesen sei »als eine verborgene Theologie / und unterricht von Göttlichen sachen« (S. 14), so weist er damit auf ihren hohen Rang – und indirekt auch auf die Bedeutung des eigenen Reformprojekts – hin. Zugleich nennt er den höchsten Gegenstand, dem sich ein Dichter widmen kann und der nach der rhetorischen Stillehre ein hohes formales und stilistisches Niveau erfordert oder jedenfalls zulässt, wenn es sich nicht um anlassgebundene Lieddichtung für Gottesdienst, Hausandacht oder ähnliche Gelegenheiten handelt (oder Dichtung grundsätzlich in Frage gestellt wird). Religiöse Themen gehörten so selbstverständlich zum Repertoire der neuen deutschen Kunstdichtung, wie sie sich in den protestantischen Territorien nach der Literaturreform durchsetzte. Hier entstand – neben der stilistisch und formal durchaus vielfältigen religiösen Lieddichtung – ein breites Spektrum religiöser Sprech- oder Leselyrik nun auch in deutscher Sprache, die sich der Formen der neuen humanistischen Kunstpoesie wie Sonett, Pindarische Ode, Hymne, Epigramm oder Lehrgedicht bedient und durch einen individuellen stilistischen und inhaltlichen Charakter auszeichnet. Beispiele lieferte Opitz u.a. mit dem epische Ausmaße annehmenden Alexandrinergedicht »Lobgesang Uber den Frewdenreichen Geburtstag Unseres HErren und Heilandes JEsu CHristi« (1624) oder seinem Sonett »Auff das Creutze des HErrn« (1625).

Doch auch die deutschsprachige Dichtung mancher katholischer Autoren zeigt durchaus Affinitäten zur Kunstdichtung opitzianischer Manier. Bei dem im protestantischen Glauben aufgewachsenen Angelus Silesius ergibt sich das aus seiner Biographie. Selbst die katholische Lieddichtung verliert vielfach den Charakter einfachen religiösen Volksgesangs und entwickelt, wie das Werk Friedrich Spees oder Laurentius' von Schnüffis zeigt, eine spezifische katholische Kunstpoesie auf der Grundlage eigener sprachlicher und kultureller Traditionen. Die Übergänge sind fließend, und der Eindruck der ›Volkstümlichkeit‹ ist vielfach durchaus irreführend, wenn auch grundsätzlich im katholischen Bereich die ›hohe‹ Lyrik den Neulateinern vorbehalten bleibt.

Die neulateinische geistliche Lyrik spielt insbesondere bei den Dichtern des Jesuitenordens eine bedeutende Rolle und erreicht im Werk Jacob Baldes europäischen Rang. Seine großen Gedichtsammlungen *Lyricorum libri IV. Epodon liber unus* und *Sylvarum libri VII* erschienen 1643. Die spannungsreiche Verbindung von

antiker Formen- und Bilderwelt und moderner bzw. christlicher
Thematik charakterisiert das ganze Werk, das über eine Fülle von
Themen verfügt, die Balde mit dem ganzen Apparat der klassischen
Bildung und der Formkunst der römischen Dichtung behandelt.
Seine Gedichte sind vielfach Zeugnisse einer Horaz-Nachahmung,
die zugleich von Distanzierung – etwa von Horaz als Epikuräer –
und Verwandtschaft sprechen. Als politischer Dichter kommentiert
Balde die Ereignisse und Akteure des Dreißigjährigen Krieges und
beklagt die Zerrissenheit und den moralischen Verfall Deutschlands. Er reflektiert über sich und sein Leben, über die glücklichen
Momente, über seine Krankheiten und melancholischen Anwand-
lungen im bayerischen Exil. Als Höhepunkt seiner Dichtung gelten die Marienoden, die die Spannung von antikischem Gewand
– horazische Odenformen, antike Bilderwelt, Maria als Göttin, als
Nymphe, als Parze und immer wieder als Diana – und christlicher
Thematik und Symbolik austragen.

Die Anerkennung der Leistungen der lateinischen Jesuitendich-
tung bei protestantischen Autoren zeigt sich beispielsweise im Werk
des Andreas Gryphius, der u.a. Gedichte Baldes und des polnischen
Jesuiten Matthias Casimir Sarbievski übersetzte oder bearbeitete.
Auch die Nürnberger Dichter zeigten sich mit Baldes Werk vertraut,
wie Übertragungen und Bearbeitungen von Johann Klaj, Sigmund
von Birken und Johann Ludwig Faber belegen. Aus dem Reichtum
der religiösen Kunstdichtung können im Folgenden – zusätzlich zu
den in anderen Zusammenhängen behandelten Texten (Gryphius,
Greiffenberg) – nur wenige Beispiele hervorgehoben werden.

Mystische Epigrammatik

Die prägnante Formulierung religiöser Gedanken und Paradoxe
lässt sich bis zu Sebastian Franck, Daniel Sudermann, Abraham
von Franckenberg und Johann Theodor von Tschech zurückverfolgen. Ihre kunstvolle antithetische und pointierte Form erhielt
die geistliche Epigrammatik jedoch erst durch Daniel Czepko von
Reigersfeld, der sich am weltlichen lateinischen Epigramm und
seiner deutschen Sprachform (Opitz) orientierte. Charakteristisch
für die mystischen Strömungen seiner Zeit war die Verbindung
mittelalterlicher mystischer Überlieferungen mit der neuplatonischen Naturspekulation und Naturphilosophie der Renaissance.
Der größte Einfluss ging von Jacob Böhme aus, der trotz der Geg-
nerschaft der lutherisch-orthodoxen Geistlichkeit und trotz eines
Schreibverbots weit über Deutschland hinaus wirkte. Aus dem

Kreis um Böhme kam Abraham von Franckenberg, der Böhmes
Werke in Holland herausgab und mit seinen eigenen Schriften
wesentlich zur Verbreitung mystischen Denkens im 17. Jahrhundert
beitrug. Er stand mit einer Reihe von deutschen Dichtern in Beziehung und verfasste selbst Kirchenlieder und geistliche Epigramme.
Zu Daniel Czepkos *Sexcenta Monodisticha Sapientum* (entstanden
1640–47; im 17. Jahrhundert ungedruckt) schrieb er ein Gedicht,
in dem es heißt:

> Mein CZEPKO glaube mir, Du wirst durch T.U.G.E.N.D Schein
> Weit über OPITZ der dreymal Bekrönte seyn:
> Und ich wil dir den Preiß der weisen Lehren geben,
> Daß unser Deutschland sol nach deinen Reimen leben [...].
> (Czepko: Sämtliche Werke I/2, S. 543)

Es mag überraschen, dass der Hinweis auf Opitz von dem Mys-
tiker Abraham von Franckenberg kommt, doch trifft er damit
durchaus Czepkos literarischen Ehrgeiz, der sich keineswegs auf
die geistliche Dichtung beschränkte. Ein umfangreiches episches
Schäfergedicht (*Coridon und Phyllis*), Liebesgedichte (*Drey Rollen
Verliebter Gedancken*) und gesellschafts- und zeitkritische satirische
Gedichte (*Kurtze Satyrische Gedichte*) – sämtlich im 17. Jahrhundert
ungedruckt – zeigen ihn als weltlichen Dichter in der humanistischen Tradition. Kennzeichen seiner Dichtung ist die Neigung
zum Epigrammatischen; ihren folgenreichsten Ausdruck findet sie
in den *Sexcenta Monodisticha Sapientum*.

Die 600 Distichen, Alexandrinerreimpaare, sind in sechs Bücher
zu je 100 Epigrammen gegliedert, die in immer neuen Ansät-
zen und unter wechselnder Perspektive mystische Vorstellungen
umkreisen, aber auch Folgerungen für die Lebenspraxis ziehen.
Die Gliederung entspricht den sechs Schöpfungstagen. Das Ziel
des mystischen Weges, die Ruhe in Gott, bleibt analog zum siebten
Schöpfungstag, dem Sabbat, ausgespart. In dem Widmungsgedicht
Deutscher Phaleucus nennt Czepko seine Verse »Kurtz an Worten,
lang aber am Verstande«, und er spricht davon, dass der Zugang
zu Gott trotz des Sündenfalls nicht verstellt und auf zwei Wegen,
durch die Natur und durch die Heilige Schrift, möglich sei. In
dem Weisen vereinigt sich die Kenntnis beider Wege:

> Gut: der Weißheit in der Natur nachschlagen:
> Besser: Seeligkeit in der Schrifft erfragen:
> An dem besten: Natur und Schrifft vergleichen,
> Als der göttlichen Wahrheit feste Zeichen.
> (Ebd., S. 542)

Die auf neuplatonischen Naturvorstellungen basierende Suche nach
dem »geheimen Weg« – »Das Buch in der Natur, das kan uns
weisen Den geheimen Weg, den die Alten preisen« (ebd., S. 535) –
verbindet sich bei Czepko mit einem ausgesprochenen Interesse
für Alchimie, Magie und kabbalistische Laut- und Buchstabenspe-
kulation. Dafür gibt es zahlreiche Beispiele in den *Monodisticha*.
So gelten ihm die Buchstaben des Wortes ICH als verborgenen
Hinweis auf die Dreieinigkeit und die Gottesebenbildlichkeit des
Menschen und seine daraus folgende Bestimmung:

> I. Gott. C. Christus. H. Das ist der Heilge Geist:
> Mensch, wann du sprichest: ICH: schau, wo es dich hin weist.
> (Ebd., S. 671) [I. steht für Iehovah]

In einem anderen Epigramm erschließt Czepko durch Anagramm
und Paronomasie, dem ähnlichen Klang bedeutungsverschiedener
Wörter, eine geheime Beziehung zwischen Sündenfall und Erlösung
(das »Ave« bezieht sich auf die Botschaft des Engels an Maria; Lk
1, 26ff.):

> Eva: Ave:
> Adem: Made:
> Natur: Natter.
> Hätt Eva nicht erlangt durch Ave eine Cur:
> Wär Adem Made noch, und Natter die Natur.
> (Ebd., S. 599)

Zu den bevorzugten Stilmitteln dieser Epigrammatik gehören
Paradoxon, Antithese und Chiasmus. Sie haben Tradition in der
mystischen Literatur und verweisen auf das zeitlose Problem mystischen Sprechens, Unsagbares ausdrücken zu wollen, sich dem
Unsagbaren durch immer neue paradoxe und antithetische Formulierungen anzunähern versuchen. In gesteigerter Form verbindet
sich dieses Paradox in zahlreichen Epigrammen mit der Figur
des Chiasmus, die in Überschriften auch typographisch hervorgehoben wird. Zugleich sind Paradox und Chiasmus Zeichen für die
Einheit der Gegensätze:

> Gott: Mensch:
>   und
> Mensch: Gott.
> Mensch kleide dich in Gott: Gott wil sich in dich kleiden,
> So wird dich nichts von Ihm, auch Ihn von dir nicht scheiden.
> (Ebd., S. 581)

Czepkos Distichen waren das Vorbild für die zunächst fünf Bücher umfassenden *Geistreichen Sinn- und Schlußreime* (1657) Johannes Schefflers, der sich nach seiner Konversion zum Katholizismus Angelus Silesius nannte. Bekannter ist das Buch als *Cherubinischer Wandersmann*, wie der Obertitel der um ein sechstes Buch erweiterten zweiten Auflage von 1675 lautet (*Cherubinischer Wandersmann oder Geist-Reiche Sinn- und Schluß-Reime zur Göttlichen beschauligkeit anleitende*). Scheffler hatte Czepko und sein Werk im Kreis um Abraham von Franckenberg kennengelernt, mit dem ihn eine enge Freundschaft verband und der ihn in seinen mystischen Interessen bestärkte, die durch eine frühere Böhme-Lektüre während seines Studiums in den Niederlanden bezeugt sind. Mit der Form des Epigramms war Scheffler, wie alle Gelehrtendichter, seit seiner Schulzeit vertraut, zumal er am Breslauer Elisabeth-Gymnasium u.a. durch den Opitzianer Christoph Köler (Colerus) einen anspruchsvollen Rhetorik- und Literaturunterricht genoss.

Anders als Czepkos *Monodisticha* enthalten die sechs Bücher des *Cherubinischen Wandersmanns* nicht nur Alexandrinerreimpaare, wenngleich diese Form durchaus vorherrscht. Während der ursprüngliche Titel der Sammlung nur auf ihren epigrammatischen Charakter verweist, bezeichnet der spätere Obertitel das Werk genauer. Der Hinweis auf die Cherubim bezieht sich auf die alte Unterscheidung der Engel und deutet an, dass der Versuch, den mystischen Weg zu Gott zu beschreiben, hier in einer intellektuellen, den Verstand ansprechenden Weise unternommen wird. Dafür steht die Form des Epigramms bereit, auf dessen ›geistreiche‹ Qualität der Untertitel anspielt. Gerade die virtuose Handhabung des Epigramms unterscheidet Scheffler von Czepkos teilweise recht steifen Versen, denn inhaltlich ergeben sich – und das liegt an den traditionellen mystischen Sprach- und Denkformen – zahlreiche Berührungspunkte. Trotzdem zeigen sich Unterschiede in der Akzentuierung, etwa darin, dass Czepko wesentlich seltener direkte Aussagen über Gott macht, während bei Scheffler die Unmöglichkeit, das Wesen Gottes zu erfassen, zu einem ständigen Umkreisen dieses Themas führt:

Auch von GOtt
GOtt ist noch nie gewest / und wird auch niemals seyn /
Und bleibt doch nach der Welt / war auch vor ihr allein.
(Cherubinischer Wandersmann, S. 139)

Im Mittelpunkt steht die Beziehung zwischen Mensch (»Ich«) und Gott, die immer wieder in paradoxe Formulierungen gefasst wird:

GOtt lebt nicht ohne mich
Ich weiß daß ohne mich GOtt nicht ein Nun kan leben /
Werd' ich zunicht Er muß von Noth den Geist auffgeben.
(Ebd., S. 28)

Ich bin wie Gott / und Gott wie ich
Ich bin so groß als GOtt / Er ist als ich so klein:
Er kan nicht über mich / ich unter Ihm nicht seyn.
(Ebd., S. 28)

Die Liebe zwinget GOtt
Wo GOtt mich über GOtt nicht solte wollen bringen /
So will ich Ihn dazu mit blosser Liebe zwingen.
(Ebd., S. 29)

Beim ersten dieser Epigrammen wird der Leser in einer Fußnote
auf die Vorrede verwiesen, in der es heißt, dass sie sich die Aussage
auf den Zustand der Unio mystica, den Zustand »nach dieser Vereinigung«, beziehe (ebd., S. 21). Scheffler beschreibt sie, gestützt
auf Zitate aus der älteren mystischen Literatur, so:

»Wenn nu der Mensch zu solcher Vollkommner gleichheit GOttes gelangt
ist / daß er ein Geist mit GOtt / und eins mit ihm worden / und in Christo
die gäntzliche Kind- oder Sohnschafft erreicht hat / so ist er so groß / so
reich / so weise und mächtig als GOtt / und GOtt thut nichts ohne einen
solchen Menschen / denn Er ist eins mit ihm.« (Ebd., S. 20)

Anmerkungen zu einzelnen Epigrammen und vor allem die Vorrede dienen dazu, möglichen Einwänden oder Missverständnissen
vorzubeugen: Seine Verse enthielten, heißt es, »vil seltzame *para-
doxa* oder widersinnische Reden / wie auch sehr hohe und nicht
jederman bekandte schlüsse / von der geheimen Gottheit / Item
von Vereinigung mit GOtt oder Göttlichem Wesen / wie auch
von Göttlicher Gleichheit und Vergöttung oder GOttwerdung /
und waß dergleichen […]; welchen man wegen der kurtzen Verfassung leicht einen Verdamlichen Sinn oder böse Meinung könte
andichten« (ebd., S. 13). Und um den Kritikern und ihrem möglichen Haupteinwand zuvorzukommen, hält er als erstes fest, »daß
deß Urhebers Meinung nirgends sey / daß die Menschliche Seele
ihre Geschaffenheit solle oder könne Verliehren / und durch die
Vergöttung in GOtt oder sein ungeschaffenes Wesen verwandelt
werden: welches in alle Ewigkeit nicht seyn kan« (ebd., S. 13f.).
Bemerkungen wie diese verweisen auf die Spannungen zwischen
der organisierten Kirche und den Mystikern, die in der Geschichte
des christlichen Glaubens immer wieder aufgetreten waren und der
sich auch Scheffler nicht entziehen konnte, selbst wenn er nirgends

den Boden der christlichen Überlieferung und der Dogmen der
Kirche verlassen haben mochte.

Der theologische Gehalt ist freilich das weniger Originelle am
Cherubinischen Wandersmann, denn in dieser Hinsicht reflektiert
Scheffler im Wesentlichen die mystische Tradition. Wie er jedoch
diese Gedanken formuliert, macht seinen Rang als Dichter aus.
Dabei entspricht die konzise Form des Alexandrinerepigramms
dem intellektualistischen Charakter seiner Dichtung, die in schrof-
fen, paradoxen Feststellungen und Antithesen die zentralen Gedanken der mystischen Vorstellungswelt immer wieder neu fasst und
aus den verschiedensten, sich gegenseitig erhellenden Perspektiven
beleuchtet. Epigramme aus Schefflers *Cherubinischem Wandermann*
gehören zu den relativ wenigen Texten des 17. Jahrhunderts, die
lebendig geblieben sind, wenn auch gelegentlich um den Preis, als
erbauliche Lebenshilfe missverstanden zu werden (»Mensch werde
wesentlich«).

Geistliche Kontrafaktur: Johannes Scheffler

Die Kontrafaktur ist ein seit dem Mittelalter verwendetes litera-
risches und musikalisches Verfahren. Eine Vorlage – Text oder
Melodie – wird umgeschrieben, um ihre Popularität für eigene
Intentionen zu nutzen. Verbreitet war die religiöse Umformung
einer weltlichen Vorlage, eines Textes oder eines ganzen Genres.
Beispiele im 17. Jahrhundert sind etwa die geistliche Schäferei oder
Spees geistliche Eklogendichtung. Dieses Verfahren liegt auch der
Liedersammlung Johannes Schefflers, *Heilige Seelen-Lust Oder
Geistliche Hirten-Lieder / Der in ihren JESUM verliebten Psyche*,
zugrunde, die 1657 in vier Büchern erschien. Eine um ein fünftes
Buch erweiterte Ausgabe folgte 1668. Die insgesamt 205 Lieder
beschreiben im Unterschied zum spekulativen Umkreisen mysti-
scher Vorstellungen im *Cherubinischen Wandersmann* den affektiven
Weg zu Gott. Scheffler versteht sie als Gegenstück zur weltlichen
Pastoral- und Liebesdichtung, deren Formen und Motive parodiert
und dem geistlichen Zweck untergeordnet werden. Den Dichtern
seiner Zeit wirft er vor, sie verschwendeten ihre Zeit mit »Dorin-
den, Flavien, Purpurillen, und wie sie weiter heissen«, statt ihre
»Erfindungen und Federn [...] dem unvergleichlichen Angesichte
JESu Christi« zuzuwenden: »Hier blühen die unverwelkliche Rosen
und Lilien, seine Wangen [...]« (S. 4f.).

Die Anleihen an die weltliche Dichtung beschränken sich nicht
auf die Metaphorik und die Hirtenmaskerade, die durch Spee und

Khuen schon eine eigene Tradition gebildet hatte, sondern Scheffler – formal den Prinzipien der opitzianischen Kunstpoesie verpflichtet – knüpft auch an die Formen des weltlichen Liedes seiner
Zeit an. So ist sein Lied »Sie beklaget die verfallenen Augen JEsu
Christi« eine Kontrafaktur von Opitz' bekanntem Gedicht »Ihr
schwartzen Augen / ihr«:

> Ihr keuschen Augen ihr, mein allerliebstes Licht,
> Das meinem Bräutigam und Heiland itzo bricht,
> Ihr Augen voller Huld,
> Voll himmelischer Lust,
> Was habt dann ihr verschuld,
> Daß ihr verbleichen must?
> (Ebd., S. 75)

Obwohl Scheffler in der Vorrede versichert, »mit einfältigen Worten« die Liebe seiner Seele ausdrücken zu wollen (ebd., S. 4), ist
seine Virtuosität nicht zu verkennen. Anders als im *Cherubinischen Wandersmann* äußert sie sich nicht in dem Variations- und
Abwechslungsreichtum, mit dem die Grundform des Alexandriner-
reimpaars gestaltet wird, sondern in der Vielfalt der Rhythmen, der
Vers- und Strophenformen.
    Die ersten drei Bücher haben einen deutlich erkennbaren Auf-
bau. Die Lieder folgen dem Verlauf des Kirchenjahres und der diesem zugrundeliegenden biblischen Ereignisse; verbunden damit ist
die Seelengeschichte der Psyche, die Annäherung der Seele an Gott.
Diese Geschichte beginnt mit dem Lied »Die Psyche seufftzet nach
ihrem JESU wie ein einsames Turtel-Täublein nach seinem Gemahl«
und endet im dritten Buch mit Gedichten, in denen die Psyche
»die Herrligkeit der himmlischen Wohnungen und deß ewigen
Lebens« betrachtet und sich danach sehnt, sich »in den lieblichen
Abgrund Gottes zu versenken«. Die Seelengeschichte der Psyche ist
eng verbunden mit der Lebens- und Leidensgeschichte Christi in
der Abfolge des Kirchenjahrs. Sehnsüchtiges Verlangen bestimmt die
Zeit vor Christi Geburt (das Kirchenjahr beginnt mit dem Advent),
Freude und Jauchzen begleiten die Geburt, Trauer und Klagen die
Leidensgeschichte usw. Über allem herrscht der Affekt der Liebe,
eine durch das Hohelied legitimierte Brautmystik, die sich mit ihrer
Transformation überkommener Metaphern geistlicher und weltlicher Dichtung weit vorwagt. Gedichtüberschriften wie »Die Psyche
begehrt ein Bienelein auff den Wunden JEsu zu seyn« oder »Sie
schreyet nach dem Kusse seines Mundes« zeigen die Tendenz zur
Erotisierung an, die in dem Lied »Sie begehret verwundet zu seyn
von ihrem Geliebten« einen vollkommenen Ausdruck findet:

> JEsu du mächtiger Liebes-Gott
> Nah dich zu mir:
> Denn ich verschmachte fast biß in Tod
> Für Liebs-Begiehr:
> Ergreiff die Waffen, und in Eil
> Durchstich mein Hertz mit deinem Pfeil,
> Verwunde mich : / :
> (Ebd., S. 58)

Die letzten beiden Bücher enthalten – im großen Ganzen ebenfalls jeweils dem Verlauf des Kirchenjahrs folgend – neben zahlreichen weiteren Psyche-Liedern der Sehnsucht und Liebe Loblieder auf Maria, auf Gottvater, auf den Heiligen Geist, Lieder auf Festtage und auf die Kirche im Allgemeinen, deutsche Versionen lateinischer Hymnen und erbauliche Betrachtungen u.a. Obwohl Scheffler später als militanter Vertreter der Gegenreformation in Schlesien agierte, fand eine Reihe seiner Lieder auch Aufnahme in protestantischen Gesangbüchern; besonders beliebt waren seine Lieder bei den Pietisten, die sie in großer Zahl in ihre Gesangbücher aufnahmen (Johann Anastasius Freylinghausen, Gerhard Tersteegen, Nikolaus Ludwig Graf von Zinzendorf).

Der Dichter als Prophet: Quirinus Kuhlmann

Mystische und stoische Züge verbinden sich im Werk Christian Knorr von Rosenroths. Mit seinen Schriften über die Kabbala (*Kabbala denudata*, 1677–84) ist er der spekulativen Richtung religiösen Denkens verpflichtet, doch die Lieder und Gedichte seines *Neuen Helicons mit seinen Neun Musen* (1684) bleiben im Rahmen religiös-erbaulicher Dichtung und klingen beim Thema der Jesusminne an Scheffler an. Die Andachtslieder (z.B. »Morgen Andacht«, »Abends-Andacht«) stehen in der Tradition geistlicher Naturbetrachtung, die Bilder werden Anlass zur Meditation, verweisen auf die heilsgeschichtliche Bestimmung des Menschen. Daneben finden sich Gedichte wie »Die gröste Unglückseligkeit bestehe in Herrschafft der Leidenschafften«, die auf die didaktisch-erbaulichen Intentionen Knorrs verweisen. Seine Lieder sind, wie es im Untertitel seiner Sammlung heißt, »Geistliche Sitten-Lieder / Von Erkäntniß der wahren Glückseligkeit / und der Unglückseligkeit falscher Güter; dann von den Mitteln zur wahren Glückseligkeit zu gelangen / und sich in derselben zu erhalten«.

Eine neue Qualität nimmt die religiöse Dichtung bei Quirinus Kuhlmann an. Doch so auffallend die manieristischen Züge sei-

ner Sprache sind, entscheidend ist die neue Funktion der Poesie.
Kuhlmanns Hauptwerk, der *Kühlpsalter* (1684–86), ist als heiliges Buch konzipiert, als dritter Teil der Bibel nach Altem und
Neuem Testament. Sein Verfasser versteht sich als Prophet, seine
Dichtung als Prophetie. Das hat Folgen für ihre Verständlichkeit:
»Gegenwärtige Fünffzehngesänge«, heißt es über das erste Buch
des *Kühlpsalters,* »werden nimals mit blossem lesen oder betrachten,
sondern alleine in dem stande völlig verstanden werden, darinnen
si geschriben« (I, S. 3).

Die Anfänge Kuhlmanns mit epigrammatischen Grabschriften
(*Unsterbliche Sterblichkeit,* 1668) und den fünfzig Sonetten der
Himmlischen Libes-küsse / über di fürnemsten Oerter Der Hochgeheiligten Schrifft [...] *Poetisch abgefasset* (1671) blieben durchaus
noch im Rahmen der humanistischen Dichtungskonzeption. In
den Grabschriften setzte er u.a. Opitz, Gryphius und Logau poetische Denkmäler, die *Himmlischen Libes-küsse* zeigen ihn als formgewandten, mit den poetischen Techniken der Nürnberger vertrauten Poeten, deren Formenspiel er allerdings mit der Kombinatorik
des Sonetts »Der Wechsel Menschlicher Sachen« entschieden übertrumpfte. Die Lektüre von Werken Jacob Böhmes, deren Eindrücke
er 1674 in der Schrift *Neubegeisterter Böhme / begreiffend Hundert
funftzig Weissagungen* zusammenfasste, brachte die entscheidende
Wende in seinem Leben und Schaffen: In der Auseinandersetzung
mit Böhme und anderen Sektierern und ›Propheten‹ bildeten sich
seine ekstatisch-schwärmerischen Ideen und Heilsvorstellungen
heraus, die er dann im *Kühlpsalter* und einigen Begleitschriften
entfaltete.

Der *Kühlpsalter* war, wie ein Flugblatt 1684 ankündigte, auf
zehn Bücher mit jeweils 15 Gesängen bzw. »Kühlpsalmen« angelegt,
eine Analogie zu den 150 biblischen Psalmen. Von 1684 bis 1686
erschienen in Amsterdam im Selbstverlag des Autors jedoch nur
acht Bücher (das letzte unvollständig) mit insgesamt 117 Gesängen. 1687 folgten noch einige kleinere Einzeldrucke mit weiteren Kühlpsalmen. Die Arbeit an dem Werk hatte, allerdings ohne
Gesamtplan, spätestens 1677 begonnen, als Kuhlmann *Die Funff-
zehn Gesänge* veröffentlichte, die dann überarbeitet als erstes Buch
in den *Kühlpsalter* eingingen.

»Quirin Kuhlmann, ein geruffener Printz Gottes der Israeliten, Christen, Jesueliten« (Der Kühlpsalter II, S. 103; Vorrede zum
sechsten Buch) bzw. »Der Sohn des Sohnes Gottes Jesu Christi und
Printz, Prophet, Prister des ewigen erlösten Königreiches Jesuels«
(ebd., S. 274; Vorrede zum achten Buch), begründet seine Berufung und seine Auserwähltheit mit Denkfiguren, die er Böhme

und den chiliastischen Bewegungen seiner Zeit entnimmt, und er sieht sich als den schon von Böhme erwarteten Jüngling, der den Antichrist stürzen und zum Tausendjährigen Reich überleiten werde. Sein ganzes Leben, seine Visionen müssen dazu dienen, die Auserwähltheit zu legitimieren, und mit Hilfe eines dreistufigen typologischen Denkschemas – Zeichen (mosaische Offenbarung), Figur (Weissagung des Johannes), Wesen (*Kühlpsalter*) – gelingt es ihm, ein komplexes System von Beziehungen zwischen dem eigenen Lebenslauf und seiner heilsgeschichtlichen Bedeutung als ›Figur‹ Christi zu schaffen. Das erklärt auch die Eigentümlichkeit des *Kühlpsalters*, dass jedem Kühlpsalm eine Prosaeinleitung mit biographischen Daten vorausgeht, während der Psalm selbst von der Heilsbedeutung spricht. Ebenfalls zu dem Beziehungsdenken gehören ein kompliziertes zahlensymbolisches Kompositionsprinzip und kabbalistisch-manieristische Sprachmanipulationen sowie eine nur Eingeweihten zugängliche hermetische Metaphorik. Zunächst erinnern noch liedhafte Strophen an konventionelle geistliche Poesie bzw. Psalmendichtung, doch mit der zunehmenden Komplexität der Dichtung mit ihren (genau kalkulierten) ekstatischen Ausbrüchen und Anaphern- und Interjektionsreihungen sowie dem nun vorherrschenden Gebrauch des wenig liedhaften (und häufig ungereimten) Alexandriners entfernt sich der *Kühlpsalter* immer weiter von dieser Tradition. Der biblische Psalter allerdings bleibt in seinem Wechsel von Klageliedern und Hymnen, von Lob- und Dankgesängen als Folie gegenwärtig.

Die Beziehungen zwischen geschichtlichen bzw. biographischen Ereignissen und ihrer heilsgeschichtlichen Bedeutung liegen für Kuhlmann in der Sprache verborgen; sie müssen nur sichtbar gemacht werden. Eine besondere Rolle spielen dabei die Namen, voran sein eigener, den er in der Apostelgeschichte präfiguriert sieht. Hier heißt es (3, 19f.): »So tut nun Buße und bekehret euch, daß eure Sünden vertilgt werden; auf daß da komme die Zeit der Erquickung [tempora refrigerii] von dem Angesichte des Herrn, wenn er senden wird den, der euch jetzt zuvor gepredigt wird, Jesus Christus.« Kuhlmann, der sich gelegentlich Kühlmann nennt, deutet die Stelle auf sich, den Bringer der Zeit der Kühlung, den Kühlmonarchen. Einen seiner Gegner sieht er in Edward Coleman verkörpert, der im Zusammenhang mit dem Versuch der Rekatholisierung Englands 1678 hingerichtet wurde. Coleman steht mit den Assoziationen Kohle, Feuer, Satan als Vertreter des Antichrist gegen Kühlmann:

> Satan gibt dem Kohlmann kohlen,
> Di Gott durch den Kühlmann kühlt:
> *Rom wird selber weggespühlt,*
> *Wann es London wird weghohlen.*
> Rom verleuhret seinen stuhl,
> Und versinkt in schwefelpfuhl,
> Vor den *Lilirosenkuhl.*
> (I, S. 228)

Kuhlmann findet in den von ihm selbst angestellten Sprachmanipulationen den Beweis für seine Erwähltheit; nur der Erwählte
ist fähig, die Offenbarungen Gottes in der Sprache zu erkennen.
Sieht man von Kuhlmanns Sendungsbewusstsein und seiner Pri-
vatmythologie ab, so steht hinter dieser Denkweise die Theorie von
der Ursprache, der *lingua adamica,* mit der Vorstellung, dass sich
in der Lautform der Worte das Wesen der bezeichneten Gegenstände abbilde. Und die Sprache des *Kühlpsalters* kann man als den
Versuch sehen, die durch Sündenfall und babylonische Sprachverwirrung verschüttete Ursprache zu rekonstruieren, ihr jedenfalls
näherzukommen. Diesem Anspruch, den göttlichen Zustand der
Sprache wiederherzustellen, entspricht das chiliastische Programm,
das Kuhlmann noch zu seinen Lebzeiten zu verwirklichen hoffte
und dem seine wirklichen und seine imaginären Bekehrungsreisen
gewidmet waren. Die politische Auslegung dieses Programms kos-
tete ihm in Moskau das Leben. So unangemessen dies angesichts
der wenig praktikablen Vorstellungen Kuhlmanns erscheinen mag,
so wenig lässt sich bezweifeln, dass in seiner Kühlmonarchie, der
Vereinigung der wahren Gläubigen im Kühlreich der Jeseuliter, kein
Platz für die herrschenden Mächte vorgesehen war. Das Hauptwerk
Kuhlmanns endet in reimlosen Versen mit der »sententz über alle
Kaiser, Könige und Fürsten der 70 Nationen«:

> Kommt, *Sibzig,* kommt! Kommt auf *das Babel* zu!
> *Di grosse Stund zum Abendmahl ist kommen!*
> Fall, *Österreich,* mit deinen zehn Gestalten!
> Gott gibet *meinem zehn* auf ewig Cäsars *Sonn!*
> Fall, *Türkscher Mond!* Fall, *ider Stern!*
> Gott gibt mir euch zum ewigem besitze!
> Fresst, *Sibtzig Völker,* fresst nun *eure Könige!*
> Gott gibt euch alle mir zum Jesu Kühlmannsthume!
> Ost, West, Nord, Sud ist mein zwölfeines Reich!
> *Auf, Kaiser, Könige! Gebt her Kron, hutt und Zepter!*
> (II, S. 325f.)

seiner Dichtung gegenüber. Anders als zahlreiche Dichter bürgerlicher Herkunft, die im Gelehrten- und Dichterruhm ein Vehi-
kel des gesellschaftlichen Aufstiegs erblickten, dachte der Patrizier
Hoffmannswaldau zunächst nicht an eine Verbreitung der Texte
durch öffentlichen Druck. Eine ständisch und regional begrenzte
Öffentlichkeit wurde durch zirkulierende Abschriften erreicht. Erst
als unrechtmäßige Drucke erschienen, entschloss er sich zu einer
Auswahlausgabe (*Deutsche Übersetzungen Und Getichte*, 1679). Er
nahm jedoch einen Teil seiner »Lust-Getichte« nicht auf, d.h. in erster Linie die weltlichen Oden, da er Verfasser befürchtete, sie möchten zu »ungleichem«, d.h. unbilligem Urteil Anlass geben. Diese
Befürchtung galt offenbar nicht für den gesellschaftlichen Kreis,
der seine »Poetischen Kleinigkeiten« schon in Händen hatte (Deutsche Übersetzungen I, S. [41]). Diese bewusste Begrenzung auf eine
weitgehend geschlossene Gesellschaft wurde dann durch Benjamin Neukirchs Anthologie *Herrn von Hoffmannswaldau und andrer
Deutschen auserlesene und biß her ungedruckte Gedichte* (1695ff.)
durchbrochen. Das Resultat waren nicht nur größere Leserzahlen,
sondern die Veröffentlichung dieser Texte schlug sich in der Folgezeit entscheidend in den Wertungen seiner Poesie nieder. Zwei
Argumentationslinien charakterisieren seitdem die Auseinandersetzung mit Hoffmannswaldau: Stilistisch geht es um den – wie die
Kritiker sagen – übermäßigen Gebrauch des Redeschmucks, der
zu einem Missverhältnis zwischen Wort und dichterischem Gegenstand führe (Schwulstvorwurf), inhaltlich lässt eine Beurteilung
der Gedichte nach moralischen Kriterien Hoffmannswaldaus Werk
zum Synonym für eine sittenlose Spätzeit werden.

Dass die Liebe der Wetzstein sei, an dem die Poeten ihren subti-
len Verstand schärften, dieses Wort von Opitz könnte für die Kunst
Hoffmannswaldaus geprägt worden sein. Trotz einer Anzahl von
geistlichen Liedern, Begräbnisgedichten und ›lyrischen Diskursen‹
über verschiedene Gegenstände herrscht das Thema der sinnlichen
Liebe vor. Hoffmannswaldau zeigt, »was die Liebe vor ungeheure
Spiele in der Welt anrichte« (Deutsche Übersetzungen II, S. [439]),
und feiert mit religiöser Bildersprache den sinnlichen Genuss. Die
Motive und Situationen sind dabei recht beschränkt. Im Hintergrund steht die petrarkistische Tradition, deren Grundvorstellun-
gen, Motive und Bilder in einem virtuosen Spiel variiert und ironisiert werden. Der Reiz der Gedichte liegt daher nicht in diesen
Grundmustern – etwa der Klage über die hartherzige Geliebte oder
der Erfüllung der Liebe im Traum –, sondern in dem geistreichen,
frivolen Spiel, in der ironischen und parodistischen Haltung, mit
der Hoffmannswaldau die überkommene Motivik behandelt.

Die »gutten Erfindungen«, auf die es Hoffmannswaldau
ankommt und die er besonders bei den »Welschen« findet (ebd., I,
S. [34]), haben daher weniger mit den Gegenständen zu tun als
vielmehr mit der Kunst, bekannten Vorwürfen neue Seiten abzugewinnen, durch überraschende Verbindungen ein altes Thema in
einem neuen Licht erscheinen zu lassen, durch Wort- und Sinn-
spiele verblüffende Effekte auszulösen. Von *stupore* oder *meraviglia*,
von dem Ziel, Staunen oder Verblüffung beim Hörer oder Leser zu
erregen, schreiben die manieristischen Poetiker der Zeit. Marino,
der davon ausgeht, dass die Poesie »die Ohren der Leser mit allem
Reiz der Neuigkeit« kitzeln müsse (zit. nach Krauss, S. 285), fasst
diese Anschauung in einem Epigramm zusammen:

> E del poeta il fin la meraviglia
> (parlo de l'eccelente e non del goffo):
> Chi non sa far stupir, vada alla striglia!
> (Das Ziel des Dichters ist die Verwunderung (das Staunen) – ich
> spreche vom wahren Dichter und nicht vom Stümper –: wer nicht
> Staunen zu machen versteht, der soll Pferde striegeln!)
> (Italienischer Text zit. nach Browning, S. 169)

Gerade in den Sinn- und Wortspielen, den Concetti, zeigt sich
die *acutezza* oder *argutezza*, der ingeniöse Scharfsinn des Poeten.
Nicht zufällig spielt daher bei den Argutia-Theoretikern das Epigrammatische eine besondere Rolle, das über die spezifische Form
des Epigramms und des als verwandt empfundenen Sonetts hinaus
auch in andere Gattungen eindringt. Schon den zeitgenössischen
Theoretikern galten Hoffmannswaldaus Epigramme, d.h. vor allem
seine *Poetischen Grabschrifften*, mit ihrer scharfsinnigen Metaphorik, ihrem Spiel mit dem eigentlichen und bildlichen Sinn eines
Wortes bzw. der verschiedenen Bedeutung gleich oder ähnlich lau-
tender Wörter als ›unvergleichlich‹. Sie zielen alle auf eine geist-
reiche Schlusswendung, in der sich der Scharfsinn des ingeniöse
Verbindungen stiftenden Poeten bewährt.
  Auch seine Sonette sind auf die abschließende Pointe gerichtet,
die die hyperbolische Liebessprache geistreich ironisiert. Beispiel
dafür ist u.a. das Sonett »Auff ihre schultern«, das dem von Opitz
in ·die deutsche Dichtung eingeführten Gedichttyp ›Correctio und
antithetische Steigerung‹ angehört. Es endet mit einem ironisch-
zweideutigen Kompliment, das als letzte Steigerung die vergebli-
che Suche nach einem passenden Vergleich für Lesbiens Schultern
(Schnee, Elfenbein usw.) entschuldigen soll:

> Du schaust nun / Lesbie / wie mein geringer mund
> Vor deine schultern weiß kein rechtes wort zu finden /
> Doch daß ich nicht zu sehr darf häufen meine sünden /
>
> So macht ein kurtzer reim dir mein gemüthe kund:
> Muß Atlas und sein hals sich vor dem himmel biegen /
> So müssen götter nur auf deinen schultern liegen.
> (Neukirch II, S. 15)

Der ironische oder emphatische Preis der weiblichen Schönheit ist in der Dichtung der Zeit ebenso wenig originell wie die Vorstellung von der hartherzigen Geliebten. Wenn Hoffmannswaldaus Gedichte gleichwohl einen eigenen Charakter annehmen, so liegt das an der formalen Eleganz, mit der diese Themen abgehandelt und auf die Pointe zugeführt werden, im Fall des bekannten Sonetts »Vergänglichkeit der schönheit« auch an der zwanglosen Virtuosität, mit der zwei Grundthemen der Dichtung Hoffmannswaldaus und seiner Zeit, Carpe diem und Memento mori, mit schon leicht parodistisch anmutender Metaphorik dargestellt und aufeinander bezogen werden.

Geradezu Übungen der Scharfsinnigkeit und der Metaphernerfindung sind die sogenannten ›Abrisse‹ oder ›Ikon‹-Gedichte, in denen ein Gegenstand in einer – häufig sehr langen – Reihe von Vergleichen und Metaphern ›definiert‹ wird. Voraussetzung derartiger Gedichte ist die artistische Beherrschung der *inventio*, um in jedem Fall einen einleuchtenden, aber möglichst entlegenen und scharfsinnigen Vergleichsbezug zu finden. Auf diese Weise können so eindrucksvolle Gedichte entstehen wie Hoffmannswaldaus Variationen über »Die Welt«, in denen die Metaphernhäufungen noch das rhetorische Ziel des Überredens erkennen lassen. Auf Texte wie die »Lob-rede an das liebwertheste frauen-zimmer« trifft dies jedoch kaum noch zu: Hier vergrößert sich der Abstand von Wort und Sache in einer Art und Weise, die von den klassizistischen Poetiken nicht mehr gedeckt wird. Der dichterische Gegenstand ist nur noch Anlass, Scharfsinn und Erfindungsreichtum zu demonstrieren. So verengt die mehr als 100 Alexandriner umfassende »Lobrede an das liebwertheste frauen-zimmer« ihren Gegenstand nach einer Einleitung auf die Brüste (»Die brüste sind mein zweck«), die in mehr als fünfzig Metaphern, Umschreibungen und Vergleichen charakterisiert werden, z.B.:

> Sie sind ein zeher leim / woran die sinnen kleben;
> Ein feuer / welches macht die kälteste hertzen warm;
> Ein bezoar / der auch entseelten giebt das leben;
> Ein solcher schatz / für dem das reichthum selbst ist arm.

> Ein kräfftig himmel-brod / das die verliebten schmecken;
> Ein alabaster-hauß / so mit rubinen prahlt;
> Ein süsser honigseim / den matte seelen lecken;
> Ein himmel / wo das heer der liebes-sterne strahlt.
> Ein scharff-geschliffen schwerd / das tieffe wunden hauet /
> Ein rosen-strauch / der auch im winter rosen bringt.
> Ein meer / worauff man der Syrenen kräffte schauet /
> Von denen der gesang biß in die seele dringt.
> Sie sind ein schnee-gebürg / in welchem funcken glimmen /
> Davon der härtste stahl wie weiches wachs zerfleust.
> Ein wasser-reicher teich / darinnen fische schwimmen /
> Davon sich sattsam ein verliebter magen speist.
> (Neukirch II, S. 4)

Das Ergebnis ist ein »Kompendium entlegener Vergleichsbereiche oder Vergleichsbeziehungen« (Windfuhr, S. 284), das zur Nachahmung und Steigerung anregte, wie das Beispiel Christian Hölmanns zeigt, der im vierten Teil der Neukirchschen Sammlung gleich mit vier umfänglichen »Abbildungen« vertreten ist, in denen die Augen, Lippen, Brüste und der »schooß« auf ähnliche Weise mit den verschiedensten Gegenständen in Beziehung gesetzt werden (Hölmann, S. 11ff.).

Einen anderen Aspekt von Hoffmannswaldaus stilistischen Möglichkeiten zeigen die erotischen Lieder, die weitgehend auf die Häufung scharfsinniger Metaphern verzichten. Sie zeichnen sich vielmehr durch eine Vielfalt von Strophen- und Versformen und den eleganten und geschmeidigen Fluss der madrigalisch aufgelockerten Verse aus, die in der Regel einen witzig-pointierten oder sentenziösen Abschluss erhalten. Auch in den Liedern zeigt sich das eigentümliche Nebeneinander von erotisch-frivolem Spiel und tieferem Ernst, von Aufforderungen zum Liebesgenuss und Gedanken an die Vergänglichkeit. Heiter etwa in dem galanten Überredungsversuch, der das Memento mori als Argument einsetzt:

> Albanie / gebrauche deiner zeit /
> Und laß den liebes-lüsten freyen zügel /
> Wenn uns der schnee der jahre hat beschneyt /
> So schmeckt kein kuß / der liebe wahres siegel /
> Im grünen may grünt nur der bunte klee.
> Albanie.
> (Neukirch I, S. 70)

Melancholisch, zurückhaltend in Ton und Metaphorik im Rückblick, in den fließenden, dem Gedankengang folgenden Madrigalversen der Arie

Wo sind die stunden
Der süssen zeit /
Da ich zu erst empfunden /
Wie deine lieblichkeit
Mich dir verbunden?
Sie sind verrauscht / es bleibet doch dabey /
Daß alle lust vergänglich sey.
(Ebd., S. 437)

Nicht nur aus diesem Gedicht lässt sich ablesen, dass Hoffmannswaldau auch über andere Ausdrucksmöglichkeiten verfügte. Beispiele für den ›anderen‹ Hoffmannswaldau sind die geistlichen Lieder, sein Lebensrückblick (»Gedancken bey Antrettung des funffzigsten Jahres«) und die in den »Vermischten Gedichten« der Ausgabe von 1679 enthaltenen ›lyrischen Diskurse‹, die von der Welt und dem rechten Leben in der Welt handeln. Wie bei zahlreichen anderen Dichtern des 17. Jahrhunderts wird auch hier eine vom Neostoizismus bestimmte Haltung sichtbar: Der »Entwurff eines standhafftigen Gemüths« gehört ebenso zu Hoffmannswaldaus dichterischen Rollen wie die »Verachtung der Welt«, die Lesbia umkreisenden Sonette oder die witzig-frivolen Oden. Dass dieses Nebeneinander nicht in ein biographisches Nacheinander aufzulösen ist (nach dem Schema: alternder Dichter bereut seine Jugendsünden), zeigt die genaue Parallelität der Gedichte »Die Wollust« und »Die Tugend« (Gedichte, S. 122–25), die bei gegensätzlicher Argumentation einander genau entsprechen und ihre jeweilige These – »Die Wollust bleibet doch der Zucker dieser Zeit« bzw. »Die Tugend pflastert uns die rechte Freudenbahn« – konsequent begründen. Was nun gilt – »Die Tugend bleibet doch der Menschen höchstes Gutt« oder »Die Wollust bleibet doch der Menschen höchstes Guth« –, ist offengelassen. Ein Problem wird umkreist, verschiedene oder – wie hier – gegensätzliche Lösungen werden vorgeschlagen: »barocker Perspektivismus, der den Gegenstand von mehreren Seiten her zeigt« (Rotermund, S. 51).

Schlesische Lyrik nach Hoffmannswaldau

Die Kunst des »Schleßischen Marin«, so der Schweizer Kritiker Johann Jakob Bodmer 1734 in seinem Lehrgedicht *Character Der Teutschen Gedichte*, »steckte Teutschland an«, »der hochgefärbte Schein Nahm bald das junge Volck von leichten Sinnen ein« (Bodmer/Breitinger, S. 59–61). Die Literaturgeschichtsschreibung hat daraus eine ›Zweite schlesische Schule‹ gemacht, eine unglückliche Bezeichnung insofern, als sie keineswegs der Komplexität der Literaturentwicklung in Schlesien gerecht wird. Ohne Zweifel übte Hoffmannswaldau eine große Wirkung auf die jüngeren Dichter aus, doch die eigentümliche Geschichte seiner Rezeption über mehrere Generationen in einem sich wandelnden sozial- und literaturgeschichtlichen Kontext und die Orientierung an jeweils verschiedenen Aspekten seines Werkes führte notwendig zu unterschiedlichen Ergebnissen. Ganz abgesehen davon, dass sich manche Autoren wie etwa Benjamin Neukirch bald von Hoffmannswaldaus Metaphernstil distanzierten und andere – wie Christian Gryphius – sich gar nicht erst ›anstecken‹ ließen.

Die entschiedenste Steigerung des geschmückten Stils findet bei Lohenstein statt, dem Dramatiker und Romancier, der auch in seinen Gedichten die rhetorischen Mittel derart häuft, dass er – mehr als jeder andere Dichter des ausgehenden 17. Jahrhunderts – der Folgezeit als exemplarischer Vertreter von ›Unnatur‹ und ›Schwulst‹ gilt. Im Unterschied zu Hoffmannswaldau zeichnet sich Lohensteins lyrisches Werk, wie sein gesamtes Schaffen, durch die Anwendung einer beträchtlichen Gelehrsamkeit aus, die sich in zahllosen Anspielungen mythologischer, historischer, naturgeschichtlicher, geographischer und emblematischer Natur, verbunden mit einem analogischen Mikrokosmos-Makrokosmos-Denken, niederschlägt. So wird ein umfangreiches Brautlied der Grazien im *Arminius*-Roman (1689–90) zu einer Darstellung kosmischer Liebe (»Kurtz alle Regung der Natur Ist eine wahre Liebes-Uhr«), in der ausgefallenes naturgeschichtliches Wissen, mythologische Liebesbeziehungen und der »Sterne Würckungen« in aller Ausführlichkeit zur Feier des Brautpaars aufgeboten werden (Gedichte 1600–1700, S. 319–24). Aufs Äußerste gesteigert erscheint diese komplexe Beziehungs-Technik in dem 1888 Verse umfassenden epischen Lobgedicht auf die Liebe, »Venus«, im ersten Teil der Neukirch'schen Sammlung (1695), das die Geschichte der Venus zum Anlass nimmt, die Wirkungen der Liebe in der Natur und ihre unwiderstehliche Macht als zentrale Kraft der Schöpfung in einer metaphern- und anspielungsreichen Sprache zu feiern, in einer Sprache, die dem Thema entsprechend alle Register des petrarkistischen Schönheits- und Liebespreises zieht (Neukirch I, S. 290–346).

Lohensteins einzige Gedichtsammlung *Blumen* (1680) enthält geistliche und weltliche Gedichte, deren Abteilungen Blumennamen als Zwischentitel tragen: *Himmel-Schlüssel* für die geistlichen Gedichte, *Rosen* für Heldenbriefe und Hochzeitsgedichte sowie *Hyazinthen* für die Trauer- und Leichengedichte. Der Alexandriner als Versmaß und längere, meist strophisch gegliederte Gedichte herrschen vor. Ihnen fehlt zwar die rhythmische Vielfältigkeit und auch die Ironie, mit der Hoffmannswaldau die Konventionen der erotischen Dichtung behandelt, aber dafür zeichnen sie sich durch bedeutungsgeladene, komplexe Motiv- und Bilderfolgen aus, in denen sich pansophische Naturspekulation, neustoische Philosophie und christliche Vorstellungen miteinander verbinden.

Unter den *Hyazinthen* befindet sich auch das Leichengedicht auf Andreas Gryphius, das »Die Höhe des menschlichen Geistes« überschrieben ist und sich der Überschrift entsprechend zu einem breit ausgeführten Lobpreis der göttlichen Kraft des menschlichen Geistes steigert. Traditionelle christliche Vanitas-Rhetorik zeichnet dagegen ein Gedicht wie »Umbschrifft eines Sarches« aus, ein Jugendwerk voll von höchstem rhetorischem Pathos: »Irrdisches und Sterblich Volck / lebend-todte Erden-Gäste / Ihr Verwürfflinge des Himmels / ihr Gespenste dieser Welt [...]« (Gedichte des Barock, S. 287).

In der Vorrede zum ersten Band (1695) der Neukirch'schen Sammlung beschreibt der Herausgeber die Situation nach dem Tod von Andreas Gryphius, Hoffmannswaldau und Lohenstein: »Nach abgang dieser dreyen berühmten Männer haben sich in Schlesien Herr Mühlpfort / Herr v. Aßig / und die noch lebenden / Herr v. Abschatz und Herr Gryphius, bekandt gemacht / und verdienen absonderlich die letzten / daß man sie unter die Stützen unserer verfallenden Poesie wohl zehlen darff« (Neukirch I, S. 17). Er hätte noch seinen eigenen Namen hinzufügen können, denn in seinen frühen Gedichten schließt er sich in allem Aspekten – stilistisch, formal, thematisch – an Hoffmannswaldau an, wie zahlreiche Texte in der von ihm herausgegebenen Sammlung und die Gedichte in seiner ersten Buchveröffentlichung (*Galante Briefe und Getichte*, 1695) erkennen lassen. Das Vorbild Hoffmannswaldaus prägt auch die erotischen Gedichte Heinrich Mühlpforts, die die manieristischen Metaphernreihungen bei Schönheitsbeschreibungen ebenso kennen wie den leichteren Ton der Lieder. Seine erotischen und satirischen Gedichte kursierten wie die Hoffmannswaldaus zunächst in Abschriften im Freundeskreis. Was erhalten blieb, wurde nach seinem Tod in den Gedichtausgaben (*Teutsche Gedichte*, 1686; *Poetischer Gedichte Ander Teil*, 1687) und in den ersten drei Bänden der Neukirch'schen Sammlung veröffentlicht.

Eine durchaus eigene Physiognomie weist das Werk von Hans Aßmann von Abschatz auf. Seinen literarischen Ruhm zu Lebzeiten verdankte er der Übertragung von Giovanni Battista Guarinis Schäferdrama *Il pastor fido* (*Der Teutsch-redende Treue Schäffer*, um 1672); Hoffmannswaldau soll sie über seine eigene gestellt haben.

Abschatz' übriges Werk erschien fünf Jahre nach seinem Tod in einem umfangreichen Sammelband, herausgegeben von Christian Gryphius (*Poetische Übersetzungen und Gedichte*, 1704). Er enthält neben weiteren Übersetzungen (»Alexandri Adimari übersetze Schertz-Sonnette«) ein breites Spektrum geistlicher und weltlicher Gedichte. Die Liebesgedichte (»Anemons und Adonis Blumen«) knüpfen mit der Formkunst und der rhythmischen Verfeinerung an Hoffmannswaldaus Lieddichtung an. Zugleich distanziert sich Abschatz von den »mit allzuvielem Venus-Saltz marinirten Speisen einiger Welschen« (Abschatz, S. 247). Seine selbständige Stellung unterstreichen die zeitkritischen Gedichte, die die politische und gesellschaftliche Entwicklung in Deutschland kommentieren und die Auswüchse des Alamode-Unwesens, d.h. die sprachliche und kulturelle Überfremdung im Zusammenhang mit dem Vordringen der absolutistischen Hofkultur anprangern. Bedroht sind die alten deutschen Tugenden, sind Redlichkeit, Beständigkeit und Treue, dargestellt etwa im Gegensatz von höfischer »Mode-Welt« und einfachem ländlichen Leben und den damit verbundenen alten Tugenden (»Der Kittel alter Redligkeit«):

> Was wilt du / stiller Celadon /
> Bey Leuten eitler Sinnen machen /
> Wo Trug und List / ein herber Lohn /
> Auff treuer Unschuld Schaden wachen?
> Der Kittel alter Redligkeit
> Ist für die Mode-Welt ein viel zu schlechtes Kleid.
> (Ebd., S. 300)

Hinter dieser Kritik stehen wie bei Logau die Wertvorstellungen des Landadels, der seine Lebensform und kulturelle Identität bedroht sieht. Andere Gedichte, z.B. »Alrunens Warnung an Deutschland«, wenden diesen Gegensatz ins Nationale. Ganz in der Tradition älterer Vorstellungen verweist Abschatz auf den Zusammenhang von Werteverlust und politischem Niedergang, der durch die französische Expansionspolitik in den letzten Jahrzehnten des 17. Jahrhunderts wieder aktuell geworden war.

Galante Lyrik

»Galante Gedichte« überschrieb Benjamin Neukirch den ersten Abschnitt seiner Sammlung *Herrn von Hoffmannswaldau und andrer Deutschen auserlesene und bißher ungedruckte Gedichte* und schlug damit den Bogen von der Dichtung seiner Zeit zu dem großen Vorbild Hoffmannswaldau, der diesen Begriff freilich nie verwandt hatte. ›Galant‹ war inzwischen zu einem Modebegriff geworden, dessen Bedeutung sich auf das Amouröse verengt hatte. Ursprünglich bezeichnete er in enger Beziehung zu Christian Weises Programm einer ›politischen‹ Lebensklugheit Lebens- und Verhaltensnormen, die auf eine Verbindung höfisch-adeliger Ideale französische Herkunft und bürgerlichen Interessen zielten und einer Schicht aufstrebender Kaufleute und Beamter im absolutistischen Staat als soziale und kulturelle Orientierungshilfe dienen sollten. Christian Thomasius beschrieb den Begriff der Galanterie in Anlehnung an französische Theoretiker in seinem *Discours Welcher Gestalt man denen Frantzosen in gemeinem Leben und Wandel nachahmen solle?* (1687) als »etwas gemischtes [...] / so aus dem je ne scay quoy, aus der guten Art etwas zuthun / aus der manier zu leben / so am Hoffe gebräuchlich ist / aus Verstand / Gelehrsamkeit / einen guten judicio, Höfflichkeit / und Freudigkeit zusammen gesetzt werde« (Deutsche Schriften, S. 19). Im Bereich der Literatur und Kunst fanden diese Vorstellungen ihren Niederschlag in galanter Lyrik, galanten Romanen, galanten Opern und galanter Musik sowie in zahlreichen praktischen Anweisungsbüchern, die aufstiegsbezogenes Verhalten, höfische Umgangsformen und das galante Stilideal zu lehren suchten.

Die galante Lyrik widmete sich fast ausschließlich dem Thema der Liebe. Hierin konnte Hoffmannswaldau ohne Zweifel als Vorbild dienen, und stilistisch war es die von Neukirch so genannte »liebliche schreib-art« seiner rhythmisch variablen und geschmeidigen Lieddichtung, die – mehr als der Metaphernstil – Nachahmer fand. In dieser Orientierung schlägt sich eine allmähliche Abkehr von den Extremen der scharfsinnigen und dekorativen Metaphorik, von der komplexen Bildersprache Lohensteins und mancher Texte Hoffmannswaldaus nieder, die sich bereits in den ersten Bänden der Neukirch'schen Sammlung bei einer Reihe von Autoren erkennen lässt und durch die Rezeption literarischer Entwicklungen außerhalb Schlesiens bestärkt wird. So berufen sich die galanten Literaturtheoretiker ausdrücklich auf Christian Weises ›Prosakonstruktionsregel‹.

Das Ziel der galanten Dichter ist ein mittlerer, leicht verständlicher, doch gleichwohl einfallsreicher Stil, der keineswegs den Ornatus ausschalten will, ihn aber von den Extremen der scharfsinnigen und dekorativen Metaphorik zu reinigen sucht. ›Anmut‹ wird zu einem häufig gebrauchten Ausdruck, um das erstrebte Stilideal zu charakterisieren: Anmut des Bildgebrauchs, aber auch der Form und des Rhythmus. Neben den Alexandriner, der weiterhin gepflegt,

dabei jedoch dem neuen Stilideal angeglichen wird, treten freiere
Formen, Madrigalverse und Liedstrophen, die Gebilde anmutiger
Leichtigkeit und rhythmischer Variabilität ermöglichen.

Die galante Lyrik stellt keinen wirklichen Neubeginn dar,
wenn sie auch den Boden für die Rokokolyrik vorbereitet haben
mag. Noch in der Zurücknahme und Dämpfung der Metaphorik
sind die alten Muster spürbar; ihre Themen, Motive und Formen
können die Dichtung Hoffmannswaldaus und »andrer deutschen
Poeten« des 17. Jahrhunderts nicht verleugnen. Es dominiert das
leichtere, scherzhafte Liebesgedicht, daneben hält man den galanten Stil besonders geeignet für Opern und Kantaten, Arien und
liedhafte Oden. Freilich werden auch weiterhin die traditionellen
Formen – längere Alexandrinergedichte, ›Abrisse‹ und Sonette –
gepflegt, doch die Verschiebung zum Spielerisch-Scherzhaften, gelegentlich auch zum explizit Sexuellen bleibt unverkennbar, während
der dunkle Hintergrund, die Erinnerung an die Vergänglichkeit,
die Hoffmannswaldaus Gedichte charakterisiert, immer mehr aus
dem Blickfeld gerät.

Autoren wie Christoph Hölmann, Christian Friedrich Hunold
(Menantes), Johann Burkhard Mencke (Philander von der Linde),
Benjamin Neukirch oder Gottlieb Stolle (Leander aus Schlesien)
stehen, wenigsten mit einem Teil ihres Schaffens, für die galante
Lyrik. Sie gehören gewiss nicht zu den Meistern deutscher Lyrik
(doch immerhin hatte für einen der Großen, Johann Christian
Günther, die galante Dichtung teil an seiner dichterischen Entwicklung). Die galante Poesie mit ihrer Funktion gesellschaftlicher
Unterhaltung will jedoch mit anderen Maßstäben gemessen werden: Benjamin Neukirch fordert angehende Poeten auf, sich nach
gewissenhafter Selbstprüfung zu entscheiden, »ob man ein blosser
verßmacher / oder ein galanter dichter / oder in der Poesie groß zu
werden gedencke«. Er kommt zu dem Ergebnis, dass angesichts der
Schwierigkeiten die am besten täten, »welche die mittel-strasse halten / sich bloß auff galante gedichte legen / und um die geheimnisse
der hohen Poesie unbekümmert lassen« (Neukirch I, S. 18, 20).

Klassizistische Opposition

Die Opposition gegen den manieristischen Stil des Barock speist
sich aus verschiedenen Quellen. Nie gänzlich verschwunden war
der opitzianische Klassizismus, dem sich weiterhin eine Reihe von
Autoren verpflichtet fühlte. Zu ihnen zählen der einflussreiche Poetiker und Polyhistor Daniel Georg Morhof, bei dem u.a. Christian

Wernicke studierte, oder auch Christian Gryphius, der Sohn von Andreas Gryphius, mit seinen *Poetischen Wäldern* (1698). Ende des Jahrhunderts gewann der französische Klassizismus zunehmend an Einfluss, wobei sich die Berufung auf seinen Protagonisten Nicolas Boileau (*L'Art poétique*, 1674; *Satires*, 1666ff.) durch den Rückverweis auf Martin Opitz zusätzlich legitimieren ließ. In diesem Prozess spielte Friedrich Rudolph Ludwig von Canitz eine wesentliche Rolle, der am Berliner Hof mit seinem in Frankreich geprägten literarischen Geschmack schon vor der Veröffentlichung seiner Gedichte einen prägenden Einfluss u.a. auf Johann von Besser und Benjamin Neukirch und ihre Wendung zum Klassizismus ausübte. Seine Gedichte erschienen ein Jahr nach seinem Tod (*Neben-Stunden Unterschiedener Gedichte*, 1700) und wurden z.T. mit Zusätzen, Umstellungen und anderen Eingriffen bis 1719 neunmal aufgelegt und dann von Johann Ulrich König neu ediert (*Des Freyherrn von Caniz Gedichte, Mehrentheils aus seinen eigenhändigen Schrifften verbessert und vermehret*, 1727).

»Laß Vers und Lieder uns hier in die Wette schreiben, Hier, wo Vernunfft und Reim gern bey einander steht«, schrieb Canitz 1676 in einer Versepistel aus Frankreich und zitiert im letzten Vers aus Boileaus Poetik, dessen klassizistisches Stilideal von nun an verbindlich für ihn wurde (Gedichte, S. 237). Der Erfolg seiner Gedichte nach ihrer postumen Veröffentlichung erklärt sich vor allem aus dem extremen Gegensatz zur scharfsinnigen und dekorativen Metaphernkunst des Spätbarock, die sich überlebt hatte, nicht durch die besondere Qualität der Dichtungen mit ihrer ›vernünftigen‹ und ›natürlichen‹, aber eben auch prosaisch-nüchternen Schreibart. Die »Natürlichkeit des Ausdrucks«, die König an Canitz rühmte, ist charakteristisch für sein gesamtes Werk, für seine der Konvention entsprechenden geistlichen Lieder ebenso wie für die harmlos-witzigen scherzhaften Gedichte und die Satiren.

Canitz sah sich selbst nicht als literarischen Reformer und nahm nicht an der öffentlichen literarischen Diskussion teil. Die Rolle der rational-frühaufklärerischen Opposition gegen den concettistischen und metaphorischen Stil des Spätbarock übernahm Christian Wernicke in polemischer und satirischer Form in den literaturkritischen Epigrammen seiner Sammlung *Uberschrifften Oder Epigrammata* (1697; vermehrt 1701 und 1704). Sie übertragen die frühaufklärerische Programmatik – Vernunft, Klarheit, Deutlichkeit, Natürlichkeit – auf die Dichtung und setzen sich vor allem mit dem spätbarocken Bildstil Hoffmannswaldaus und Lohensteins, aber auch den Form- und Sprachspielereien der Nürnberger auseinander. Wernicke erkennt zwar durchaus den Rang Hoffmannswaldaus und

Lohensteins, kritisiert jedoch ihre »uneigentlichen Redens-Arten«, die »harte« und unnatürliche Metaphorik und den »falschen Witz« ihrer Dichtung (Epigramme, S. 316). Den heutigen schlesischen Poeten wirft er »Zuckerbeckerey« vor (ebd., S. 211) und spielt die Marmor- und Edelsteinmetaphorik ihrer manieristischen Beschreibungen weiblicher Schönheit gegen den Esprit der Franzosen und die Natürlichkeit der Engländer aus: »Ihr aber woll't *Pigmaljons* alle sein Und machet sie zu *Bilder* oder *Stein*«, lautet die Pointe des Epigramms »An unsre teutsche Poëten« in der ersten Fassung von 1697 (Gedichte des Barock, S. 307). Seine Maßstäbe bezieht Wernicke aus Boileaus *L'Art poétique* (1674): »Ich folge der Natur, und schreib' auf ihre Weis'«, schreibt er im ersten Epigramm des dritten Buchs der Ausgabe von 1704 (Epigramme, S. 211).

Die klassizistische Richtung setzte sich erst nach einer langen Übergangszeit durch. Dieser Prozess lässt sich an der Geschichte der Neukirch'schen Sammlung von 1695 bis 1727 ablesen, die die allmählichen Veränderungen reflektiert. Der siebte und letzte Band wurde von einem Schüler Gottscheds herausgegeben und dokumentiert den völligen Bruch mit der spätbarocken Dichtung.

Johann Christian Günther

In diese Übergangszeit gehört auch das Werk Johann Christian Günthers. Entsprechend schwierig ist es, seine literarhistorische Stellung zu bestimmen. Lange dominierte die biographische Methode, die die Gedichte vor allem als Dokumente eines genialen, aber auch zügellosen, in Armut und Elend endenden Lebens sah. Wesentlichen Anteil an diesem Bild vom Frühsubjektivisten hatte Goethes Charakteristik im siebten Buch von *Dichtung und Wahrheit* (Tl. 2, 1812), die im Zusammenhang mit einem Überblick über die Literatur des 18. Jahrhunderts steht. Sie hebt einerseits Günthers großes Talent hervor – »ein Poet im vollen Sinne des Worts«, »er besaß alles, was dazu gehört, im Leben ein zweites Leben durch Poesie hervorzubringen, und zwar in dem gemeinen wirklichen Leben« –, gibt aber dann mit den Schlusssätzen die Stichworte, die das Günther-Bild lange prägen sollten: »Das Rohe und Wilde daran [an seiner Dichtung] gehört seiner Zeit, seiner Lebensweise und besonders seinem Charakter oder, wenn man will, seiner Charakterlosigkeit. Er wußte sich nicht zu zähmen, und so zerrann ihm sein Leben wie sein Dichten.«

Ohne Zweifel haben biographische Momente eine große Bedeutung für Günthers Schaffen. Und sein berufliches Scheitern als Dich-

ter wie als Mediziner mag auch mit seinem Charakter zu tun haben,
seiner Unangepasstheit, mit der er sich den rigiden gesellschaftlichen
und religiösen Zwängen zu entziehen suchte und die ihn vielleicht die
neue Freiheit des Studentenlebens übermäßig in Anspruch nehmen
ließ. Von noch größerer Bedeutung sind aber wohl die Zeitumstände,
in die Günther hineingeboren wurde. Er wuchs in Schlesien, einem
noch von den konfessionellen Auseinandersetzungen des 17. Jahrhunderts geprägten Territorium auf, in einer Umgebung, in der die
erstarrte lutherische Orthodoxie das religiöse Klima bestimmte und
für eine strenge Sozialkontrolle sorgte, die mit dem Vater und seinen
engen Moralvorstellungen bis in die Familie hineinreichte. Aus dieser
Welt gelangte Günther zum Studium der Medizin nach Leipzig und
damit in eine neue, aufklärerischen Gedanken sich öffnende Welt.
Hier fand er einen großzügigen Förderer in dem Geschichtsprofes-
sor, galanten Dichter und Anakreon-Übersetzer Johann Burkhard
Mencke, hier fasste er den gefährlichen Entschluss, die Dichtung
zum Beruf zu machen. Denn dafür brauchte man entweder einen
Mäzen oder eine Anstellung als ›Hofdichter‹, ein für repräsentative
Angelegenheiten zuständiges Amt, wie es Johann von Besser oder
Johann Ulrich König innehatten und wie es Benjamin Neukirch zeitweise anstrebte. Die Suche Günthers blieb erfolglos: Die große heroische Ode »Auf den zwischen Ihrer Röm. Kayserl. Majestät und der
Pforte An. 1718 geschloszenen Frieden« (»Eugen ist fort. Ihr Musen,
nach!«), eine Art von poetischem Bewerbungsschreiben hohen Stils,
fand keine Resonanz bei Prinz Eugen und dem Wiener Hof, und
die von Anekdoten umrankte Vorstellung am Dresdener Hof, die
Mencke vermittelt hatte, blieb ohne Erfolg.

Die Versuche, Günther an die Goethezeit heranzurücken, führten zwangsläufig zu einer Negierung des literarischen Traditions-
zusammenhangs und des zeitgenössischen literarischen und gesellschaftlichen Kontexts, in den seine Werke gehören. Günther selber
sieht sich in der Tradition der humanistisch geprägten Gelehrten-
dichtung, wie sie mit dem Namen von Martin Opitz verbunden ist:
»Vielleicht wird Opiz mich als seinen Schüler kennen«, heißt es in
einer der Berufungen auf den ›Vater‹ der neueren deutschen Dicht-
kunst (Sämtliche Werke III, S. 32). Günther bleibt im Rahmen einer
von rhetorischen Prinzipien geprägten Poesie. Sein Werk umfasst –
so ordnen es die nach seinem Tod erschienenen Sammelausgaben
(1724 bis 1735, 4 Teile) – die traditionellen Gattungen: Lob- und
Helden-, Geburts- und Ehren- wie auch andere Glückwünschende
Gedichte; Vermählungs-Gedichte; Leichen-Gedichte; Vermischte
Gedichte (diese Sektion enthält auch die geistlichen Gedichte, die
üblicherweise am Anfang stehen); Verliebte Gedichte.

Die Texte zeigen Günther als einen versierten Gelehrten- und Gelegenheitsdichter, der souverän über die Tradition verfügt. Bibel, antike und frühneuzeitliche Literatur stellen die Exempel, Argumentationsmuster und Modelle für die verschiedenen Gattungen bereit. Das poetologische Prinzip der *imitatio* gilt weiter; es gilt im Sinn der Nachahmung und Variation dichterischer Vorbilder, es hat aber auch den allgemeineren Sinn der Nachfolge: Günther, der ›deutsche Ovid‹, identifiziert sein Schicksal mit dem des exilierten römischen Dichters; er sieht sich, und das ist die zweite dichterische Rolle, als anderer Hiob.

Gleichsam stellvertretend für die Auseinandersetzung mit Gott und der göttlichen Ordnung steht die mit dem Vater. Dass er diesen, der nicht zuletzt wegen Günthers Entscheidung für die Dichtkunst mit ihm gebrochen hatte, mit poetischen Mitteln zum Einlenken zu bewegen sucht, lässt eine gewisse Realitätsfremdheit vermuten, die auch die Unbedingtheit seines Entschlusses und die entschiedene Weigerung, einen Brotberuf zu ergreifen, kennzeichnet. Dem Vater schreibt er umfangreiche Epistel, um sein Verhalten zu rechtfertigen und Verzeihung zu erlangen, das sechste und letzte Mal Ende März/Anfang April 1722 mit 416 Versen: »Fünfmahl hab ich schon versucht, nur dein Antlitz zu gewinnen, Fünfmahl hastu mich verschmäht; o was sind denn dies vor Sinnen!« (II, S.197). Die Erschütterung des aufklärerischen Optimismus von der besten aller Welten zeigt das Gedicht »Als er durch innerlichen Trost bey der Ungedult gestärcket wurde«, trotz der eher verharmlosenden bzw. (absichtlich?) irreführenden Überschrift das radikalste einer ganzen Reihe von Klagegedichten. In den ersten sechs Strophen formuliert es in einer bis dahin in der deutschen Literatur unerhörten Weise die Absage eines verzweifelten Ich an christliche und stoische Tugenden, die Stützpfeiler der gesellschaftlichen und moralischen Ordnung, eine in drastischen Worten die Theodizee leugnende Rebellion gegen einen sadistischen dreifaltigen Gott und eine Welt, die das leidenden Subjekt nicht als die beste aller möglichen erfährt. Die Anklage gipfelt in der sechsten Strophe in der Verfluchung der eigenen Geburt (»O! daß doch nicht mein Zeug aus Rabenfleisch entsprossen!«), die sich noch auf die erste Halbzeile der letzten Strophe hinüberzieht. Dann aber folgt unvermittelt und unmotiviert, allerdings in der Hiob-Folie vorgebildet, der Umschwung, der Sprung in den Glauben im Geist der lutherischen Kreuzestheologie: »Verflucht sey Stell und Licht! [Geburtsort und -tag] – – Ach, ewige Gedult, Was war das vor ein Ruck von deinem Liebesschlage!« (II, S. 124).

Wenn sich das Gedicht auch biographisch verstehen lässt, so ist doch die suggerierte Gegenwärtigkeit und unmittelbare Ich-

Aussage Fiktion, wie schon allein im poetischen Kalkül der Plazierung des Umschwungs sichtbar wird. Sowohl die noch Regeln
unterworfene dichterische Rede als auch der Rückgriff auf vorgeprägte Muster und Rollen, in denen er sein existentielles Leiden
aussprechen kann, sorgen für Distanz und unterscheiden Günthers
Gedichte von der sogenannten Erlebnislyrik des späten 18. Jahrhunderts. Der Eindruck der Unmittelbarkeit ist ein Werk rhetorischer
und poetischer Denkformen und Verfahrensweisen.

Auch die Liebeslyrik folgt ähnlichen Gesetzen. Sie verwendet
eklektisch und durchaus auch spielerisch Versatzstücke aus einer
breiten – antiken, neulateinischen, petrarkistischen – Überlieferung, wenn sich auch eine Abwendung vom spätbarocken Bildstil
zugunsten eines ›natürlicheren‹ Sprechens beobachten lässt, und
neben die galant-erotischen Lieder (»Mädchen, stellt euch nicht
so spröde«) immer häufiger Gedichte treten, die die Liebe der
›Tugend‹ unterwerfen und Redlichkeit, Treue und Beständigkeit
betonen. Doch auch hier handelt es sich nicht primär um den
Ausdruck subjektiver Empfindungen, wenn auch biographische
Gegebenheiten und gesellschaftliche Erwartungshaltungen eine
wichtige Rolle spielen. Man hat nicht zu Unrecht von der »rhetorisch-persuasive[n] Funktionalisierung des erotischen Gedichts
im Hinblick auf die Überzeugung einer ganz bestimmten Partnerin« gesprochen (Osterkamp, S. 53). Zudem wird deutlich, dass
der ›natürliche‹ Ton Günthers, selbstverständlich ein Ergebnis der
Kunst, an ältere Sprechweisen anknüpft. Günthers Ethos der Treue
und die sprachliche Form mancher Gedichte erinnern nicht zufällig
an Paul Fleming oder das Gesellschaftslied (»Ein treues Herz Ist
sonder Scherz Das beste Heiratsgut«). Dazu verweist Günther auf
den Zusammenhang von beständiger Liebe und Dichterruhm in
der Nachfolge der Alten. Im »Schreiben an seine Leonore« vom
Dezember 1719 heißt es:

> Ich thu, so viel ich kan, dein Denckmahl auszubreiten,
> Um bey der späten Welt durch deinen Ruhm zu blühn;
> Wie mancher wird noch Trost aus meinen Liedern ziehn,
> Wie manchen wird mein Vers zur süßen Regung leiten!
> So merck ich, wenn mein Mund der Alten Arbeit list,
> Daß unsre Liebe schon von vordem gewesen ist.
> (I, S. 194)

Günther steht am Ende einer langen Tradition, er verfügt über
sie, über die Sprechweisen und Rollen, die sie bereitstellt. Er ist
ein professioneller Dichter mit einem ausgeprägten Bewusstsein
vom hohen Rang der Poesie und von seiner Aufgabe als Dichter.

Entschiedener als jeder andere Dichter der Zeit bringt er daher auch die eigene Person in seine Dichtung ein und bereitet insofern, obwohl das Gefüge der traditionellen Poetik unangetastet bleibt, spätere Entwicklungen vor.

Zitierte Texte

Abschatz, Hans Aßmann von: Poetische Übersetzungen und Gedichte. Faksimiledruck nach der Ausgabe von 1704. Hrsg. von Erika Alma Metzger. Bern 1970.

Barocklyrik. Bd. 3: Schwund- und Kirchenbarock. Hrsg. von Herbert Cysarz. Leipzig 1937.

Birken, Sigmund von: Teutsche Rede-bind- und Dicht-Kunst [Nachdruck der Ausgabe Nürnberg 1679]. Hildesheim 1973.

Bodmer, Johann Jakob/Breitinger, Johann Jakob: Schriften zur Literatur. Hrsg. von Volker Meid. Stuttgart 1980.

Canitz, Friedrich Rudolph Ludwig von: Gedichte. Hrsg. von Jürgen Stenzel. Tübingen 1982.

Czepko, Daniel: Sämtliche Werke. Hrsg. von Hans-Gert Roloff und Marian Szyrocki. Bd. II/1. Berlin/New York 1989.

Dach, Simon: Gedichte. Hrsg. von Walther Ziesemer. Bd. 1. Halle, Saale 1936.

Das Zeitalter des Barock. Texte und Zeugnisse. Hrsg. von Albrecht Schöne. München ²1968.

Fleming, Paul: Deutsche Geschichte. Hrsg. von Volker Meid. Stuttgart 1986.

Ders.: Teutsche Poemata [Nachdruck der Ausgabe von 1646]. Hildesheim 1969.

Gedichte des Barock. Hrsg. von Ulrich Maché und Volker Meid. Stuttgart 1980 u.ö.

Gedichte 1600–1700. Nach den Erstdrucken in zeitlicher Folge hrsg. von Christian Wagenknecht. Epochen der deutschen Lyrik. Bd. 4. München 1969.

Gerhardt, Paul: Dichtungen und Schriften. Hrsg. von Eberhard von Cranach-Sichart. München 1957.

Greiffenberg, Catharina Regina von: Geistliche Sonette, Lieder und Gedichte. Mit einem Nachwort zum Neudruck von Heinz-Otto Burger. Darmstadt 1967.

Gryphius, Andreas: Gesamtausgabe der deutschsprachigen Werke. Bd. 1.2. Hrsg. von Marian Szyrocki. Tübingen 1963–64.

Günther, Johann Christian: Sämtliche Werke. Hrsg. von Wilhelm Krämer. Bd. 1–3. Leipzig 1930–34. Nachdruck Darmstadt 1964.

Harsdörffer, Georg Philipp: Frauenzimmer Gesprächspiele. Hrsg. von Irmgard Böttcher. Teil 1. Tübingen 1968.

Harsdörffer, Georg Philipp/Birken, Sigmund von/Klaj, Johann: Pegnesisches Schäfergedicht 1644–45. Hrsg. von Klaus Garber. Tübingen 1966.

Hoffmannswaldau, Christian Hoffmann von: Deutsche Übersetzungen und Getichte. Hrsg. von Franz Heiduk. Tl. 1.2. Hildesheim u.a. 1984.

Ders.: Gedichte. Hrsg. von Manfred Windfuhr. Stuttgart 1969.

Hölmann, Christian: Galante Gedichte mit Christoph G. Burgharts Gedichten. Hrsg. von Franz Heiduk. München 1969.

Klaj, Johann: Redeoratorien und ›Lobrede der Teutschen Poeterey‹. Hrsg. von Conrad Wiedemann. Tübingen 1965.

Kuhlmann, Quirinus: Der Kühlpsalter. Hrsg. von Robert L. Beare. 2 Bde. Tübingen 1971.

Laurentius von Schnüffis: Mirantisches Flötlein [Nachdruck der 3. Aufl. 1711]. Vorwort von Annmarei Daiger. Darmstadt 1968.

Logau, Friedrich von: Sinngedichte. Hrsg. von Ernst- Peter Wieckenberg. Stuttgart 1984.

Morhof, Daniel Georg: Unterricht von der teutschen Sprache und Poesie. Hrsg. von Henning Boetius. Bad Homburg u.a. 1969 [Text der 2. Aufl. von 1700].

Neukirch, Benjamin: Anthologie. Herrn von Hoffmannswaldau und andrer Deutschen auserlesene und bißher ungedruckte Gedichte. Hrsg. von Angelo George de Capua und Ernst Alfred Philippson. Tl. 1.2. Tübingen 1961–65.

Opitz, Martin: Gesammelte Werke. Hrsg. von George Schulz-Behrend. Bd. 1. Stuttgart 1968.

Ders.: Weltliche Poemata 1644. Zweiter Teil. Hrsg. von Erich Trunz u.a. Tübingen 1975.

Ders.: Buch von der Deutschen Poeterey (1624). Studienausgabe. Hrsg. von Herbert Jaumann. Stuttgart 2002.

Rompler von Löwenhalt, Jesaias: Erstes gebüsch seiner Reim-getichte 1647. Hrsg. von Wilhelm Kühlmann und Walter E. Schäfer. Tübingen 1988.

Scheffler, Johannes (Angelus Silesius): Cherubinischer Wandersmann. Kritische Ausgabe. Hrsg. von Louise Gnädinger. Stuttgart 1984.

Ders.: Heilige Seelenlust. Hrsg. von Georg Ellinger. Halle, Saale 1901.

Schottelius, Justus Georg: Ausführliche Arbeit Von der Teutschen Haubt-Sprache. Hrsg. von Wolfgang Hecht. 2 Teilbde. Tübingen 1967.

Spee, Friedrich: Trutz-Nachtigal. Kritische Ausgabe nach der Trierer Handschrift. Hrsg. von Theo G. M. van Oorschot. Stuttgart 1985.

Thomasius, Christian: Deutsche Schriften. Hrsg. von Peter von Düffel. Stuttgart 1970.

Weckherlin, Georg Rudolf: Gedichte. Hrsg. von Hermann Fischer. Bd. 1.2. Tübingen 1894–95.

Ders.: Gedichte. Hrsg. von Christian Wagenknecht. Stuttgart 1972.

Wernicke, Christian: Epigramme. Hrsg. von Rudolf Pechel. Berlin 1909.

Zesen, Philipp von: Sämtliche Werke. Unter Mitwirkung von Ulrich Maché und Volker Meid hrsg. von Ferdinand van Ingen. Bd. II. Berlin/New York 1984.

Zitierte Literatur

Alewyn, Richard: Vorbarocker Klassizismus und griechische Tragödie. Analyse der ›Antigone‹-Übersetzung des Martin Opitz [1926]. Darmstadt 1962.

Böckmann, Paul: Formgeschichte der deutschen Dichtung. Bd. 1. Von der Sinnbildsprache zur Ausdruckssprache. Darmstadt ⁴1973.

Breuer, Dieter: Oberdeutsche Literatur 1565–1650. Deutsche Literaturgeschichte und Territorialgeschichte in frühabsolutistischer Zeit. München 1979.

Browning, Robert M.: Deutsche Lyrik des Barock 1618–1723. Stuttgart 1980.

Herzog, Urs: Deutsche Barocklyrik. Eine Einführung. München 1979.

Krauss, Werner: Marino, Dichter und Gestalt. In: W. K.: Gesammelte Aufsätze zur Literatur- und Sprachwissenschaft. Frankfurt a.M. 1949, S. 284–297.

Kühlmann, Wilhelm: Sterben als heroischer Akt. Zu Paul Flemings ›Grabschrifft‹. In: Gedichte und Interpretationen. Bd. 1: Renaissance und Barock. Hrsg. von Volker Meid. Stuttgart 1982, S. 168–175.

Moerke, Ulrich: Die Anfänge der weltlichen Barocklyrik in Schleswig-Holstein. Hudemann – Rist – Lund. Neumünster 1972.

Osterkamp, Ernst: Scherz und Tugend. Zum historischen Ort von Johann Christian Günthers erotischer Lyrik. In: Text und Kritik, H. 74/75: Johann Christian Günther. München 1982, S. 42–60.

Rotermund, Erwin: Christian Hofmann von Hofmannswaldau. Stuttgart 1963.

Schmidt, Lothar: Hertz und Garten-Zier. Paul Gerhardts ›Sommer-Gesang‹. In: Gedichte und Interpretationen (s.u. Kühlmann), S. 285–302.

Schöne, Albrecht: Kürbishütte und Königsberg. Modellversuch einer sozialgeschichtlichen Entzifferung poetischer Texte. Am Beispiel Simon Dach. München ²1982.

Springer-Strand, Ingeborg: ›Der Kriegsmann wil ein Schäfer werden‹ oder: Krieg, Frieden und Poesie in Harsdörffers ›Friedenshoffnung‹. In: Gedichte und Interpretationen (s.u. Kühlmann), S. 246–254.

Trunz, Erich: Nachwort zu Martin Opitz: Weltliche Poemata 1644. Zweiter Teil. Tübingen 1975.

Weber, Renate: Die Lautanalogie in den Liedern Philipp von Zesens. In: Philipp von Zesen 1619–1969. Beiträge zu seinem Leben und Werk. Hrsg. von Ferdinand van Ingen. Wiesbaden 1972, S. 156–181.

Weisz, Jutta: Das deutsche Epigramm des 17. Jahrhunderts. Stuttgart 1979.

Windfuhr, Manfred: Die barocke Bildlichkeit und ihre Kritiker. Stilhaltungen in der deutschen Literatur des 17. und 18. Jahrhunderts. Stuttgart 1966.

Zell, Carl-Alfred: Untersuchungen zum Problem der geistlichen Barocklyrik mit besonderer Berücksichtigung der Dichtung Johann Heermanns (1585–1647). Heidelberg 1971.

IV. Ausgewählte Literatur

Das Literaturverzeichnis enthält eine Auswahl zumeist neuerer wissenschaftlicher Literatur zur Lyrik des 17. Jahrhunderts. Nur ausnahmsweise – vor allem, wenn es sich um weiterführende Werke handelt – wurden Arbeiten zu einzelnen Autoren aufgenommen. Hierfür stehen aktuellere Bibliographien zur Verfügung, in erster Linie die detaillierte Bibliographie zur Barockliteratur in den *Wolfenbütteler Barock-Nachrichten* (derzeit 2 Hefte jährlich) und das ›Internationale Referatenorgan mit bibliographischen Hinweisen‹ *Germanistik* (4 Hefte jährlich). Die ältere Literatur bis etwa 1977 verzeichnet die von Ilse Pyritz und Reiner Bölhoff herausgegebene *Bibliographie zur deutschen Literaturgeschichte des Barockzeitalters* (3 Bde., Bern u.a. 1980–94). Den bequemsten bibliographischen Zugang zu den Drucken des 17. Jahrhunderts, jedenfalls für die wichtigeren Autoren, vermittelt Gerhard Dünnhaupt: *Personalbibliographien zu den Drucken des Barock. Zweite, verbesserte und wesentlich vermehrte Auflage des Bibliographischen Handbuchs der Barockliteratur.* 6 Bde. Stuttgart 1990–93.

Anthologien

Barocklyrik. Hrsg. von Herbert Cysarz. Bd. 1: Vor- und Frühbarock. Bd. 2: Hoch- und Spätbarock. Bd. 3: Schwund- und Kirchenbarock. Leipzig 1937. Neudruck Darmstadt 1964.

Das Zeitalter des Barock. Texte und Zeugnisse. Hrsg. von Albrecht Schöne. München ²1968.

Gedichte 1600–1700. Nach den Erstdrucken in zeitlicher Folge hrsg. von Christian Wagenknecht. Epochen der deutschen Lyrik. Bd. 4. München 1969 u.ö.

Gedichte des Barock. Hrsg. von Ulrich Maché und Volker Meid. Stuttgart 1980 u.ö.

Lateinische Gedichte deutscher Humanisten. Lateinisch und deutsch. Ausgewählt, übersetzt und erläutert von Harry C. Schnur. Stuttgart 1967 u.ö.

Gesamtdarstellungen, Einführungen, Interpretationssammlungen

Browning, Robert M.: Deutsche Lyrik des Barock 1618–1723. Stuttgart 1980 (Übersetzung der amerikanischen Ausgabe von 1971).

Deutsche Barocklyrik. Gedichtinterpretationen von Spee bis Haller. Hrsg. von Martin Bircher und Alois M. Haas. Bern/München 1973.
Gedichte und Interpretationen. Bd. 1: Renaissance und Barock. Hrsg. von Volker Meid. Stuttgart 1982 u.ö.
Herzog, Urs: Deutsche Barocklyrik. Eine Einführung. München 1979.
Kemper, Hans-Georg: Deutsche Lyrik der frühen Neuzeit. 6 Bde. Tübingen 1987–2006.
Meid, Volker: Das 17. Jahrhundert. In: Geschichte der deutschen Lyrik vom Mittelalter bis zur Gegenwart. Hrsg. von Walter Hinderer. Würzburg ²2001, S. 74–138.

Vergleichendes

Beck, Adolf: Über einen Formtypus der barocken Lyrik in Deutschland und die Frage seiner Herkunft. Mit Exkurs: Über einen möglichen Ursprung der asyndetischen Worthäufung im Barock. In: Jb. des Freien Deutschen Hochstifts 1965, S. 1–48.
Beckmann, Adelheid: Motive und Formen der deutschen Lyrik des 17. Jahrhunderts und ihre Entsprechungen in der französischen Lyrik seit Ronsard. Tübingen 1960.
Bornemann, Ulrich: Anlehnung und Abgrenzung. Untersuchungen zur Rezeption der niederländischen Literatur in der deutschen Dichtungsreform des siebzehnten Jahrhunderts. Assen/Amsterdam 1976.
Conrady, Karl Otto: Lateinische Dichtungstradition und deutsche Lyrik des 17. Jahrhunderts. Bonn 1962.
Forster, Leonard: Das eiskalte Feuer. Sechs Studien zum europäischen Petrarkismus 1976 (englische Fassung 1969).
Galle, Jürgen: Die lateinische Lyrik Jacob Baldes und die Geschichte ihrer Übertragungen. Münster 1973.
Hoffmeister, Gerhart: Petrarkistische Lyrik. Stuttgart 1973.
Schäfer, Eckart: Deutscher Horaz. Conrad Celtis, Georg Fabricius, Paul Melissus, Jacob Balde. Die Nachwirkung des Horaz in der neulateinischen Dichtung Deutschlands. Wiesbaden 1976.
Übersetzung und Nachahmung im europäischen Petrarkismus. Studien und Texte. Hrsg. von Luzius Keller. Stuttgart 1974.

Poetik, Rhetorik, Bildlichkeit

Barner, Wilfried: Barockrhetorik. Untersuchungen zu ihren geschichtlichen Grundlagen. Tübingen ²2002.
Bauer, Barbara: Jesuitische ›ars rhetorica‹ im Zeitalter der Glaubenskämpfe. Frankfurt a.M. u.a. 1985.
Baur, Rolf: Didaktik der Barockpoetik. Die deutschsprachigen Poetiken von Opitz bis Gottsched als Lehrbücher der ›Poeterey‹. Heidelberg 1982.

Beetz, Manfred: Rhetorische Logik. Prämissen der deutschen Lyrik im Übergang vom 17. zum 18. Jahrhundert. Tübingen 1980.

Dyck, Joachim: Ticht-Kunst. Deutsche Barockpoetik und rhetorische Tradition. ³Tübingen 1991.

Fischer, Ludwig: Gebundene Rede. Dichtung und Rhetorik in der literarischen Theorie des Barock in Deutschland. Tübingen 1968.

Lange, Hans-Joachim: Aemulatio Veterum sive de optimo genere dicendi. Die Entstehung des Barockstils im XVI. Jahrhundert durch eine Geschmacksverschiebung in Richtung der Stile des manieristischen Typs. Bern/Frankfurt a.M. 1974.

Maché, Ulrich: Zesens Bedeutung für die Entwicklungsgeschichte der Poetik im 17. Jahrhundert. In: Philipp von Zesen 1619–1969. Beiträge zu seinem Leben und Werk. Hrsg. von Ferdinand van Ingen. Wiesbaden 1972, S. 193–220.

Schöberl, Joachim: ›liljen-milch und rosen-purpur‹. Die Metaphorik in der galanten Lyrik des Spätbarock. Untersuchungen zur Neukirchschen Sammlung. Frankfurt a.M. 1972.

Schwind, Peter: Schwulst-Stil. Historische Grundlagen von Produktion und Rezeption manieristischer Sprachformen in Deutschland 1624–1738. Bonn 1977.

Sieveke, Franz Günter: Topik im Dienst poetischer Erfindung. Zum Verhältnis rhetorischer Konstanten und ihrer funktionsbedingten Auswahl oder Erweiterung (Omeis-Richter-Harsdörffer). In: Jb. für Internationale Germanistik 8 (1976), S. 17–48.

Sinemus, Volker: Poetik und Rhetorik im frühmodernen deutschen Staat. Sozialgeschichtliche Bedingungen des Normenwandels im 17. Jahrhundert. Göttingen 1978.

Stöckmann, Ingo: Vor der Literatur. Eine Evolutionstheorie der Poetik Alteuropas. Tübingen 2001.

Trunz, Erich: Die Entwicklung des barocken Langverses. Die deutschen Alexandriner von Lobwasser bis Gryphius. In: E. Trunz: Deutsche Literatur zwischen Späthumanismus und Barock. Acht Studien. München 1995, S. 228–286.

Wagenknecht, Christian: Weckherlin und Opitz. Zur Metrik der deutschen Renaissancepoesie. München 1971.

Windfuhr, Manfred: Die barocke Bildlichkeit und ihre Kritiker. Stilhaltungen in der deutschen Literatur des 17. und 18. Jahrhunderts. Stuttgart 1966.

Gattungen

Adam, Wolfgang: Poetische und Kritische Wälder. Untersuchungen zu Geschichte und Formen des Schreibens ›bei Gelegenheit‹. Heidelberg 1988.

Angress, Ruth K.: The Early German Epigram. A Study in Baroque Poetry. Lexington 1971.

Braun, Werner: Thöne und Melodeyen, Arien und Canzonetten. Zur Musik des deutschen Barockliedes. Tübingen 2004.

Braungart, Georg: Barocke Grabschriften. Zu Begriff und Typologie. In: Studien zur Literatur des 17. Jahrhunderts. Gedenkschrift für Gerhard Spellerberg (1937–1996). Hrsg. von Hans Feger. Amsterdam/Atlanta, GA 1997, S. 425–487.

Brednich, Rolf Wilhelm: Die Liedpublizistik im Flugblatt des 15. bis 17. Jahrhunderts. Baden-Baden 1974–75.

Das Lied im süddeutschen Barock. Akten der 13. Tagung der Christian Knorr von Rosenroth-Gesellschaft. Hrsg. von Bernhard Jahn und Jörg Krämer. In: Morgen-Glantz 14 (2004), S. 9–304.

Das protestantische Kirchenlied im 16. und 17. Jahrhundert. Hrsg. von Alfred Dürr und Walther Killy. Wolfenbüttel 1986.

Das deutsche Sonett. Dichtungen – Gattungspoetik – Dokumente. Ausgewählt und hrsg. von Jörg-Ulrich Fechner. München 1969.

Der Genfer Psalter und seine Rezeption in Deutschland, der Schweiz und den Niederlanden. 16. – 18. Jh. Hrsg. von Eckhard Grunewald u.a. Tübingen 2004.

Derks, Paul: Die sapphische Ode in der deutschen Dichtung des 17. Jahrhunderts. Eine literaturgeschichtliche Untersuchung. Diss. Münster 1969.

Freund, Winfried: Die deutsche Verssatire im Zeitalter des Barock. Düsseldorf 1972.

Harper, Anthony J.: German Secular Song-Books of the Mid-Seventeenth Century. A Examination of Texts in Collections of Songs Published in the German-Language Area between 1624 and 1660. Aldershot u.a. 2003.

Hess, Peter: Epigramm. Stuttgart 1989.

Ingen, Ferdinand van: Vanitas und Memento Mori in der deutschen Barocklyrik. Groningen 1966.

Ders.: Strukturierte Intertextualität. Poetische Schatzkammern und Verwandtes. In: Intertextualität in der Frühen Neuzeit. Studien zu ihren theoretischen und praktischen Perspektiven. Hrsg. von Wilhelm Kühlmann und Wolfgang Neuber. Frankfurt a.M. 1994, S. 279–308.

Ders.: Echo im 17. Jahrhundert. Ein literarisch-musikalisches Phänomen in der Frühen Neuzeit. Amsterdam 2002.

Krummacher, Hans-Henrik: Das barocke Epicedium. Rhetorische Tradition und deutsche Gelegenheitsdichtung im 17. Jahrhundert. In: Jb. der deutschen Schillergesellschaft 18 (1974), S. 89–147.

Leighton, Joseph: Deutsche Sonett-Theorie im 17. Jahrhundert. In: Europäische Tradition und deutscher Literaturbarock. Internationale Beiträge zum Problem von Überlieferung und Umgestaltung. Hrsg. von Gerhart Hoffmeister. Bern/München 1973, S. 11–36.

Müller, Günther: Geschichte des deutschen Liedes vom Zeitalter des Barock bis zur Gegenwart. München 1925. Nachdruck Darmstadt 1959.

Scheitler, Irmgard. Das Geistliche Lied im deutschen Barock. Berlin 1982.

Schlütter, Hans-Jürgen: Sonett. Mit Beiträgen von Raimund Borgmeier und Heinz Willi Wittschier. Stuttgart 1979.

Segebrecht, Wulf: Das Gelegenheitsgedicht. Ein Beitrag zur Geschichte und Poetik der deutschen Lyrik. Stuttgart 1977.

Studien zum deutschen weltlichen Kunstlied des 17. und 18. Jahrhunderts. Hrsg. von Gudrun Busch und Anthony J. Harper. Amsterdam/Atlanta 1992.

Thomas, Richard Hinton: Poetry and Song in the German Baroque. A Study of the Continuo Lied. Oxford 1963.

Viëtor, Karl: Geschichte der deutschen Ode. München 1923. Nachdruck Hildesheim 1961.

Vossler, Karl: Das deutsche Madrigal, Geschichte seiner Entwickelung bis in die Mitte des XVIII. Jahrhunderts. Weimar 1898.

Warnock, Robert G./Folter, Roland: The German Pattern Poem: A Study in Mannerism of the Seventeenth Century. In: Festschrift für Detlev W. Schumann. Hrsg. von Albert R. Schmitt. München 1970, S. 40–73.

Weisz, Jutta: Das deutsche Epigramm des 17. Jahrhunderts. Stuttgart 1979.

Zell, Carl-Alfred: Untersuchungen zum Problem der geistlichen Barocklyrik mit besonderer Berücksichtigung der Dichtung Johann Heermanns (1585–1647). Heidelberg 1971.

Zeman, Herbert: Die ›versus rapportati‹ in der deutschen Literatur des XVII. und XVIII. Jahrhunderts. In: Arcadia 9 (1974), S. 134–160.

Literarhistorische Aspekte, spezielle Fragestellungen

Brauer, Walter: Jakob Regnart, Johann Hermann Schein und die Anfänge der deutschen Barocklyrik. In: Deutsche Vierteljahrsschrift für Literaturwissenschaft und Geistesgeschichte 17 (1939), S. 371–404.

Braunbehrens, Volkmar: Nationalbildung und Nationalliteratur. Zur Rezeption der Literatur des 17. Jahrhunderts von Gottsched bis Gervinus. Berlin 1974.

Ewald, Klaus-Peter: Engagierte Dichtung im 17. Jahrhundert. Studie zur Dokumentation und funktionsanalytischen Bestimmung des ›Psalmdichtungsphänomens‹. Stuttgart 1975.

Fechner, Jörg-Ulrich: Der Antipetrarkismus. Studien zur Liebessatire in barocker Lyrik. Heidelberg 1966.

Francesco Petrarca in Deutschland. Seine Wirkung in Literatur, Kunst und Musik. Hrsg. von Achim Aurnhammer. Tübingen 2006.

Garber, Klaus: Martin Opitz – ›der Vater der deutschen Dichtung‹. Eine kritische Studie zur Wissenschaftsgeschichte der Germanistik. Stuttgart 1976.

Harper, Anthony J.: Leipzig Poetry after Paul Fleming. A Re-Assessment. In: Daphnis 5 (1976), S. 145–170.

Heiduk, Franz: Die Dichter der galanten Lyrik. Studien zur Neukirchschen Sammlung. Bern/München 1971.

Hoffmeister, Gerhart: Barocker Petrarkismus: Wandlungen und Möglichkeiten der Liebessprache in der Lyrik des 17. Jahrhunderts. In: Europäische Tradition und deutscher Literaturbarock. Hrsg. von Gerhart Hoffmeister. Bern/München 1973, S. 37–53.

Jaumann, Herbert: Die deutsche Barockliteratur: Wertung – Umwertung. Eine wertungsgeschichtliche Studie in systematischer Absicht. Bonn 1975.

Kayser, Wolfgang: Die Klangmalerei bei Harsdörffer. Ein Beitrag zur Geschichte der Literatur, Poetik und Sprachgeschichte der Barockzeit. Göttingen ²1962.

Mauser, Wolfram: Dichtung, Religion und Gesellschaft im 17. Jahrhundert. Die ›Sonnete‹ des Andreas Gryphius. München 1976.

Meid, Volker: Im Zeitalter des Barock. In: Geschichte der politischen Lyrik in Deutschland. Hrsg. von Walter Hinderer. ²Würzburg 2007, S. 97–121.

Moerke, Ulrich: Die Anfänge der weltlichen Barocklyrik in Schleswig-Holstein. Hudemann – Rist – Lund. Neumünster 1972.

Moser, Dietz-Rüdiger: Verkündigung durch Volksgesang. Studien zur Liedpropaganda und -katechese der Gegenreformation. Berlin 1981.

Obermüller, Klara: Studien zur Melancholie in der deutschen Lyrik des Barock. Bonn 1974.

Pyritz, Hans: Paul Flemings Liebeslyrik. Zur Geschichte des Petrarkismus. Göttingen 1963.

Rotermund, Erwin: Affekt und Artistik. Studien zur Leidenschaftsdarstellung und zum Argumentationsverfahren bei Hofmann von Hofmannswaldau. München 1972.

Rusterholz, Peter: Theatrum Vitae Humanae. Funktion und Bedeutungswandel eines poetischen Bildes. Berlin 1970.

Schöne, Albrecht: Kürbishütte und Königsberg. Modellversuch einer sozialgeschichtlichen Entzifferung poetischer Texte. Am Beispiel Simon Dach. München ²1982.

Trunz, Erich: Der deutsche Späthumanismus als Standeskultur. In: E. Trunz: Deutsche Literatur zwischen Späthumanismus und Barock. Acht Studien. München 1995, S. 7–82.

Verweyen, Theodor: Dichterkrönung. Rechts- und sozialgeschichtliche Aspekte literarischen Lebens in Deutschland. In: Literatur und Gesellschaft im deutschen Barock. Aufsätze. Germanisch-Romanische Monatsschrift Beiheft 1. Heidelberg 1979, S. 7–29.

Personenregister

Das Register enthält die Namen der Verfasserinnen und Verfasser von Primär- und Sekundärliteratur; die Literaturverzeichnisse und bibliographischen Verweise bleiben dabei unberücksichtigt.

Sammlung Metzler

Printed in the United States
By Bookmasters